少人数学級の経済学

エビデンスに基づく
教育政策へのビジョン

Hojo Masakazu
北條雅一［著］

慶應義塾大学出版会

まえがき

１９９０年代以降、日本経済は、アジア通貨危機（１９９７年）やグローバル金融危機（２００７年）といった、たび重なる国際的な経済危機に加え、２０１９年末からは新型コロナウィルス（Covid-19）感染症の世界的拡大に伴う大混乱に見舞われながら、四半世紀以上にわたって低成長を経験してきた。同時に、日本社会は未曽有の少子化・高齢化社会に足を踏み入れ、すでに人口の減少局面を迎えている。経済社会のＩＴ化とグローバル化が急速に進展し、世界経済が着実に成長する中にあって、日本経済の復活・長期的な発展のために必要な政策的手段は何か、懸命の模索が続いている。

経済の長期的な発展のために人材育成が不可欠である、という意見に異を唱える人は少ないであろう。経済学の既存研究においても、労働力の質的向上がその後の経済成長をもたらす重要な要素であることが示されている。とりわけ、少子高齢化の進展に伴う労働力人口の減少がほぼ確実に予見される現代の日本において、将来を担う子ども世代・若年世代の能力を高めることは極めて重要であり、その中核的な役割を担っているのが義務教育をはじめとする学校教育である。経済の長期的な低迷が続いたこの時期に、いわゆる「ゆとり教育」から「脱ゆとり」へと舵が切られ、大学入試改革が声高に議論されたのは決して偶然ではない。そのような状況だからこそ、打開策としての教育改革が政策的に志向されるのである。

２０１９年末、日本国内で新型コロナウィルス（Covid-19）の感染者が確認されて以降、感染者数は幾度の波を繰り返しながら拡大した。その影響は経済・社会の各部門に及び、当然の如く学校教育にも波及した。２０２０年2月末、安倍晋三首相（当時）は、全国の小中学校と高校、特別支援学校に対して春休み期間までの臨時休校を要請し、学校は一斉休校を余儀なくされた。学校現場においては、もともと広いとは言えない教室に最大40名前後の児童・生徒を収容しており、感染拡大防止の観点から言えば明らかに「３密」な状態が発生しやすい状況にあった[1]。学校・教室における密を避け子どもの感染を防止しなければならない、という危機感の高まりは、少人数学級の導入に向けた強力な追い風となり、長年議論が続いてきた小学校の35人学級が「教室における3密対策」という思わぬかたちで実現するはこびとなったのである。

教育政策の議論は、教育という営みの性質上、まだ見ぬ将来を見据えた前向きなものとならざるを得ないという特徴を持つ。多くの子どもたちは、毎日の学校生活を送る中で、たとえば次のテストで前回よりもよい点数をとりたいと思っているだろうし、先生方も、子どもたちが進級するまで、あるいは卒業を迎える日を見据えながら、それぞれの子どもに応じた健全な成長を促したいと思っているだろう。学校現場では、そういった比較的短期的な視野で日々の教育活動が行われている側面があるかもしれない。

他方で、教育という営みの成果は、最終的には、教育を受けた子どもたちが、学校教育を卒業したあとにどのような人間に成長したか、数十年先の未来を生きる上で必要な能力や素養を身につけることができたか、という観点で評価されるものでもある。成果の測り方にはさまざまあるだろう。筆者が専門領域としている経済学の観点では、たとえば勤勉で質の高い労働力を数多く育成したか、起業家精神にあふれた人材を輩出したか、技術革新の先頭を走るような先進的な人材を数多く生み出したか、といった点が評価の観点となり得る。あるいはより一般的には、グローバル化・情報化がさらに進展した未来の世界を力強く生き抜くことができる人間を生み出すことができたか、といった点が評価基準となろう。いずれにせよ、数十年先の将来の時点でどのような人間に成長しているかが重要であるのだから、教育政策の議論は、その数十年先の未来を想像して、想像される未来においてどのような能力が必要となるかを演繹するものであるという意味で、前向きな議論となるのである。現在進められているSociety 5.0の実現に向けた教育・人材育成の議論はその典型である。

その意味において、本書が取り上げる少人数学級政策の議論はやや異質である。新型感染症の拡大防止策という側面を抜きにしたとしても、少人数学級は将来を見据えた長期的な視野からその必要性が議論されてきたというよりは、子どもや教員を取り巻く日々の学校現場の状況を改善するという、いささか短期的な目標を達成するために導入が求められてきたという側面が色濃い。

もちろん、今般の少人数学級導入の目的の一つである「個に応じた学び」には、一人ひとりの多様な幸せを実現するという長期的な視点が含まれていることは否定しない。しかしながら、少なくともこれまでの議論の経過を見れば、少人数学級が大きな未来予想図から演繹的に導き出された政策であるとは言い難いのではないかと筆者は考えている。

カリキュラム改革を伴う教育改革の議論は、いわば「振り子」のように行ったり来たりを繰り返すと言われている（小針［2018］）。知識重視カリキュラムの弊害が批判されれば態度や経験重視のカリキュラムが志向され、その反動で学力低下が問題となれば再び知識重視型が志向される、といった具合である。これは、前述の前向きの議論に即して言えば、教育政策の議論においてどの程度の未来を見据えるか、その射程が長くなったり短くなったりを繰り返している、と言い換えることができよう。

後の章で説明するが、少人数学級は戦後、時期によらず一貫して求められてきた。つまり、未来を見据える射程が短い時期でも長い時期でも、少人数学級は共通して求められていたということになる。すなわち、教育改革の議論の風向きがどのようであっても必要とされていたという点で、少人数学級政策は教育政策の中で異質であり、未来を見据える射程の程度によらず重要な教育政策であったと位置づけられるのである。

本書は、教育経済学という経済学の一分野を専門に研究してきた筆者の視点から、少人数学級の効果を検証するものである。経済学者がなぜ教育を論じるのか、疑問に思われる読者もおられるかもしれない。実は、現代の経済学においては、学校教育、とりわけ義務教育期間中に獲得する学力や能力・スキルは、早期に蓄積される人的資本の重要な一部分であると認識されており、世界中で教育経済学の研究が活発に進められている。そしてその研究成果は、教育経済学や関連する労働経済学の専門学術誌のみならず、経済学全般を取り扱う一流学術誌にも多数掲載され、各国の政策立案や政策検証に活用されている。日本も例外ではなく、エビデンス（科学的根拠）に基づく教育政策の立案・検証が進みつつあるのだが、少人数学級の効果検証は、近年国内で研究が最も進展している領域の一つであり、教育経済学者による研究も活発に進められているのである。

そもそも少人数学級の効果検証が必要なのか、少人数学級が望ましいのはあたりまえではないか、と感じる読者もおられるであろう。子どもの頃に1学級40人に近い規模や、もっと上の世代であれば1学級45人や50人といったいわゆる「すし詰め学級」を経験した人からすれば、少人数のクラスのほうが授業も聞きやすいし、先生との距離も近くなるから望ましいに決まっている、と思われるかもしれない。

これまでに国内外で蓄積された研究成果の中には、たしかに少人数学級が子どもに望ましい影響を及ぼすことを示したものも少なくはない。しかし他方で、少人数学級にはそこまで大きな効果は期待できないとする研究成果も数多く存在する。また、他の教育政策との比較という観点で見た場合に、少人数学級という方法が費用対効果の点で必ずしも優れているとは言い難いとする研究成果も発表されている。つまり、少人数学級については、①そもそもの効果の有無、②効果があるとして費用対効果はどの程度か、という二点について、研究者の間で今も活発な議論が続いているのである。

筆者は、２０１０年頃から少人数学級の効果を検証する研究を開始し、本書の執筆時点においても研究対象を拡大しながら継続している。この間、文部科学省が毎年実施している「全国学力・学習状況調査」や国際的な学力調査を通じて収集された児童・生徒の学力データを活用して、少人数学級が子どもたちに与える影響を統計的な手法を用いて検証してきた。また、国際的な教員調査のデータを用いて、教員配置数が教員の労働時間や仕事量に及ぼす影響についても研究を進めた。これらの研究成果の一部は、結果的に教室における3密対策として実現した公立小学校の35人学級導入の議論に際して、財務省・文部科学省の両省から有力な科学的根拠の一つとして参照された。

本書は、約10年にわたる筆者の研究に基づいて、少人数学級の効果を包括的に検証するものである。少人数学級は、教育経済学だけでなく、隣接する教育社会学や教育心理学の分野においても分析対象となるテーマであるが、いずれの分野においてもその中の限られた一領域であり、研究テーマとして狭隘であるとの印象を持つ読者もいるかもしれない。

しかしながら逆の見方をすれば、この少人数学級という研究領域は、複数の研究分野にまたがって幅広い観点からの実証的研究が数多く蓄積され、現在も研究が活発にすすめられている領域であると考えることもできる。そして、前述のように、少人数学級の効果検証は、昨今その重要性が高まっている「エビデンスに基づく政策形成」（ＥＢＰＭ）の先頭を走っている領域でもある、と筆者は考えている。その意味で本書は、少人数学級という限定されたテーマを通して、日本におけるＥＢＰＭの形成・発展に資する議論を展開するという目的を併せ持つものである。

本書のこうした目的からも明らかなように、本書において注目している少人数学級の効果は、個々の生徒に対する効果ではなく、多数の生徒からなる集団に対する効果を前提としている。より具体的に言えば、大規模学級に属する生徒の集団と小規模学級に属する生徒の集団を統計的手法を用いて比較し、両者の平均的な差を少人数学級がもたらした効果として解釈する、ということである。したがって、本書で検討されているのはあくまで集団間の平均値の差であり、仮に小規模学級には何らかの好ましい効果があるという結果が得られたとしても、それは小規模学級に属するすべての生徒に好ましい効果が及ぶことを必ずしも意味するものではない。

たとえば、少人数学級によって学力が上昇する生徒もいれば、低下してしまう生徒もいるだろう。しかし、集団間の平均で見たときに学力の上昇分のほうが大きい、という意味で、少人数学級には学力向上の効果があったと解釈するのである。

本書の内容には、統計分析の結果が数多く含まれている。本書が想定する読者は、統計分析の基本的な授業を受けた学部上級生から大学院生、教育経済学および隣接領域の研究者、そして教育行政に携わる政策担当者である。もちろん、日々教育の現場に立つ学校教員の方々にも幅広く手に取っていただきたいと考えているので、高度な専門知識を必要とする箇所には適宜注釈を加え、専門的な分析結果については本質を失わない程度に簡略化して記載している。本書がこの国の少人数学級政策の議論において参照され、科学的根拠に基づく政策形成の一層の進展に寄与することがあれば望外の喜びである。

【まえがき　注】

（1）「3密（3つの密）」とは、感染が拡大しやすい3つの状態「密閉・密集・密接」を省略した標語であり、新型コロナウィルスの感染拡大初期に広く浸透した。なお、世界保健機関（WHO）は「3Cs」（Crowded places, Close-contact settings, Confined and enclosed spaces）という、同様だが若干ニュアンスの異なる標語を用いて感染防止を呼びかけている。

少人数学級の経済学・目次

第6章　教員を確保できるか――教員採用の経済学……201

ブックデザイン・坂田 政則
カバーイラスト・岩橋 香月（デザインフォリオ）

序章　日本の学校教育の現状と少人数学級――教育経済学の視点

本書は、日本の義務教育における少人数学級の効果を議論するものである。本書での議論を始めるにあたり、この章ではまず、日本の義務教育の現状について、教育経済学の視点から概観しておきたい。

整理にあたっての視点は二つある。一つは教育成果である。学校教育の中で児童・生徒が獲得するさまざまな知識やスキルは、人々の所得の源泉となる人的資本を構成する重要な要素となるからである。

もう一つの視点は教育格差である。かつて日本人が抱いていた一億総中流社会というイメージは過去のものとなり、近年では、格差の拡大・固定化が子どもの貧困問題につながっていることが広く認識されるようになっている。本章では、教育成果と教育格差の二つの視点から日本の義務教育の現状を整理したうえで、本書が議論する少人数学級の位置づけを確認する。

1　教育成果の視点：日本の児童・生徒の学力と学校環境

(1)　義務教育期間中の学力

まず、日本の児童・生徒が義務教育期間中にどのくらいの学力を獲得しているかについて、国際比較しながら確認しよう。国際比較に使用するデータは、国際教育到達度評価学会（ＩＥＡ）という機関が実施している「国際数学・理科教育動向調査」（Trends in International Mathematics and Science Study：以下「ＴＩＭＳＳ」と表記）である。この調査には長い歴史があり、前身である「国際数学教育調査」（ＦＩＭＳ）は１９６４年から、「国際理科教育調査」（ＦＩＳＳ）は１９７０年から実施されているが、現在の調査形式となったのは１９９５年実施の調査からであり、以降４年ごとに調査が実施されている。

調査対象は、「正規の学校教育の4年目に当たる学年に在籍している児童（第4学年）」と「正規の学校教育の8年目に当たる学年に在籍している生徒（第8学年）」であり、日本では小学校4年生と中学校2年生が対象学年となっている。調査対象の教科は算数・数学と理科の二教科であり、主にそれぞれの教科の知識や計算能力を問うものとなっている。

ＴＩＭＳＳの特徴は、調査に参加した国・地域（おおむね50カ国前後、調査年によって異なる）の生徒の学力を国際比較できることに加えて、児童・生徒の学力の時系列の変化をとらえることが

図J－1　日本の児童・生徒の平均得点と順位の推移

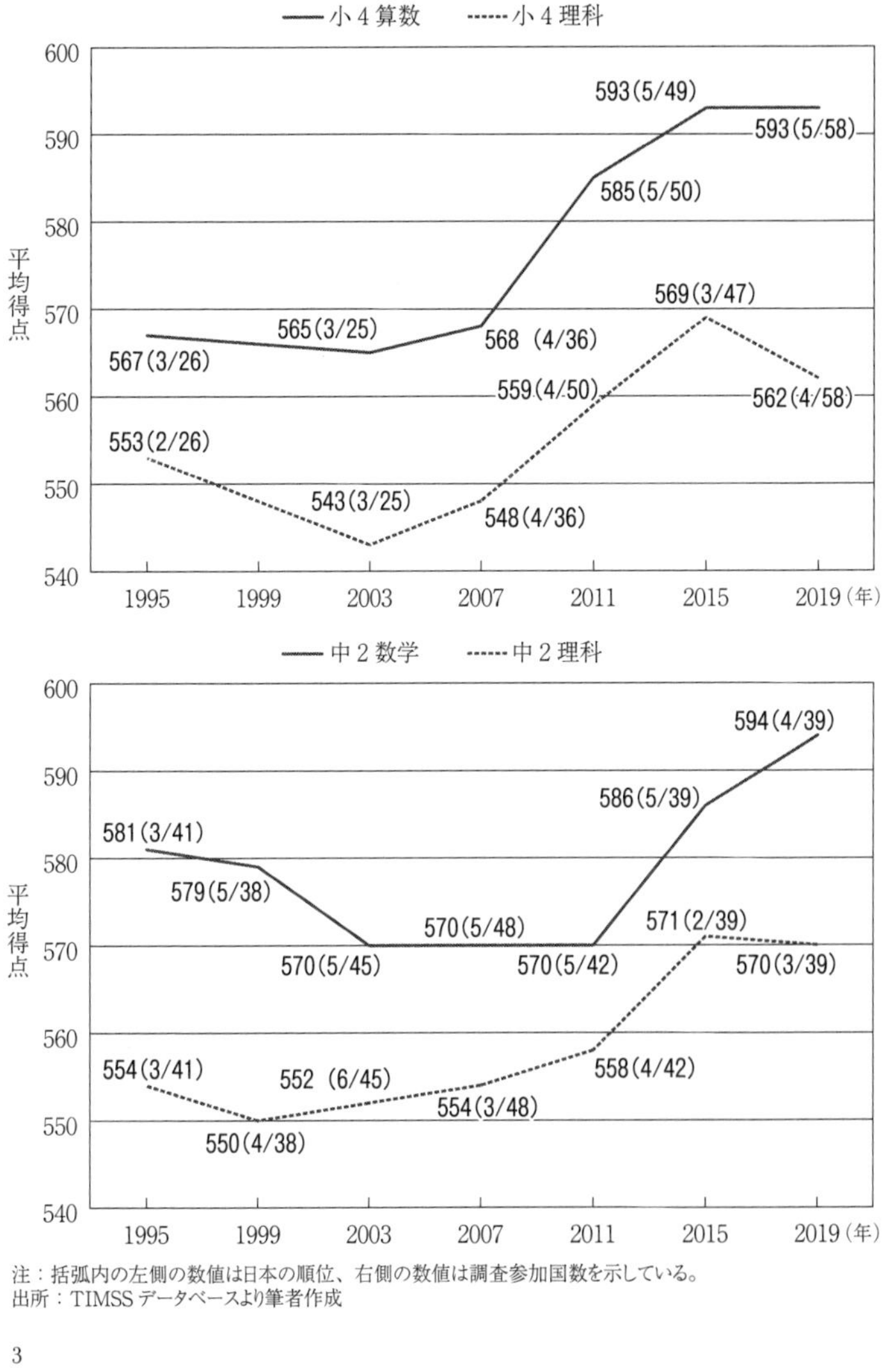

注：括弧内の左側の数値は日本の順位、右側の数値は調査参加国数を示している。
出所：TIMSS データベースより筆者作成

できるように設計されている点にある。こうした設計により、過去の児童・生徒と比べて学力が向上したのか低下したのかを定量的に把握することが可能となっている。以下では、１９９５年の調査以降の日本の児童・生徒の学力とその変化を見ていくことにする。各回の調査には小・中学校それぞれ約１５０校、５０００人前後の児童・生徒が参加している。なお、１９９９年の調査は第８学年（中学２年生）のみを対象として実施されたため、第４学年（小学４年生）の結果は存在しない。

図Ｊ－１は、日本の児童・生徒の平均得点と国際順位の推移を示したものである。ＴＩＭＳＳの各回調査における得点は、１９９５年調査の平均点を５００点とするように算出されている。

同図からは以下の二点を読みとることができる。一点目は、調査によって変動はあるものの、日本の児童・生徒の平均得点は国際的に見れば安定的に上位に位置しており、１９９５年以降のほぼすべての調査において上位5位以内に入っている点である。唯一の例外は２００３年調査の中学２年生の理科であるが、これも45カ国中の6位である。国際的に見れば、日本の小・中学生は安定して高い学力を獲得していると判断できよう。とはいえ、直近の２０１９年調査において、両学年ともに理科の平均得点が若干低下している点は気になるところであり、次回調査（２０２３年を予定）の結果が待たれる。

二点目は、小学４年生の理科および中学2年生の数学の結果に顕著に表れているが、２００３年調査において平均得点や順位の低下が見られた点である。小学４年生の理科の平均得点は、前回調査（１９９５年）の５５３点から10点低下した。中学2年生の数学の平均得点は前回調査の５７９

点から570点に低下し（順位は変わらず）、理科の得点は550点から552点に上昇したものの、国際順位は4位から6位に後退した。

1990年代後半から2000年代初頭の時期に、TIMSSの調査領域のうちのいくつかにおいて、日本の児童・生徒の学力が低下したことは事実であると考えられる（Mullis *et al.* [2008]；Martin *et al.* [2008]）。それでも国際的に見れば上位グループを維持していたし、2010年代以降は再び学力上昇に転じて90年代を超える平均得点となっていることから、現状においては、日本の児童・生徒は国際的に見れば高い学力水準を維持していると判断して間違いないであろう。

(2) 義務教育修了時点の学力

続いて、義務教育を修了した時点で獲得している学力についても確認する。使用するデータは、OECD（経済協力開発機構）が実施している「OECD生徒の学習到達度調査」（Programme for International Student Assessment：以下では「PISA」と表記）である。PISAは、多くの国・地域で義務教育を修了する15歳児を対象として2000年に開始された国際調査であり、以降3年ごとに実施されている（2021年調査は翌年に延期）。

調査の主たる目的は「各国の子供たちが将来生活していくうえで必要とされる知識や技能が、義務教育終了段階において、どの程度身についているかを測定すること」（国立教育政策研究所編[2019a]）であり、具体的には読解力、数学的リテラシー、科学的リテラシー、の三分野の能力を測るものとなっている。

図Ｊ－２　日本の生徒の平均得点および国際順位の推移

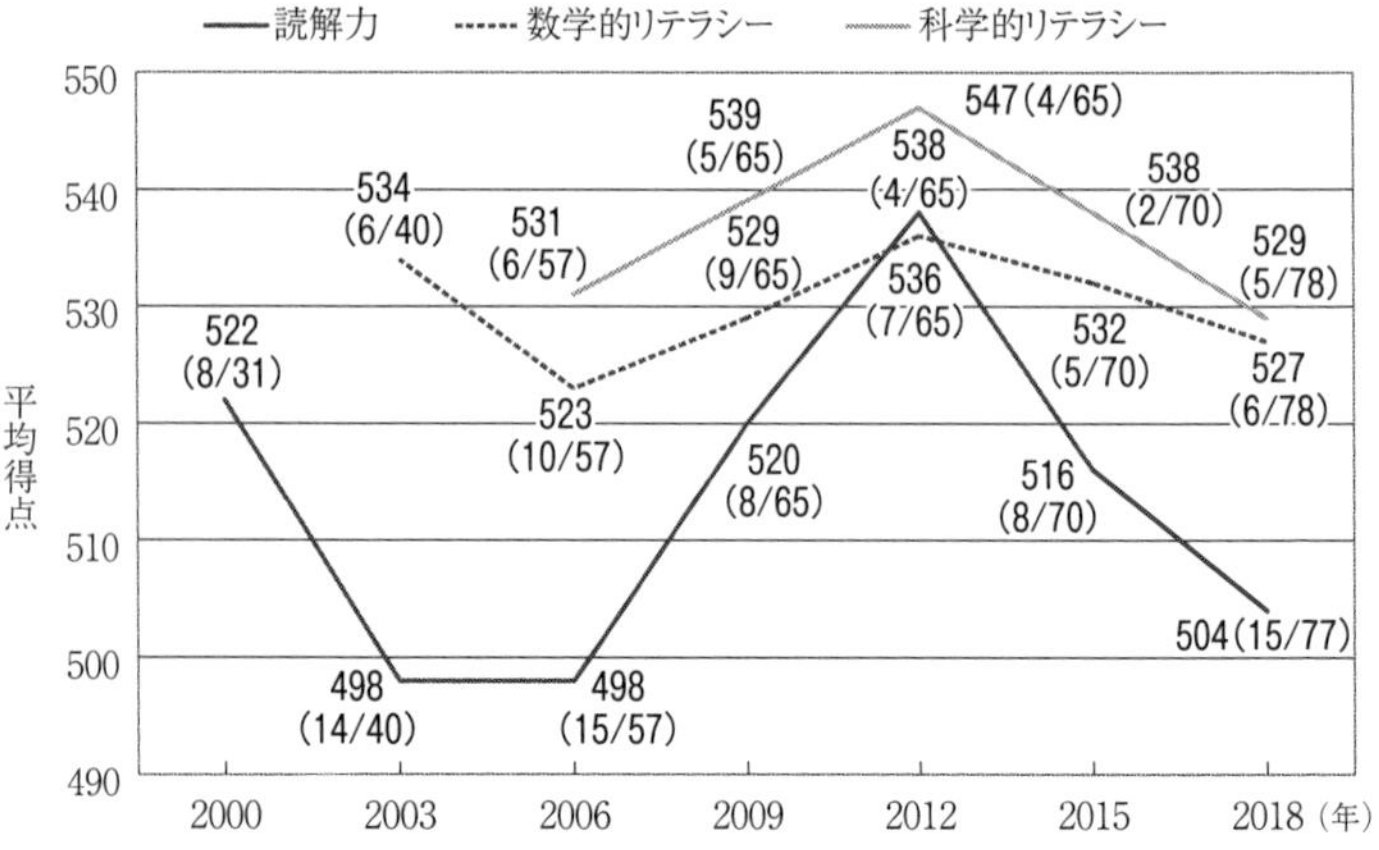

注：括弧内の左側の数値は日本の順位、右側の数値は調査参加国数を示している。
出所：PISA データベースより筆者作成

調査参加国は調査ごとに増加しており、２０１８年調査には79カ国・地域の生徒が参加している。日本では全国の高等学校等から約２００校が抽出され、高校１年生に相当する学年の生徒約７０００人が各回の調査に参加している。

前節で紹介したＴＩＭＳＳと同様、ＰＩＳＡにおいても過去の調査結果との比較が可能な設計となっている。２０１５年以降の調査では紙ベースの筆記型からコンピュータ使用型調査へと全面移行したが、２０１２年調査までの得点と２０１５年調査以降の得点は比較可能とされている。なお、数学的リテラシーについては２００３年調査以降、科学的リテラシーについては２００６年調査以降の得点が比較可能である。図Ｊ－２は、日本の生徒の読解力、数学的リテラシー、科学的リテラシーの平均得点の推移を示したものである。同図からは以下の二点を指摘することができる。

一点目は、三分野いずれについても、２０１２年調査の平均得点が最も高く、以降は低下傾向にあるということである。中でも読解力の平均得点の低下が目立っているように見受けられるが、これについては、最新の２０１８年調査がコンピュータ使用型調査だったために、そうした出題・解答形式に日本の生徒が不慣れであったことに加えて、そもそもＰＩＳＡが測ろうとしている読解力と日本の国語教育で重視されている読解力が異なっていることも要因として指摘されている（川口[2020]）。

なお、日本の生徒は15位に順位を落としてはいるが、統計的に見れば５０４点という平均得点はＯＥＣＤ加盟国平均を上回っていることが報告されている（国立教育政策研究所編［2019a］）。読解力以外の二分野については、国際的に見ても上位に位置していることを踏まえれば、義務教育修了時点の日本の生徒の学力は国際的に見て高い水準にあると判断して差し支えないであろう。

二点目は、前節で紹介したＴＩＭＳＳの結果と同様に、２０００年代半ばに平均得点が低下している点である。２００３年調査において読解力が14位に、数学的リテラシーが6位（前回は1位）に順位を落としたことは「ＰＩＳＡショック」と呼ばれ、当時の学力低下論争に終止符を打ち、ゆとり教育からの政策転換につながったと考えられている。

とはいえ、このとき平均得点・順位ともに大きく低下した読解力についても、統計的に見ればその平均得点はＯＥＣＤ加盟国平均と同程度であり、国際的に見れば平均的な水準にあったことを指摘しておきたい。すなわち、最も学力が低下したと想定される時期においても、日本の生徒は少なくとも国際平均と同程度の学力を維持していたのである。

ここまで、国際学力調査の結果を用いて日本の児童・生徒の学力について概観してきた。２０００年代初頭の一時期に若干の学力低下が確認されるものの、総じて見れば、日本の児童・生徒の学力は国際的に見れば高い水準を維持していることが確認されたといえる。言い換えれば、日本の学校教育が提供する義務教育は、平均的に見れば、児童・生徒に高い学力を身につけさせることに成功しているといえよう。この点については疑いの余地はない。

ところで、日本の児童・生徒の学力を見るためになぜ国際比較調査ばかり用いるのか、と疑問に思われた読者もいるかもしれない。たしかに国内においては、文部科学省が２００７年度から「全国学力・学習状況調査」という大規模な学力調査をほぼ毎年実施しており、その調査結果も公表されている。

しかしながら、現行の同調査は、その調査の設計により、得点や正答率の経年比較が不可能という深刻な問題点を抱えている。同調査は、毎年の調査結果が公表されるたびに都道府県ランキングが作成され話題になるが、それは裏を返せば、同調査で測定される学力自体を経年比較することができないために、ランキングを作ってランキングの経年変動を見る以外に過去の調査結果と比較する方法がない、ということでもある。

児童・生徒の貴重な時間と巨額の資金が投入されている調査である。本書で後述する「エビデンスに基づく政策形成」に活用するためにも、少なくとも経年比較が可能となるような調査設計に改善されるとともに、調査結果のデータが広く利用可能なかたちで公表されることを期待したい。

図J－3　各国の教育支出額の対GDP比(2019年)

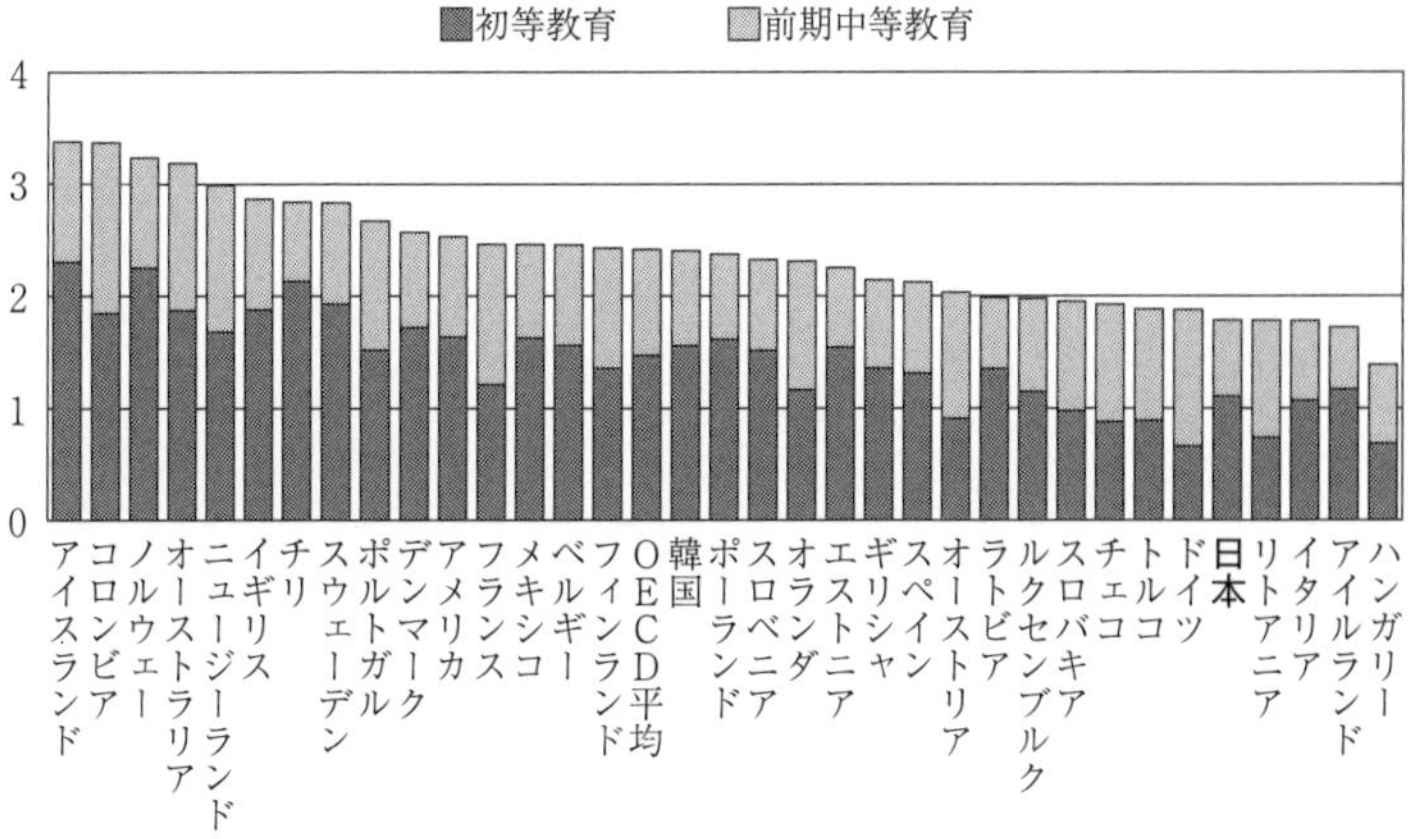

出所：Education at a Glance 2021 (Table C2.1) より筆者作成

(3) 学校教育への資源投入

日本の義務教育が児童・生徒に高い学力を身につけさせることに成功していることを見てきたので、次に、そうした高い学力を育んでいる小・中学校に対してどの程度の資源が投入されているかについて確認する。本節で使用するデータは、OECDが毎年公表している「図表で見る教育(Education at a Glance) OECDインディケータ」(2021年度版、以下ではEducation at a Glance 2021と表記)である。毎年、教育に関連する数多くの指標が国際比較可能なかたちで公表されており、文部科学省のウェブサイトからアクセスすることが可能となっている。

図J－3は、初等教育(日本では小学校に相当)および前期中等教育(中学校に相当)に対する各国の教育支出額の対GDP比(2019年)を示したものである。よく使われている図なので、見

図J－4　初等教育および前期中等教育における生徒一人あたり累積支出額（米ドル換算）

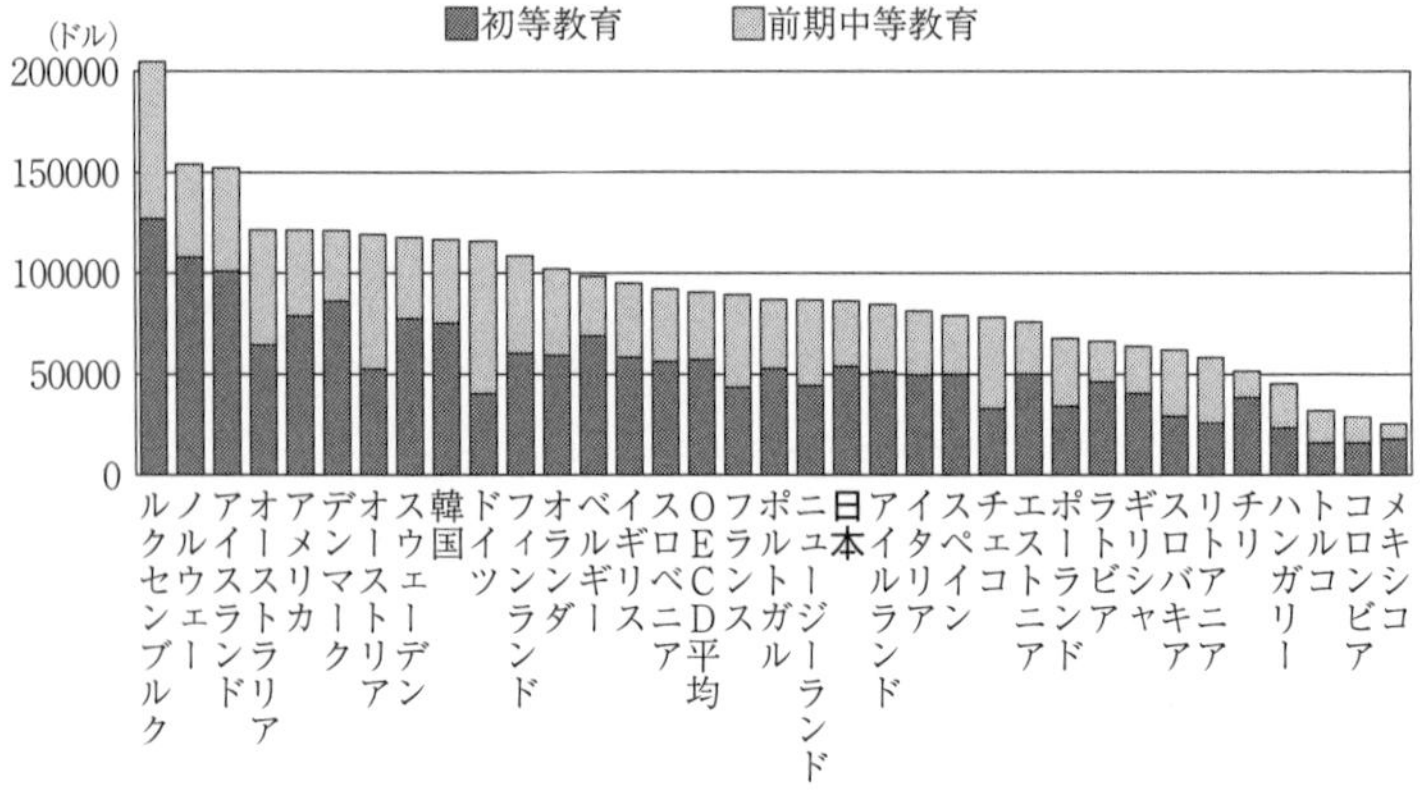

出所：Education at a Glance 2021（Table C1.7）より筆者作成

たことがあるという読者も多いだろう。日本の教育支出額の対GDP比は1・78％となっている。これはOECD平均の2・41％を下回っており、OECD加盟国中で下から5番目に位置する数値である。

同図は日本の義務教育に相当する学校に対する支出を取り上げたものであるが、これに後期中等教育（高等学校等に相当）や高等教育に対する支出をつけ加えたとしても、対GDP比で見たときに日本の順位が低いことには変わりがない。日本はその経済規模に比して見たときに、教育への支出割合が少ない国の一つであるということになる。

図J－3に対して、日本の順位が低くなるのは日本のGDPが大きいからではないか、という感想を持つ読者もおられるかもしれない。図J－4は、初等教育（日本では6年間）および前期中等教育（日本では3年間）の間の生徒一人あたり累積支出額（米ドル換算）を示したものである。日

図J－5　政府支出に占める公的教育支出の比率

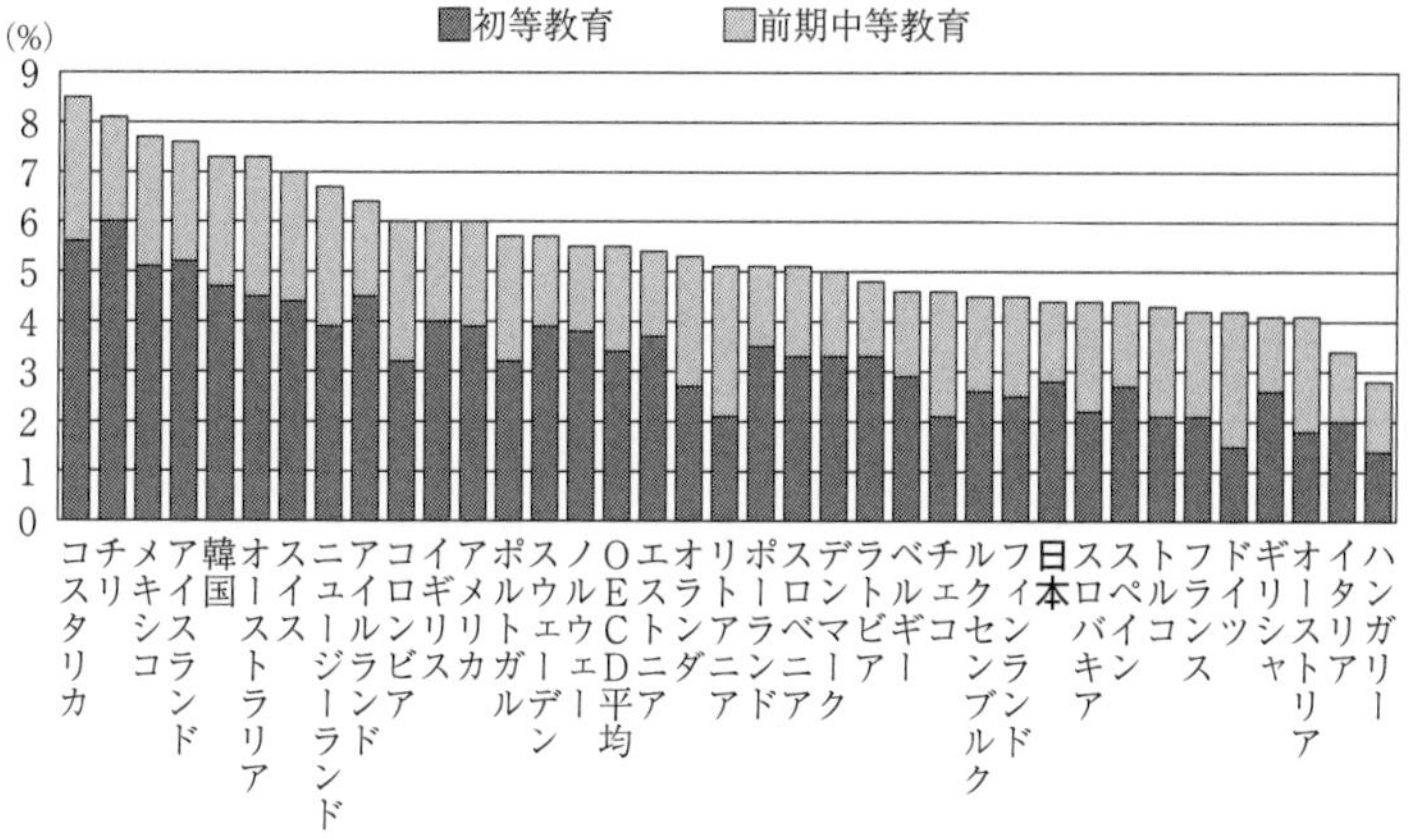

出所：Education at a Glance 2021（Table C4.1）より筆者作成

本の生徒一人あたり累積支出額は約８万６０００ドルであり、順位は下から数えて16番目にまで上昇している。それでも、ＯＥＣＤ平均の約９万ドルを下回る水準であり、ＯＥＣＤ加盟国の中で見れば依然として教育への支出が低いほうのグループに属することに変わりはない。

図Ｊ－５は、各国の政府支出に占める公的教育支出（初等教育と前期中等教育の合計）の比率を示したものである。日本は４・４％となっており、ＯＥＣＤ平均である５・５％を下回っている。順位は下から数えて10番目である。政府支出に占める公的教育支出の割合で見ても、日本はＯＥＣＤ加盟国の中では低いほうに位置するということになる。図Ｊ－３から図Ｊ－５が示している事実は単純である。国際的に見て日本は、義務教育に対する資源投入が少ないほうのグループに属する、ということである。

(4) 学習環境と教員

続いて、児童・生徒の学習環境と教員に関連する指標について見ていくことにする。使用するデータは前節と同じくEducation at a Glance 2021である。

図J－6は、OECD加盟各国の義務教育における授業時間数の合計を示したものである。日本の場合、小学校が4669時間、中学校が2669時間であり、合計すると7338時間となる。OECD平均は初等教育4590時間、前期中等教育3049時間、合計7638時間である（四捨五入の関係で数値が一致しない）。国によって初等教育および前期中等教育の標準年限は異なるため、義務教育期間の合計で見ると、日本はOECD加盟国平均よりも300時間ほど少ない時間数となっていることがわかる。日本の義務教育の時間数はOECD加盟国中の下から14番目である。

図J－7は、OECD加盟各国における年間の平均授業日数を示したものである。日本（203日）は最も多いイスラエル（初等教育214日、前期中等教育205日）に次いで上から2番目に位置している。日本の義務教育は世界トップクラスの授業日数ということになる。

この事実は、児童・生徒が学校に通う日数が多いことを意味するだけではない。大人がいない学校に子どもだけが登校することはあり得ない。すなわち当然ではあるが、図J－7は教職員が出勤する日数も世界トップクラスであることを暗に示しているのである。

図J－8は、OECD加盟各国の初等教育および前期中等教育に勤務する教員の年間法定労働時間を示したものである。OECD平均が1564時間程度であるのに対して、日本の学校教員の法

図J－6　義務教育における授業時間数

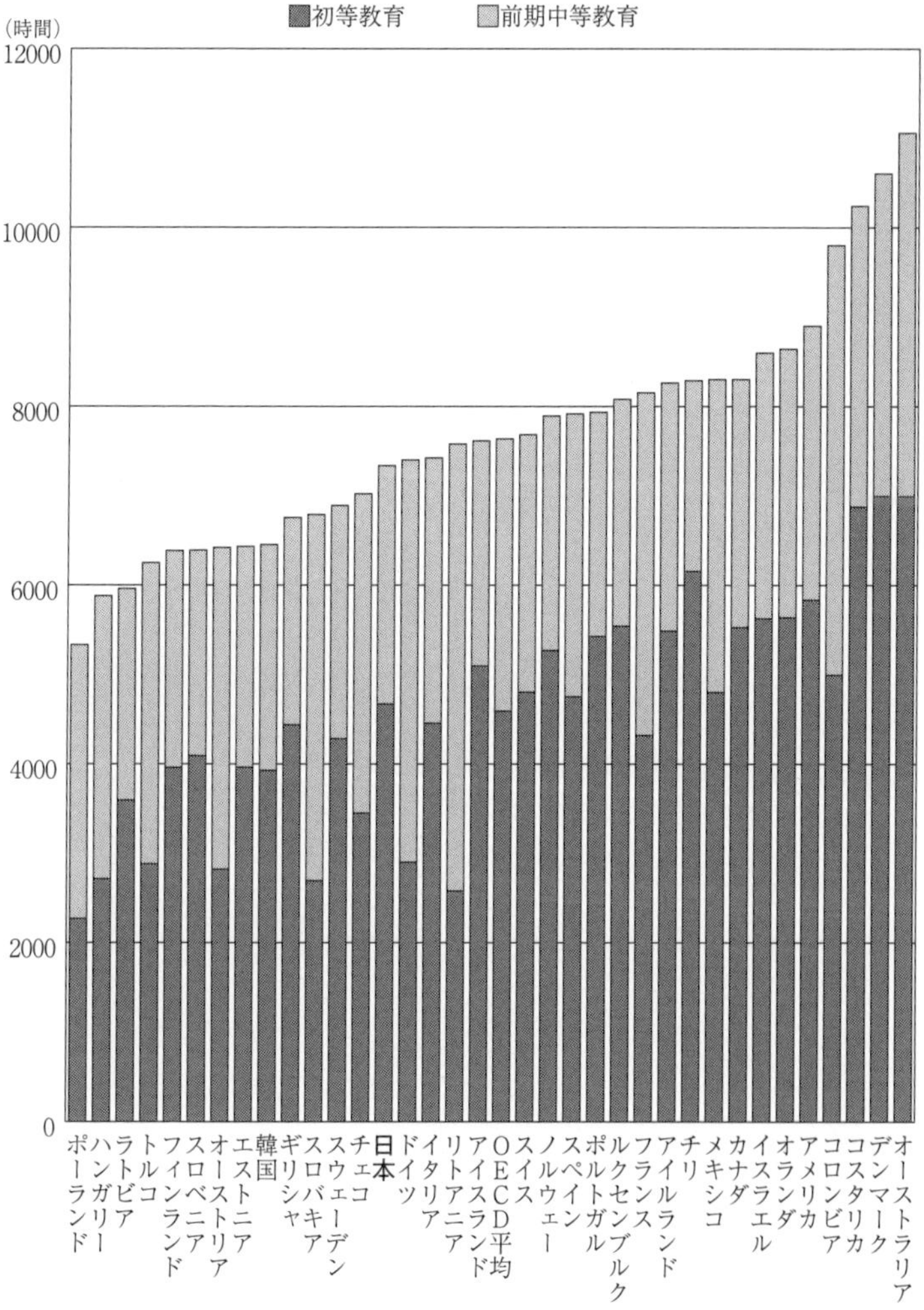

出所：Education at a Glance 2021（Table D1.1）より筆者作成

図J－7　義務教育における年間平均授業日数

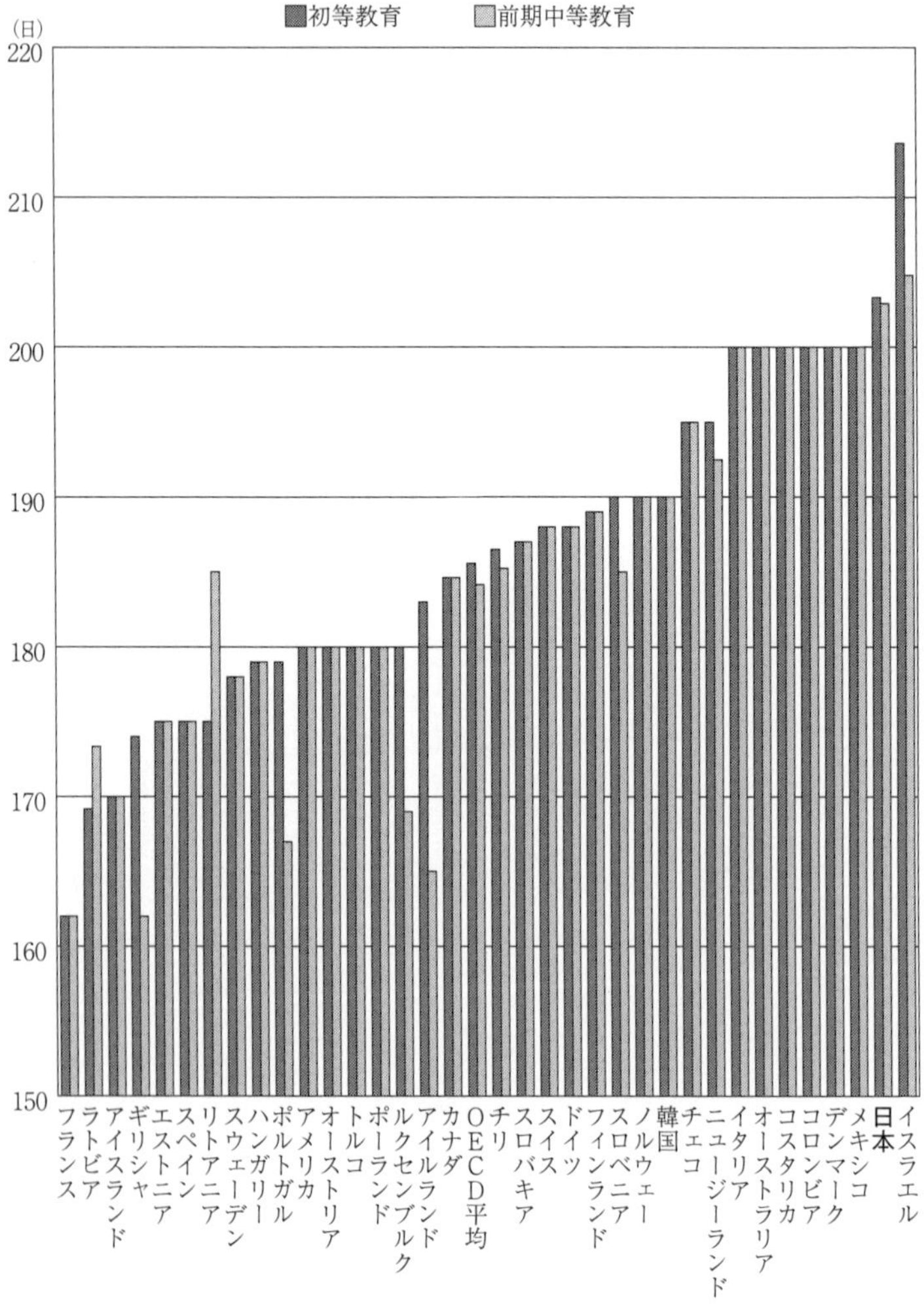

出所：Education at a Glance 2021（Table D1.2）より筆者作成

図J－8　教員の年間法定労働時間

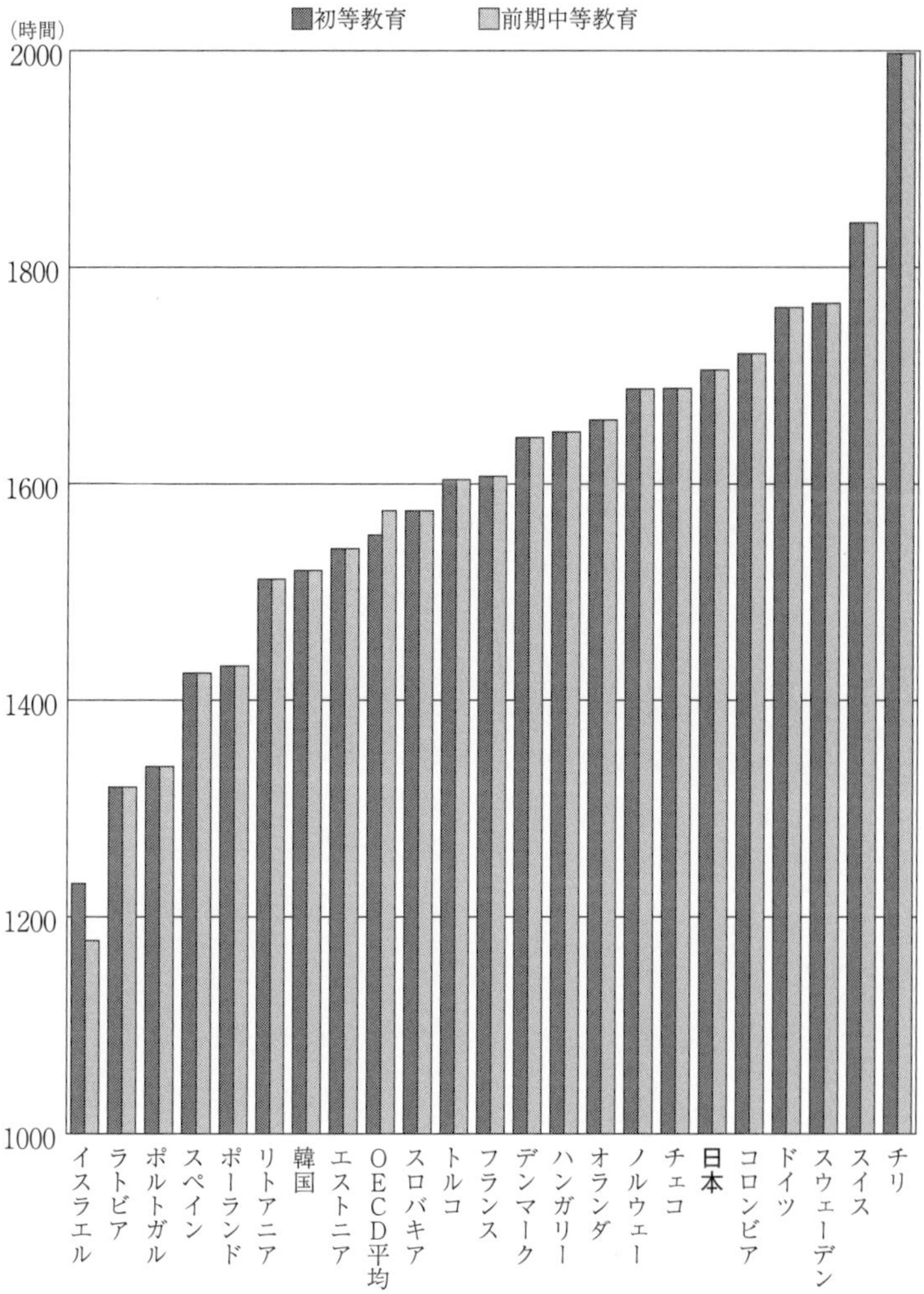

出所：Education at a Glance 2021（Table D4.2）より筆者作成

る。

定労働時間は1705時間となっており、年間で140時間程度長くなっていることが示されてい

同図によると、日本の教員の法定労働時間はOECD加盟国の中で上から6番目に位置している。興味深いのはイスラエルである。日本よりも授業日数が多いにもかかわらず、法定労働時間で見れば日本をはるかに下回っており、OECD加盟国の中で最も短い時間となっている。

なお、図J－8はあくまで法定労働時間を示したものであり、実際の労働時間を反映したものではない点に注意が必要である。日本の学校教員の長時間労働の問題については第4章で詳細に議論する。

図J－9は、OECD加盟各国の義務教育における平均の学級規模を示したものである。OECD平均は初等教育が21人、前期中等教育が23人程度である。日本の義務教育における平均の学級規模は大きく、小学校で27人、中学校では32人程度となっている。これはいずれも、OECD加盟国の中で2番目に大きい値であり、日本の小中学校は世界的に見ても大規模な学級を編制していることが示されている。つまり、日本の小中学校には、本書で議論する少人数学級を推進する余地が多く残されているということになろう。

ここまでに示された国際比較の結果は、以下のようにまとめることができる。日本はその経済規模に比して教育への公的支出が低く、学級規模は国際的に見てもワーストクラスの大きさであるが、児童・生徒は足繁く学校に通い、2000年代初頭の一時期に若干の学力低下が確認されたものの、

図J－9　義務教育における平均学級規模

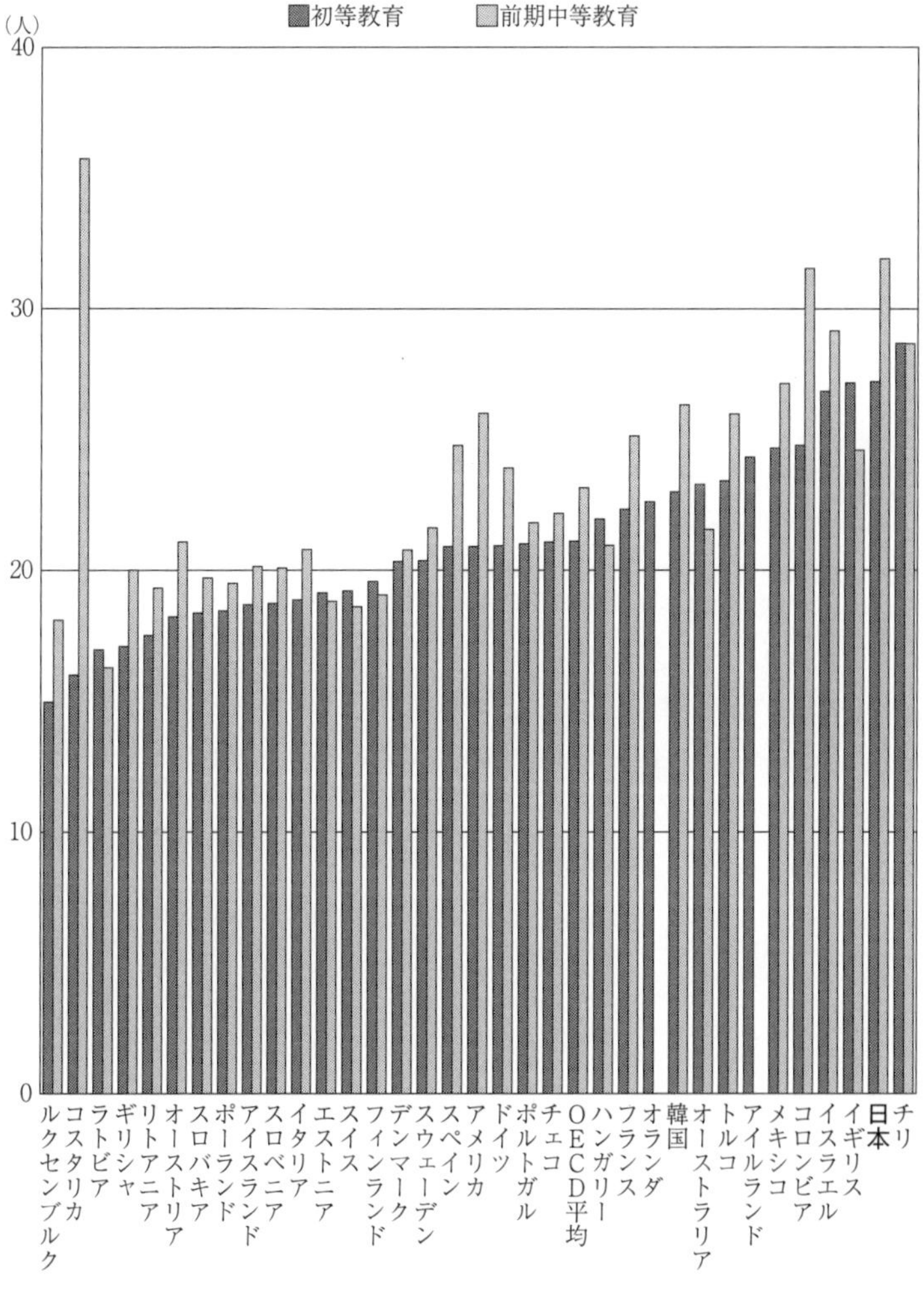

出所：Education at a Glance 2021 (Table D2.1) より筆者作成

国際的に見てトップクラスの学力を維持している。公的な教育支出を抑えながら世界トップクラスの学力を持った生徒を育むことに成功しているという意味では、極めて効率のよい教育を行っていると評価することもできるかもしれない。

しかしながら、第6章で詳しく議論するように、日本の学校教員は特殊なルールの下で、およそ適正とは言い難い待遇で長時間労働を強いられている。仮に、教員の長時間労働に対して適正な対価を支払うことになれば、公的な教育支出は確実に増大し、効率性の高さも幾分は失われると考えて間違いない。言い換えれば、日本の義務教育は、学校教員の長時間労働という犠牲の上に高い効率性を実現していると考えられるのである。

後の章で議論するように、学級規模の縮小は児童・生徒の学力や非認知能力を向上させるだけでなく、教員の長時間労働を軽減する効果も期待される。少人数学級は、日本の児童・生徒の高いパフォーマンスを維持・向上しつつ、学校教員の負担を軽減する可能性が高い有望な教育政策と位置づけることができるのである。

2　教育格差の視点：家庭環境の影響

次に、教育格差の観点から日本の学校教育の現状を確認しよう。

教育格差について、松岡（[2021] 20ページ）は、「本人が変えることのできない初期条件（「生まれ」）によって、学力や学歴など教育成果に差があること」と定義している。生まれ育った家庭環境のちがいが、学校教育を受ける間に学力や学歴の格差を生み、その格差は職業や収入といった社会経済的地位の格差となって顕在化することとなる。これは、経済学的な観点から見れば、所得や富の格差が世代を超えて連鎖し固定化するプロセスの中に学校教育が組み込まれている、ということになろう。

松岡によれば、こうした意味での教育格差が社会問題として認識されたのは２０００年以降であるが、日本にはそれ以前の時期から教育格差が存在していたとされる。そこで次に、前節で紹介した国際比較調査のデータを用いて日本の教育格差の現状を確認することとしたい。

以下では、教育格差を生み出す初期条件（生まれ）の代理変数として「家庭の蔵書数（家にある本の冊数）」を用いる。家庭の蔵書数は、児童・生徒の家庭の社会経済的地位（Socio-Economic Status：ＳＥＳ）の代理変数としてしばしば使用される指標であり、ここで用いるＴＩＭＳＳおよびＰＩＳＡの両方において生徒質問紙の調査項目とされている。

家庭の蔵書数は児童・生徒の家庭のＳＥＳを完全に反映した指標ではないことは言うまでもないが、家庭のＳＥＳの代理指標として家庭の蔵書数を使用することは、先行研究や実現可能性の観点から見て「もっとも現実的かつ容易な方法」（川口［2017］）であると考えられる。家庭の蔵書数（雑誌、新聞、教科書は含まない）について、ＴＩＭＳＳでは次の①から⑤から、ＰＩＳＡでは①から⑥から、それぞれ選択する形式で調査しているが、本節の分析ではＰＩＳＡの⑤と⑥を統合して、ＴＩＭＳＳと比較可能なかたちにして取り扱うこととする。

図J－10　家庭の蔵書数ごとの平均得点

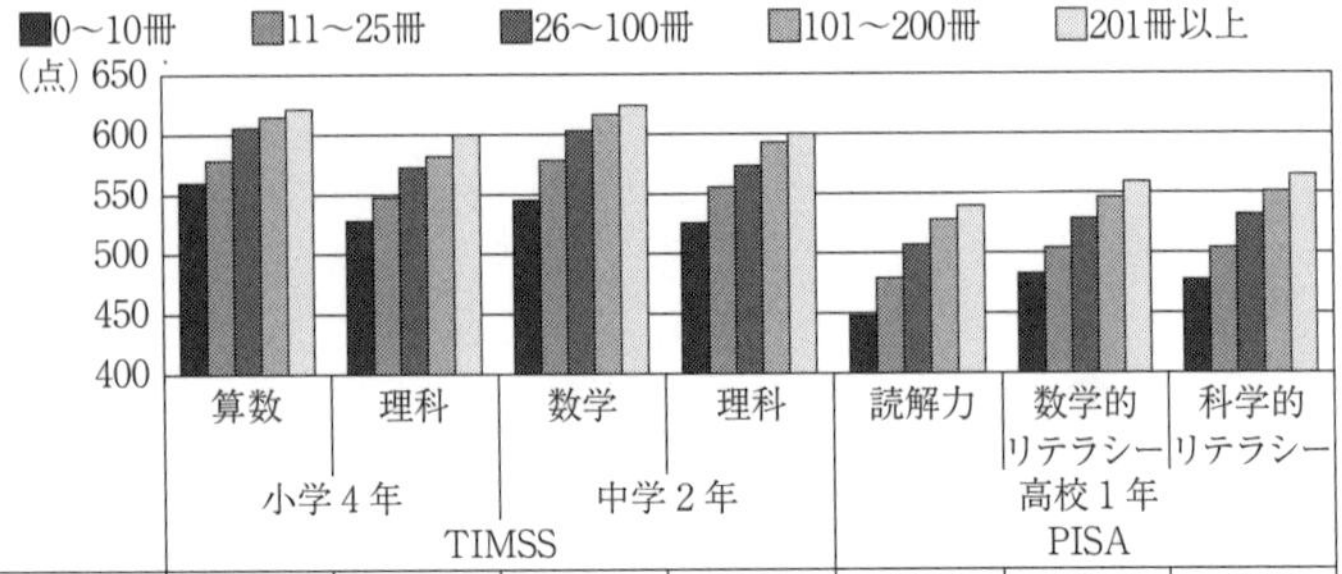

	算数	理科	数学	理科	読解力	数学的リテラシー	科学的リテラシー
	小学４年		中学２年		高校１年		
	TIMSS				PISA		
①0～10冊	560.0	528.3	545.2	525.4	447.7	482.7	477.5
②11～25冊	578.5	547.7	578.6	555.8	479.1	504.1	504.0
③26～100冊	605.7	572.7	603.1	573.5	506.9	528.3	531.6
④101～200冊	614.8	582.0	616.5	593.0	527.7	546.0	550.9
⑤201冊以上	621.4	599.9	624.0	600.2	539.1	559.6	565.3

出所：TIMSS 2019，PISA 2018 各データベースより筆者作成

①　ほとんどない（0～10冊）
②　本棚1つ分（11～25冊）
③　本箱1つ分（26～100冊）
④　本箱2つ分（101～200冊）
⑤　本箱3つ分（200冊より多い）［TIMSS］：201～500冊［PISA］
⑥　501冊以上

まず、最新の調査であるTIMSS2019およびPISA2018の結果から見ていこう。TIMSSは義務教育在学中の児童・生徒の学力、PISAは義務教育を修了した段階の生徒の学力がそれぞれ反映されていると解釈される。

図J－10は、家庭の蔵書数への回答によって生徒をグループ分けしたうえで、各グループの平均点を図示したものである。すべての調査対象学年において、家庭の蔵書数が多い児童・生徒ほど平

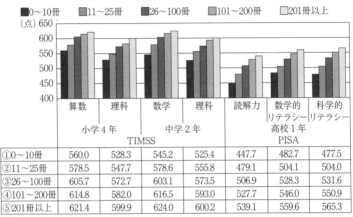

図J－11　経済的に恵まれない家庭の児童・生徒の在籍割合と平均得点

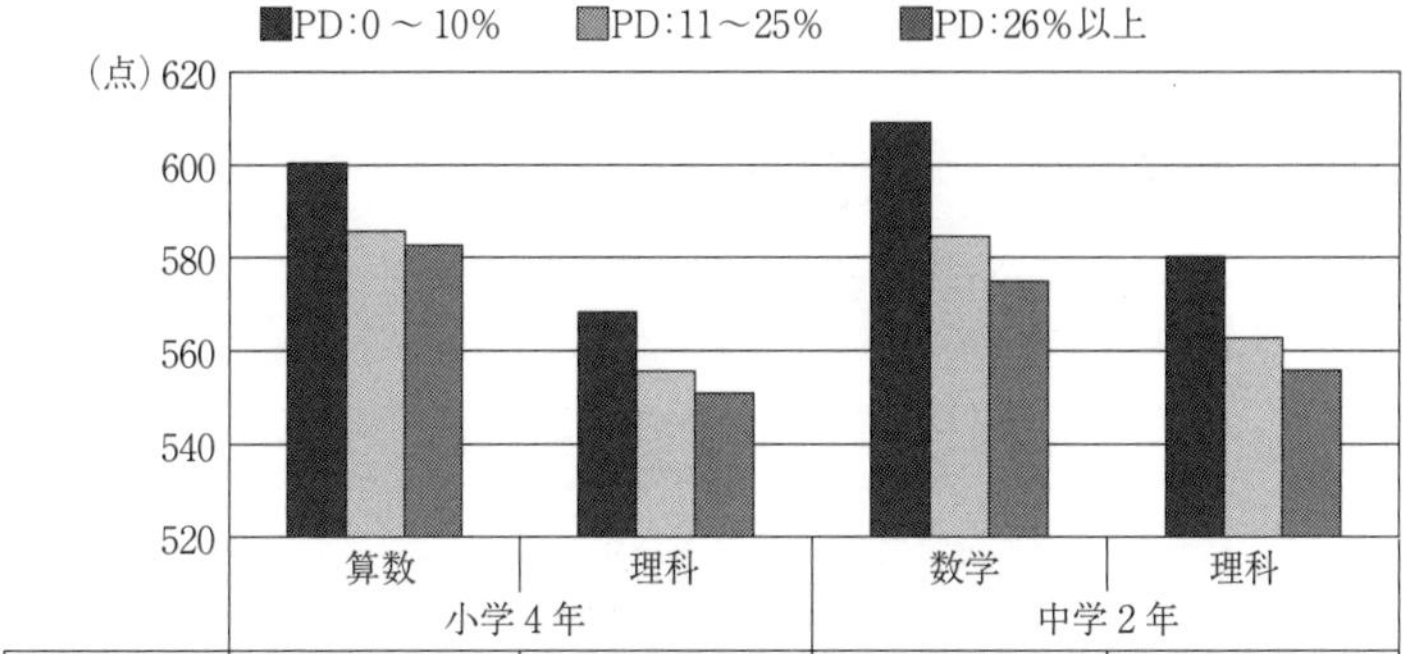

	小学4年 算数	小学4年 理科	中学2年 数学	中学2年 理科
PD：0 ～ 10%	600.4	568.3	609.1	580.2
PD：11～25%	585.6	555.6	584.5	562.8
PD：26%以上	582.6	550.9	574.9	555.8

出所：TIMSS 2019 データベースより筆者作成

均得点が高くなっていることが明瞭に示されている。家庭の蔵書数が最も少ないグループと最も多いグループの間の平均得点の差は、小学4年生時点で60～70点程度、中学2年生時点で75～80点程度、高校1年になると77～90点程度となる。

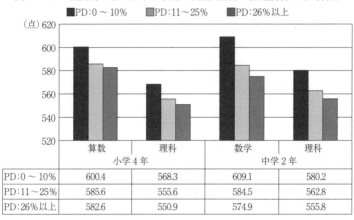

なお、この平均得点差については、10で割ると、おおむね偏差値（平均50点、標準偏差10点）の差に換算することが可能となる。したがって、最新の公表データからは、SESの代理指標である家庭の蔵書数が最も少ないグループと最も多いグループの間に、偏差値に換算して6～9程度の学力差が発生していることが確認されるということになる。

次に、学校の立地環境による学力差についても確認しよう。TIMSSでは学校長に対する調査を実施しており、その中で、経済的に恵まれない家庭の児童・生徒の在籍割合（PD）を問う設問がある。図J－11は、この設問への回答によって

図J－12　小学校入学時点で「大部分の仮名文字の見分けがつくこと」がてきた割合

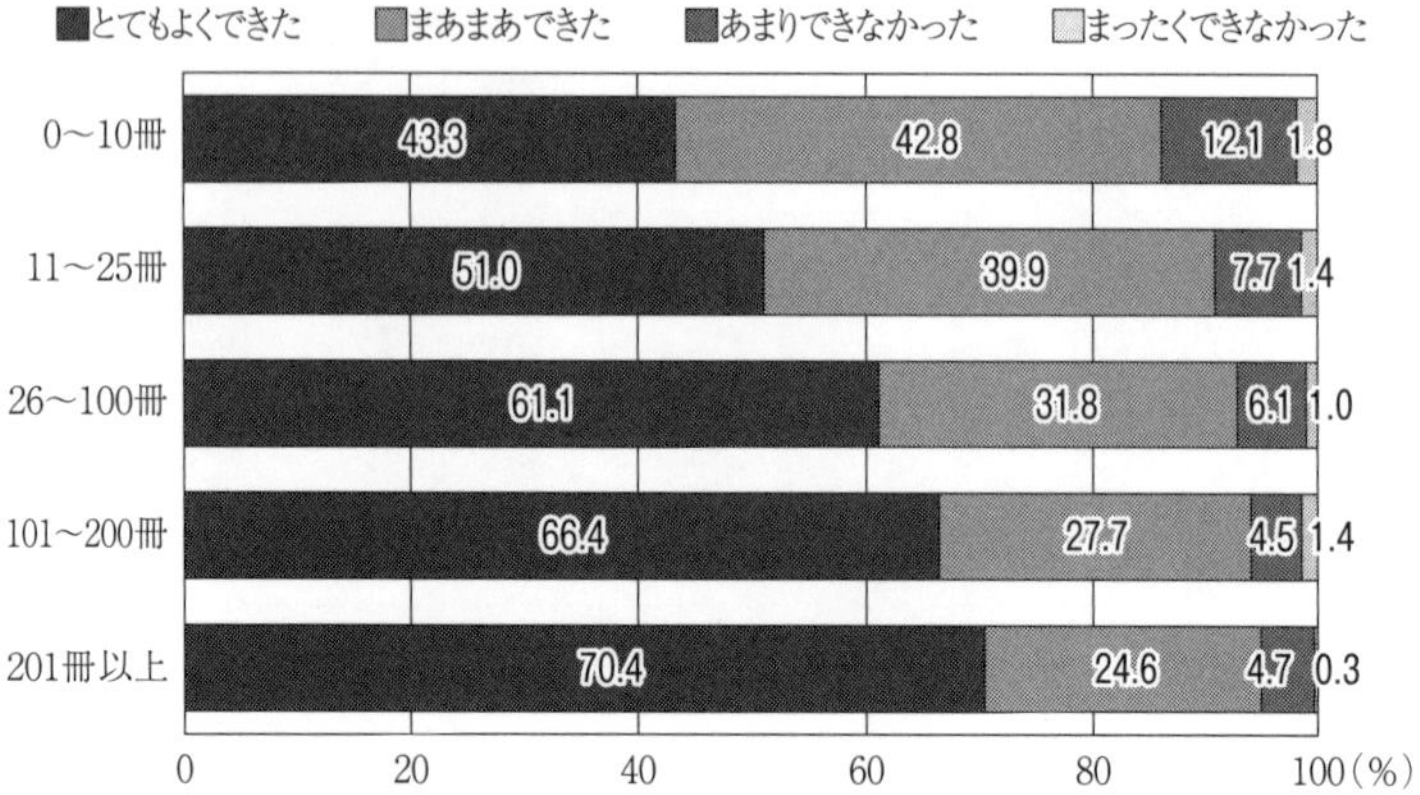

出所：TIMSS 2019 データベースより筆者作成

児童・生徒をグループ分けして平均得点を算出したものである。経済的に恵まれない児童・生徒の在籍割合が最も低い学校と最も高い学校の間の平均得点の差は、小学校では17～18点、中学校では24～34点となっている。偏差値に換算するとおおむね2～3程度の差、ということになる。家庭の蔵書数ほどではないものの、経済的に恵まれない児童・生徒が多く在籍する学校の平均学力が低くなっていることが確認されよう。

こうした義務教育在学中、あるいは修了後に確認される教育格差は、実は義務教育就学前の時期からすでに発生していることを確認することができる。TIMSS2019では、調査対象となった小学4年生の児童の保護者に対する質問紙調査も実施されている。この中で、対象となった児童が小学校1年生になったときにどの程度のことができたかを問う設問がある。

図J－12は、小学校入学時点で「大部分の仮名文字の見分けがつくこと」がどの程度できたかを、家庭の蔵書数ごとに集計したものである。家庭の蔵書数が多い児童ほど、小学校入学時点で「とてもよくできた」と回答する保護者が多くなっていることが読みとられよう。蔵書数201冊以上のグループでは、小学校入学時点で仮名文字の見分けができる子どもの割合は7割を超えている。他方、蔵書数が最も少ないグループにおける割合は4割程度にとどまっている。義務教育就学前から教育格差は発生しているのである。

生まれ育った家庭環境が教育成果である学力の差を生む背景の一つには、当然ではあるが、家庭の経済的な裕福さの影響が考えられる。経済的に余裕がある家庭では、学習に必要な教材等を十分に揃えることができるだろうし、栄養豊富な食事を用意することもできる。学年が上がれば塾や家庭教師といった学校外学習に通わせることもできよう。

こうした経済的・金銭的側面が影響していることは疑いようがないが、同時に、非金銭的な側面の影響も無視できないものがあると考えられる。それは、保護者の子どもの教育に対する意識である。

TIMSS 2019の保護者調査には、調査対象となった子どもがどの段階まで進学してほしいかを問う設問がある。本章の最後に、この設問への回答を確認しよう。図J-13は、自分の子どもがどの段階まで進学してほしいかという設問に対する保護者の回答を、家庭の蔵書数ごとにグループ分けして集計したものである。蔵書数の多い家庭ほど、子どもに大学や大学院まで進学してほしいと考えている保護者が多くなっていることが明瞭に示されている。社会経済的に恵まれた家庭に生まれた子どもは、同時に進学期待の高い保護者のもとで成長するのである。

図J－13　家庭の蔵書数と保護者の進学期待

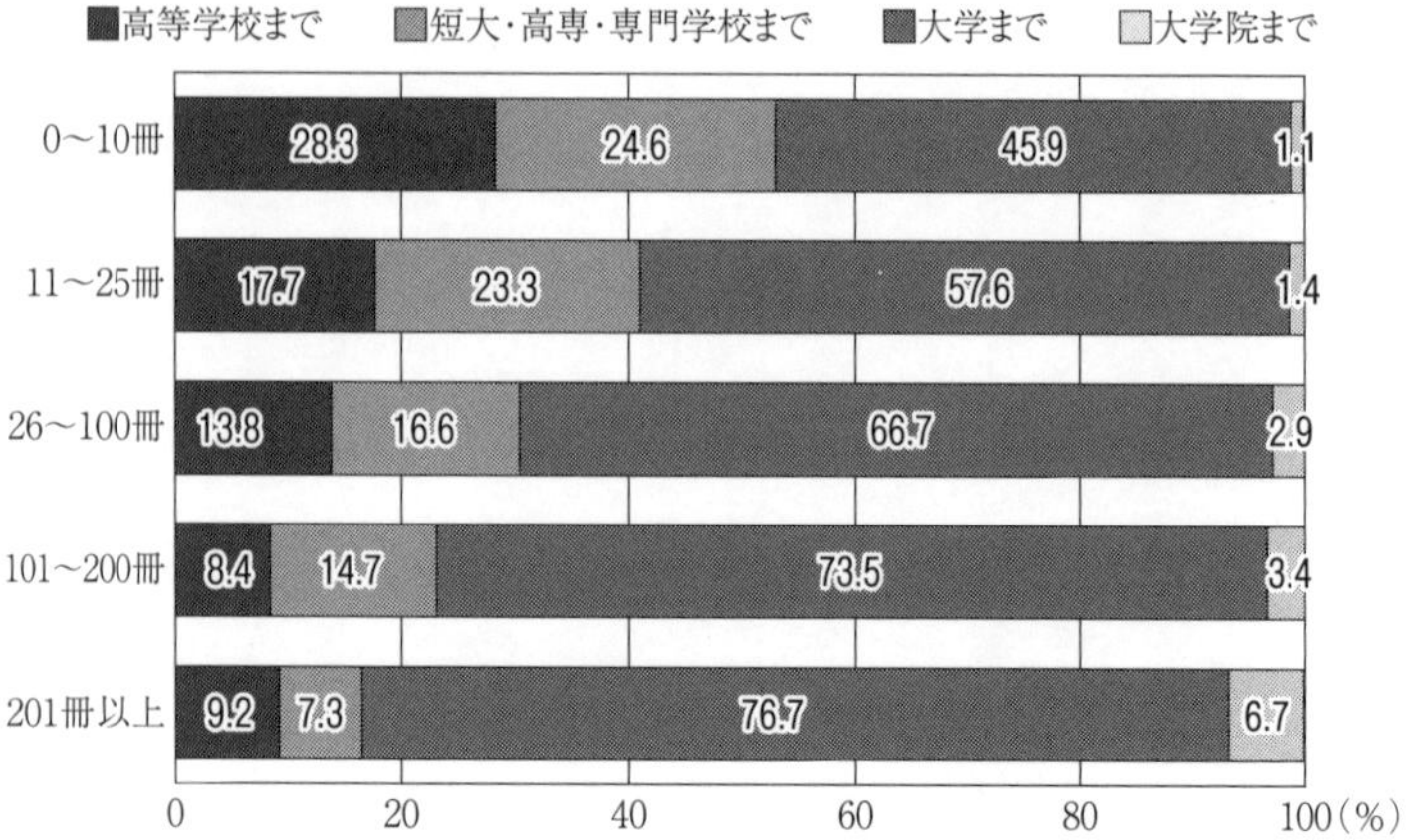

出所：TIMSS 2019 データベースより筆者作成

ここまで、家庭の蔵書数を児童・生徒の家庭のSESの代理指標として、教育格差の現状を見てきた。生まれ育った家庭環境のちがいは、早くも義務教育就学前の時点から学力の差を生み、その差は義務教育期間中に縮小することはなく、義務教育終了時点までほぼそのまま維持されることが確認された。松岡（2021）が「格差が平行移動している」と指摘するように、義務教育は、入学時点で児童の間にすでに発生している教育格差を解消しない。教育は階層の「再生産」装置である、といわれるのは、こうした側面を指してのことである。

義務教育を通じて入学前から発生している教育格差を解消できないとしても、それは学校教育が教育格差の問題に対して無力であることを必ずしも意味するわけではない。この点は学校教育というものが存在しない世界を想像するとわかりやすい。

もし、現代の日本のような普遍的な学校教育という制度自体が存在しなければ、教育格差は学齢期を通じてさらに拡大し、階層間格差はいま以上に拡大・固定化していくことが予想される。すなわち日本の学校教育は、就学前の時点で存在する教育格差を拡大することなく維持していると考えれば、少なくとも教育格差の拡大を阻止することには成功している、と解釈することが可能である。つまり、日本の義務教育における学校教育は教育格差に対して一定の影響力を持っていると考えることができるのである。

とはいえ、人々が学校教育に期待しているのは、就学前から発生している教育格差を「平行移動」させて維持することではないであろう。小学校入学前から一歩も二歩も後れをとっているような児童・生徒であっても、普遍的な学校教育を通じて前との差を縮め、場合によっては追い抜くこともできる。

一億総中流という国民意識が過去のものとなり、格差の拡大・固定化が懸念される現代の日本において求められているのは、そういう学校教育ではないだろうか。そして、学校教育が格差問題の解消に対して無力でないならば、何らかの政策的手段によって格差の縮小をもたらすことも不可能ではないと考えられる。その政策的手段の候補の一つが少人数学級であると筆者は考えている。次章で議論するように、家庭のＳＥＳが低い生徒ほど、少人数学級がもたらす学力向上の効果が大きいことが国内外の研究で報告されているからである。

3　学級規模と少人数学級政策

本章を閉じるにあたり、本書における「学級規模」および「少人数学級政策」という言葉の使い方について整理しておきたい。本書において学級規模と呼ぶのは、編制された学級の人数のことである。「○年◇組の児童（生徒）数」といえばわかりやすいであろう。ご承知の通り、今日の学校ではすべての授業や活動が編制された学級単位で実施されるわけではなく、場合によっては学級を分割したり、複数の学級を解体・再編制して授業を実施したりすることも少なくない。こうした場合、実際に実施された授業における児童・生徒の人数と、学級の人数が必ずしも一致しないことになる。本書で学級規模と呼ぶのはあくまで編制された学級の人数であり、個別の授業時の人数ではないことをあらかじめ断っておきたい。

なお、本書では学級規模や学級編制に関連して「学級編制の標準」という言葉がたびたび登場する。学級編制の標準とは、一言でいえば、法律によって定められた学級規模の上限のことである。同学年の児童・生徒で編制される学級の場合、小学校1年生は35人、小学校2年生以上は40人が標準とされてきたが、コロナ禍で成立した改正義務標準法（公立義務教育諸学校の学級編制及び教職員定数の標準に関する法律）により、２０２１年度の小学校2年生から順次、小学校における学級編制の標準を35人に引き下げることとなったのは承知の通りである。また、この標準は学級編制における学級規模の上限として機能するだけではない。各学校に配置すべき教職員の総数（教職員定数）

の算定に際しても参照される。

本書において少人数学級「政策」を取り上げる際には、こうした日本の学級編制の現状にできるだけ合わせるという観点から、学級編制の標準を縮小するような政策を想定して議論を展開している。具体的に言えば、学級編制の標準を40人から35人に変更した場合にどのような変化が起きるか、というような議論である。学級編制の標準が縮小されたからといって、すべての児童・生徒がその影響を受けるわけではない。第5章で詳述するように、学級編制の標準が5人縮小されても、実際にはその影響をまったく受けない児童・生徒のほうが多いのが事実である。実際の少人数学級政策が学級編制の標準の縮小というかたちで実施されている以上、本書における政策的な議論も学級編制の標準の縮小に焦点を当てるものとなっているのである。

第1章　少人数学級は学力を向上させるのか

1　「すし詰め」解消への道程――戦後日本が歩んだ学級編制の推移

「すし詰め学級」という言葉を聞いたことがある方は多いだろう。第二次世界大戦後、大量の引揚者や帰還者、戦争の終結に安堵した人々によって多くの子どもが出生した結果、第一次ベビーブーム世代（１９４７～49年生まれ）が就学し始めた１９５０年代には児童生徒数が急増した（図１－１）。このとき発生した1学級50人を超える学級は「すし詰め学級」と呼ばれ、これを解消することが義務教育最大の課題となっていた。

戦後、わが国の学級編制基準は、１９４７年の学校教育法施行規則第18条（現在は第20条）で、小学校は1学級50人以下を標準とすると規定され、中学校にも準用されたが、前述のように１９５０年代になっても50人、場合によっては60人を超える「すし詰め学級」は解消されなかった。

こうした状態を解消するため、１９５８年に「公立義務教育諸学校の学級編制及び教職員定数の標準に関する法律」（義務標準法）が制定され、翌年からの5カ年計画で義務教育諸学校では50人学級の実現が目標とされた。その後、１９６４年の第2次5カ年計画では1学級45人、第3次、第4次計画では複式学級の解消、そして１９８０年の第5次計画では40人学級が目標とされた（表１－

図1－1　児童生徒数の推移

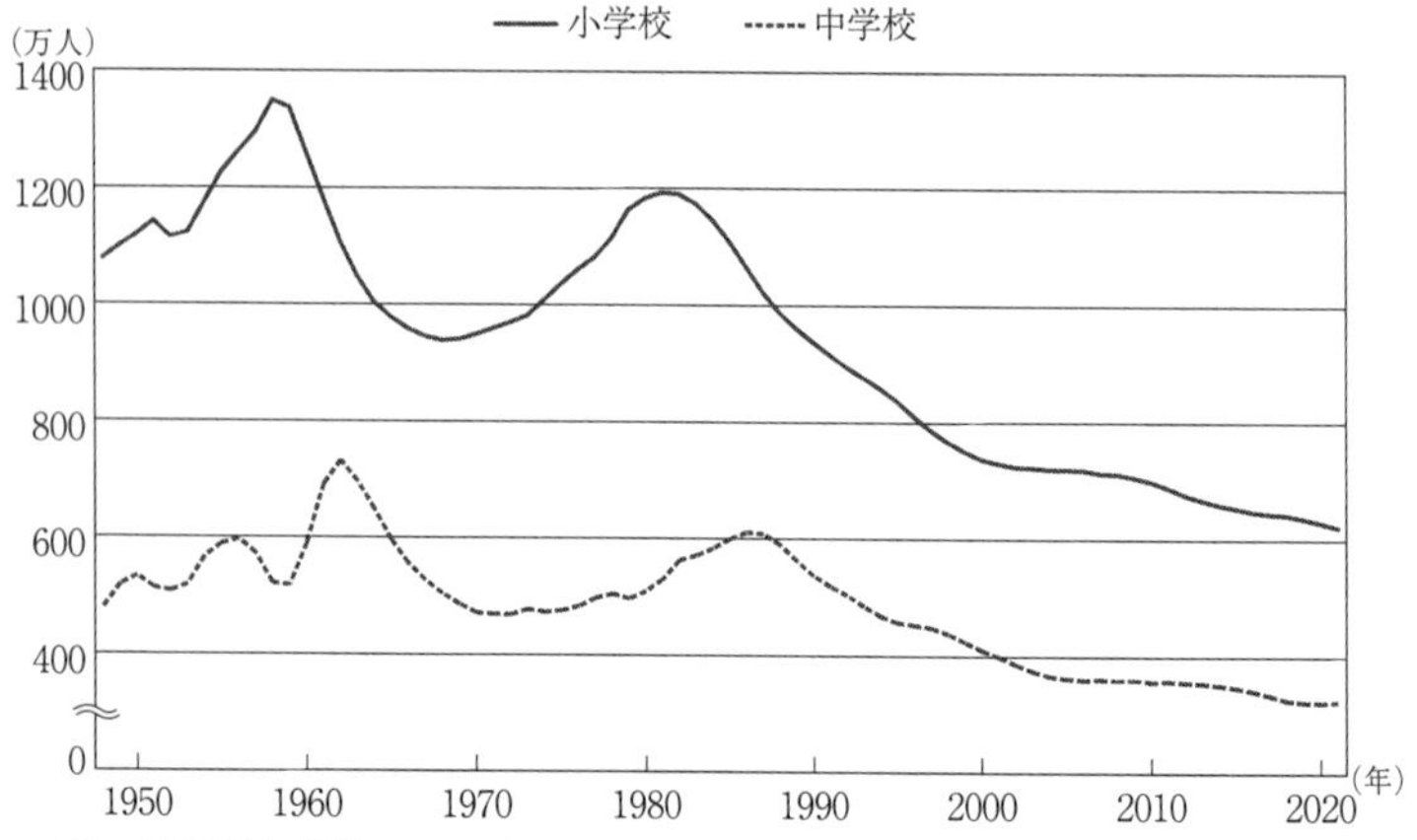

出所：文部科学省「学校基本調査報告書」

1）。また、全日制高等学校普通科でも1959年度に50人、1967～69年度に45人、1993年度に40人が目指され、これに伴い教職員定数は増大した。このように、戦後の日本においては、学級編制の標準の縮小や複式学級の解消というかたちで教職員定数の改善が実現してきたのである。

ところが、1993年度の「改善計画」以降は、民主党政権下の2011年度に導入された小学校1年生の35人学級を除けば、学級規模の縮小は四半世紀以上進展しなかった。2019年の暮れから感染が拡大した新型コロナウィルス感染症（Covid-19）対策（いわゆる「3密」対策）として、2021年度から小学校全学年の35人学級化が段階的に実施されることがようやく決定されたが、この間、少人数学級を求める声が小さくなったわけではないのに、なぜ定数改善を伴う少人数学級化が進展しなかったのだろうか。その背景として、市川（[1995], 302ページ）は、以下の四

表１－１　教職員定数改善の経緯

区分 （年度）	定数改善増 （人）	改善の内容	学級編制の 標準（人）
第1次 （1959–63）	34000	学級編制及び教職員定数の標準の明定	50
第2次 （1964–68）	61683	45人学級の実施及び養護学校教職員の定数化等	45
第3次 （1969–73）	28532	4個学年以上複式学級の解消等	45
第4次 （1974–78）	24378	3個学年複式学級の解消及び教頭･学校栄養職員の定数化等	45
第5次 （1980–91）	79380	40人学級の実施等	40
第6次 （1993–2000）	30400	指導方法の改善のための定数配置等	40
第7次 （2001–05）	26900	少人数による授業、教頭･養護教諭の複数配置の拡充等	40
2011	4000	小1のみ学級編制の標準を35人	小1：35 小2～中3：40
2021	744	小学校35人学級を段階的に実施	小：35※ 中：40

※　令和3年度より5年かけて第2学年から学年進行で段階的に実施。

点を指摘している。

①　財源の捻出がむずかしい。学級規模を数名程度縮小するだけでも数千億円の巨費を要する。

②　巨額の財政負担を要する割には、規模縮小の効果が確かではない。

③　学級規模は小さければよいというものではない。教員を対象とした意見調査では、常に現行より若干下回る規模が望ましいという結果が出ている。

④　仮に財源を確保できたとしても、質の高い教員を新たに大量に増員できるか疑わしい。

いずれも的を射た指摘であり、現在においてもそのまま当てはまると言える。①については、財政が逼迫する中で教育予算だけを聖域化することは容易ではないし、教職員数の増大には一時的ではない恒久的な財源を必要とする。

仮に恒久的な財源を確保できたとしても、教職が不人気化し教員採用試験の倍率が過去最低水準にまで低下している状況下では、少人数学級の実現に必要な質の高い人員を確保することは簡単ではないだろう[1]。そして、本章の内容と深く関連するのは②および③の指摘である。

学級規模の縮小が子どもたちの学力に与える影響については、戦後、米国を中心に実証的研究が蓄積されてきたが、近年ではより洗練された統計的手法に基づく研究が進んでいる。また、実は国内においても長い研究の歴史があり、近年も精力的に研究が進められている。

本章では、これらの実証的な研究成果に基づきながら、少人数学級は子どもたちの学力をどの程度向上させるのか、という点について詳細に検討する。(2) なお、四点目の教員採用に関連する議論については第6章で検討する。

2　学級規模研究の歴史

(1) 米国における研究

メタ・アナリシスの手法

米国における学級規模に関する調査研究の歴史は長く、20世紀初頭まで遡る。生徒の成績が家庭環境の影響を強く受けていることを示したことで有名なコールマン報告（Coleman [1966]）においても、学級規模の効果が検証されている。(3) ここではまず、代表的な先行研究として１９８２年に公表されたグラスとスミスらによるメタ・アナリシスを紹介しよう（Glass *et al.* [1982]）。

メタ・アナリシスとは、実際に調査をして分析を行うのではなく、過去に公表された数多くの実証分析の結果を収集し、それらを並べて比較しながら総合的に評価するという分析手法であり、近年その有用性が高く評価されている。

グラスらは、20世紀初頭から１９７９年までに公表された学級規模に関連する報告書や論文、著書などおよそ３００の文献の中から、学級規模と学力の関係を分析している77の文献を抽出した。抽出された77の文献には、学級規模の大小によって学力を比較した７２５の分析が含まれていたが、それらの大部分は、異なる規模の学級に生徒をランダムに割り当てる実験的な研究ではなく、自然に発生した規模の異なる学級同士を単に比較する相関的な分析であった。

そこで、そうした相関的な分析を除外し、大規模学級と小規模学級を実験的に分けて結果を比較している14文献・109ペアの分析を採用して、学級規模の大小による学力の差異を比較分析したのである。また、学力以外の側面、すなわち態度や感情、授業実態についても、過去の130の文献の中から59文献、371ペアの分析結果を抽出し、同様の手法を用いて比較分析を行っている。これら学力以外の側面については、後続の該当する各章で紹介する。

グラスらが行ったメタ・アナリシスの具体的な手法は以下のとおりである。学級規模が学力に与える「効果量」(Effect Size) は次式のように定義される。

$$\Delta_{S-L} = \frac{\bar{X}_S - \bar{X}_L}{\hat{\sigma}}$$

Δ_{S-L}は効果量、$\bar{X}_S$はS人の小規模学級の生徒の学力の平均値、$\bar{X}_L$はL人の大規模学級の生徒の学力の平均値であり、$\hat{\sigma}$は学級内の学力の標準偏差（学級規模間で同等と仮定）を示している。

グラス＝スミス曲線とその問題点

グラスらの学力比較分析の結果は図1－2に要約される。横軸は学級規模、縦軸は、40人学級の平均的な生徒の学力を50とするパーセンタイル・ランクを示している。縦軸のとり方はあまり見慣れないものであるが、たとえば、縦軸の数値が60の場合、40人よりも小さい学級で授業を受けた生徒の成績が、40人学級で授業を受けた生徒の60％を上回る成績となることを意味している。

図1－2　グラス＝スミス曲線

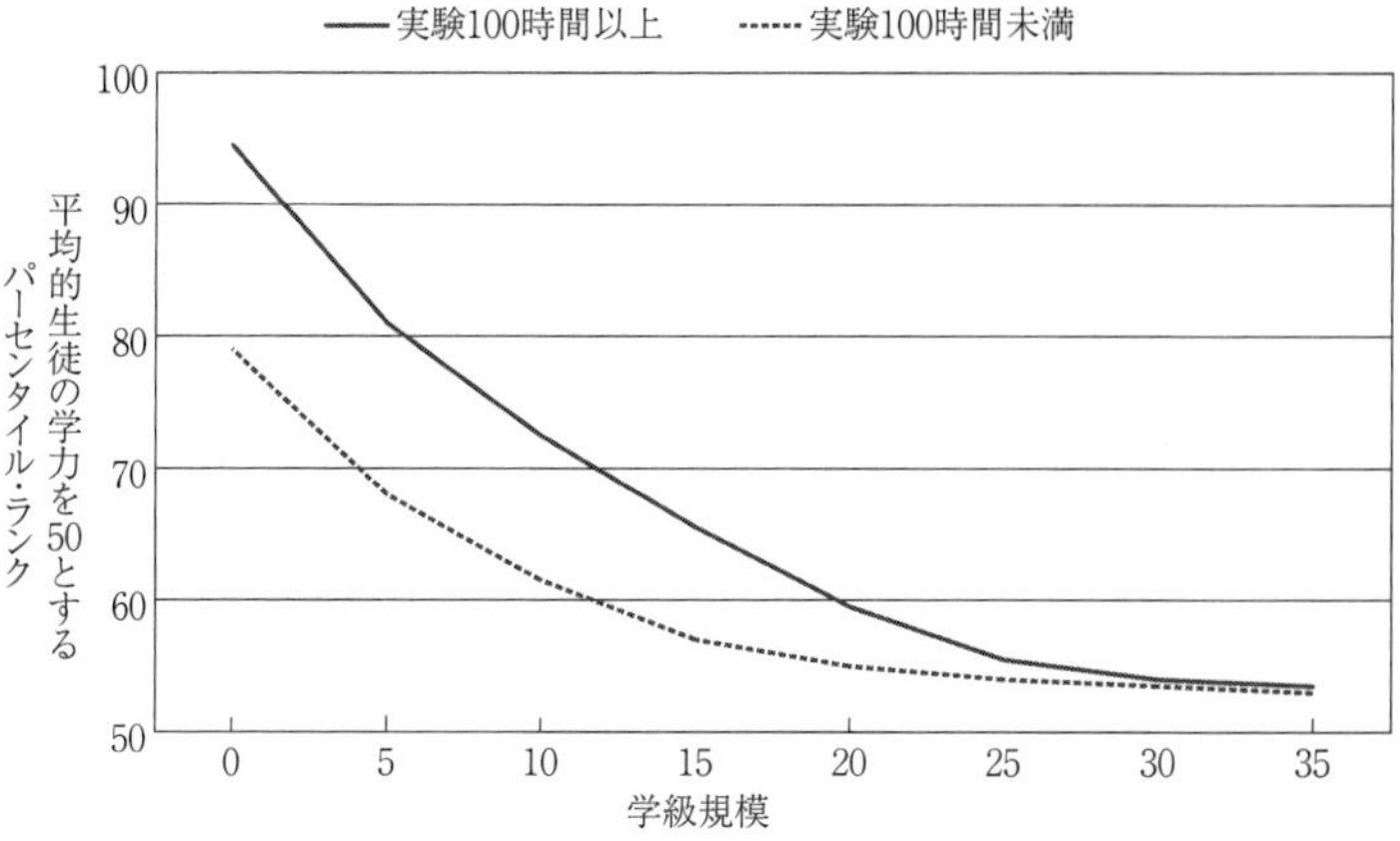

出所：Glass *et al.*（1982）Figure 2.1より筆者作成

このグラフは「グラス＝スミス曲線」と呼ばれ、学級規模と学力の関係性を示すグラフとしてよく知られているものである。授業実験の時間数によって100時間以上と100時間未満の2種類に分けて描かれているが、いずれのグラフも、学級規模が小さくなるほど、学級規模縮小の効果が飛躍的に大きくなることを示している。具体的に言えば、学級規模を15人から10人に縮小する効果は、35人から30人に縮小する効果をはるかに上回る、ということである。

このグラス＝スミス曲線は、学級規模の縮小が生徒の学力向上をもたらすことを示すエビデンスとして、現代においても広く知られるものとなっている。

教育心理学者のスラビンは、グラスとスミスらが行ったメタ・アナリシスの中身を詳細に検討し、彼らの行った文献抽出の手続きに問題があることを指摘している（Slavin［1989］）。具体的な批判の内容は以下の三点に集約される。

- グラスらのメタ・アナリシスには最終的に14の文献の分析結果が用いられていたが、そのうちの一つは「30秒以内にテニスのボールを壁に向かって何回打てるか（壁打ちラリーの回数）」という実技の「試験」における効果であり、この分析結果で報告されている効果が、抽出された分析結果の中で突出して大きい効果量となっている
- 二つの文献では、小規模学級で過ごした時間がたったの30分である
- 三つの文献では、高校（post-secondary）を対象としている（他の複数のレビュー研究の結果によれば、少人数学級の効果があるとすれば小学校段階に発現すると考えられるため）

メタ・アナリシスの対象文献として不適切と考えられるこれら六つの文献を除いた残り八つの文献は、小学校もしくは中学校を対象とし、相応の期間を少人数学級で過ごし、壁にボールを打つ回数ではない学力達成指標を使用している。スラビンは、妥当と考えられるこれら八つの文献に報告された結果をまとめており（Slavin［1989］, Table 10.1）、表１－２は同表を再掲したものである。表同表の最初の行は、スラビンによって抽出された分析における小規模学級の規模を表している。表中の数値はGlass *et al.*（1982）A.1表から得られた効果量であり、括弧内の数値はそれぞれの分析における小規模学級（左側）と大規模学級（右側）の規模を表している。たとえば、表の左上に記載されている0.65（1–32）というのは、人数１人の小規模学級と32人の大規模学級を比較した分析に

表１－２　小規模学級の効果量

学級規模	1	3	14−17	20−23
	0.65　(1−32)	1.22　(3−25)	0.17　(14−30)	0.15　(20−28)
	0.78　(1−30)		0.17　(15−30)	0.04　(23−27)
	1.52　(1−25)		0.08　(16−37)	0.04　(23−30)
	0.72　(1−14)		0.04　(16−30)	0.00　(30−37)
	0.30　(1−8)		0.05　(16−23)	
	0.22　(1−3)		−0.29　(17−35)	
平均値	0.69		0.04	0.06
中央値	0.69		0.06	0.04

注：表中の数値はGlass *et al.*(1982) Table A.1 から得られた効果量である。括弧内の数値は、左側が小規模学級、右側が大規模学級の人数を示している。
出所：Slavin(1989) Table 10.1 より筆者作成

おいて、小規模学級の効果量が０・65であったことを示している。

このように見ていくと、表の左側、すなわち小規模学級の規模が一桁の分析で効果量が大きく、小規模学級の規模が大きい表の右側では効果量が小さくなっていることが読みとられるであろう。スラビンはこの表の結果から、「学級規模の大幅な縮小は、教育者の力では達成できないと一般に考えられている大きさの学習効果を約束する」というグラスらの主張は、学級規模を３人にまで縮小しない限り発現しないと指摘し（Slavin［1989］, p.248)、「１対１の個別指導を１人の〝学級規模〟として考えることで初めて、学級規模が学力に大きく影響するという結論に真実味が生まれる」(p.249) と痛烈に批判したのである。

より妥当性の高いメタ・アナリシス

スラビンは、より妥当性の高い抽出基準に基づくメタ・アナリシスを行っている。その抽出基準は次の三つである（Slavin［1989］, p.251）。

● 読解および（または）算数の標準化された試験の結果を達成指標として用いたものであること。対象が就学前から小学校（K～第6学年）であること。[4] そして、少なくとも1年以上の期間、小規模と大規模の学級を比較したものであること

● 小規模学級の規模は、大規模学級より少なくとも30％は小規模になっていること。そして、小規模学級の規模は20人を超えないこと

● 生徒が規模の異なる学級にランダムに配置されていること、あるいは学級規模間で生徒たちが均質であることを示すエビデンスが示されていること

これらの基準に適合する文献として八つの研究が抽出され、その中には後述するスタープロジェクトの分析結果も含まれている。抽出された文献では、平均で大規模学級が27人、小規模学級が16人となっており、これは約40％の学級規模縮小に相当している。これらの分析結果に基づくメタ・アナリシスによれば、小規模学級による学力向上効果がそれほど大きくないことが示されており、スラビン自身も“these effects are certainly disappointing”（これらの効果は明らかに失望に値する）（pp.253-254）と述べる結果となっている。そしてスラビンは、小規模学級の学力向上効果が小さいのは、学級規模の大小によって教師が行動をあまり変化させないことが背景にあると指摘している。

このようにスラビンは、グラスやスミスらが主張した小規模学級の効果を痛烈に批判したのだが、注意すべきなのは、スラビンの批判はあくまで「学力向上」の効果が小さいという点に限定されていることである。実際にスラビンは、「学級規模の縮小は教師や生徒の士気といった学力以外の変数にはたしかに影響を与えて」（p.254）おり、「これら他の変数や生活の質の向上に寄与するという観点で、学級規模の縮小が正当化され得る」（p.254）と述べているのである。こうした学力以外の側面に及ぼす影響については次章以降で詳細に検討することとする。

１９８０年代の政策実験

１９８０年代に入り、インディアナ州とテネシー州で学級規模縮小の効果に関する科学的な研究プロジェクトが実施された。インディアナ州のプロジェクトは、小規模学級が高い学力に結びつくとの仮定のもと、当初、Ｋ～第２学年（就学前から小学校第２学年）の24学級において生徒教師比率を14：１にする調査として１９８１年に開始された。２セメスター後、調査対象学級の読解及び算数の学力が向上したことから、州教育委員会は州全体を対象としたプロジェクトの実施に踏み切った。

このプロジェクトはプライムタイム（PRIME TIME）と呼ばれ、１９８４－85年に第1学年、１９８５－86年度に第2学年、１９８６－87年度に第3学年、そして１９８７－88年度にＫ～第３学年が対象となり、州内全域で学級規模が平均で18人以下となった。１９８６年と87年に実施された調査結果によれば、第3学年になると小規模学級が学力を向上させる効果は縮小するものの、プライムタイムの効果は教師の士気や生徒の情緒・行動面において引き続き確認されることが示されている（McGiverin, Gilman, and Tillitski [1989]）。

こうしたプライムタイムの結果を受け、１９８５年にテネシー州で開始された実験プロジェクトがスター（ＳＴＡＲ：Student/Teacher Achievement Ratio）プロジェクトである。スタープロジェクトの概要は以下の通りである（Word *et al.* [1990]）。プロジェクトの期間は4年間であり、対象学年は就学前（K学年）から学年進行で第3学年までである。対象となる教科は読解（Reading）と算数（Mathematics）である。実験対象となった42学区・79校の７０００人以上の生徒は、小規模学級（Ｓ：13－17人）、通常規模学級（Ｒ：22－25人）、常勤の補助教員付き通常規模学級（ＲＡ：22－25人）、の3種類の学級にランダムに割り当てられる。教師についても同様にランダムに割り当てる。4年間の実験終了後はすべての生徒が通常規模学級に割り当てられるが、実験対象者の学力データはその後も継続して収集されている(5)。

スタープロジェクトについては数多くの研究成果が発表されているが、生徒の学力に関する実験結果は以下のようにまとめられる（Finn and Achilles [1999]）。

1　すべての教科、すべての学力指標において、三種類の学級タイプ（Ｓ、Ｒ、ＲＡ）の間に統計的に有意な差が確認される。小規模学級の生徒は、他の学級タイプの生徒よりも平均的に高い成績であった。

2　前記1の効果は、小規模学級（Ｓ）と他の学級タイプの間の差に起因するものであり、すべての調査年において、通常規模学級（R）と補助教員付き通常規模学級（RA）の間に統計的に有意な差は確認されない。

3　小規模学級の効果に性差はない。男子にも女子にも同等の効果が確認される。

4　各学年において、小規模学級の効果は人種や学校所在地によって異なる。マイノリティの生徒や中心市街地の生徒は、小規模学級の効果が大きい。

5　すべての教科において、小規模学級の効果は第4学年以降も持続する。

経済学者のアラン・クルーガーは、計量経済学の手法を用いてスタープロジェクトのデータを再分析した結果を発表している（Krueger [1999]）。おおむね上記の1から5の結果と同等の結果が得られているが、小規模学級の効果は小規模学級に割り当てられた最初の1年目の終わりに最も大きくなり、その後は効果が縮小することが示されている。

また、人種や世帯の経済状況によって小規模学級の効果が異なることも示されている（図1－3）。加えて、経済学的な視点から、小規模学級導入の費用対効果についても試算しているが、この点については第5章で改めて取り上げることとする。

教育経済学における研究：自然実験の活用した因果推論

教育経済学の分野では、前述のクルーガーによる研究を含め、1990年代から学級規模効果に関する研究が精力的に進められた。初期の研究例として、ハヌシェクによる文献レビュー（Hanushek

図1－3　STAR再分析の結果

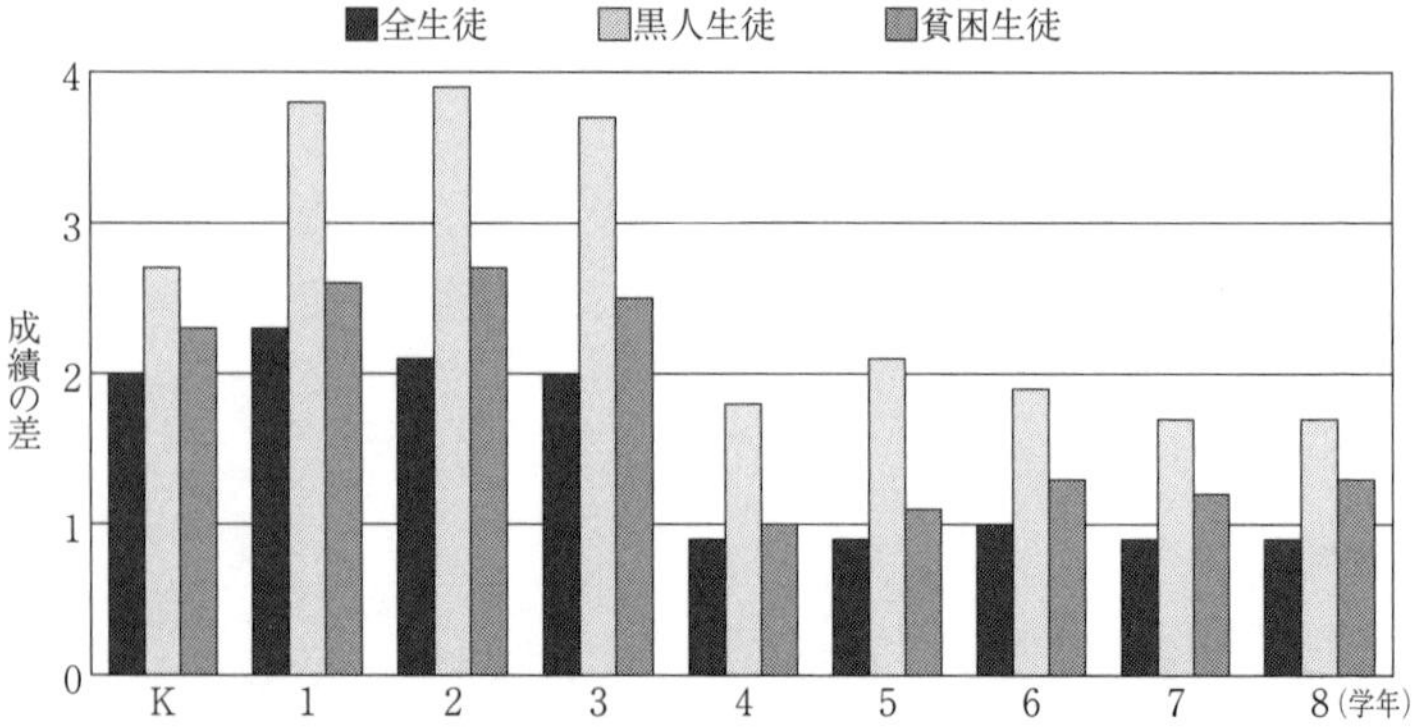

注：縦軸は小規模学級（S）と通常規模学級（RおよびRA）の間の平均的な成績の差（標準偏差換算）を示している。Kから第3学年まではStanford Achievement Test，第4学年から第8学年はComprehensive Test of Basic Skillsの成績が使用されている。
出所：Heckman and Krueger（2005）Table 1.3より筆者作成

〔1997〕）およびクルーガーとハヌシェクによるその再分析（Krueger and Hanushek〔2000〕）を挙げることができる。

ハヌシェクは、教育経済学において教育生産関数と呼ばれる学校資源と学力の関係を分析した90文献・377の分析結果を収集し、その中から学級規模の効果を分析している59文献・277の分析結果を選定した。その結果、学級規模が学力に与える影響は、プラスのものとマイナスのものの数が拮抗していることが報告されている（表1－3）。

クルーガーとハヌシェクはさらに分析を進め、分析結果が掲載されている論文の質による重みづけ（引用数の多い論文を質の高い論文と仮定し、分析結果のウエートを大きくする）や分析結果の選択による偏り（選択バイアス）を考慮した重みづけを行った結果も報告している。その結果、こうした重みづけにより学級規模の効果をプラス（小

表1－3　ハヌシェクとクルーガーの分析結果

	Hanushek(1997)の重みづけ	引用数による重みづけ	選択バイアスを考慮した重みづけ
プラスで統計的に有意	14.8%	30.6%	33.5%
プラスで統計的に有意でない	26.7	21.1	27.3
マイナスで統計的に有意	13.4	7.1	8.0
マイナスで統計的に有意でない	25.3	26.1	21.5
符号不明で統計的に有意でない	19.9	15.1	9.6
プラス／マイナス比	1.07	1.56	2.06

出所：Krueger and Hanushek(2000) Table 1-1より筆者作成

規模学級ほど学力が高まる）とする傾向が強まったことが報告されている。

教育経済学分野を中心に今日まで強い影響をもたらしているのがアングリストとラビーによる研究（Angrist and Lavy［1999］）である。[6] アングリストらは、イスラエルの公立学校の学級編制が、1クラス40名を上限とするルール（Maimonides' Rule）に従っていることを活用して、学級規模が生徒の学力に及ぼす因果効果を推定した。[7] その結果、学級規模の縮小は第3学年の生徒の学力には影響を及ぼさないものの、第4および第5学年の生徒の学力を統計的に有意に上昇させることを発見した。

この研究結果は、彼らが採用した統計的分析手法が明快であったこと、そして他国にも同様の学級編制ルールが存在していたことにより、後続の研究成果を数多く生み出すこととなった。[8] 日本にも同様のルール（学級編制の標準）が存在することは前述のとおりであり、２０１０年代以降、日本のデータにアングリストらの分析手法を適用した研究成果が報告されている。

なお、アングリストらは後年になって、アップデートされたイスラエルのデータを用いた再分析の結果を発表している（Angrist *et al.* [2019]）。やや専門的になるが、この再分析が行われた背景を説明しよう。

マイモニデスのルールに従えば、40名を超える学級を編制することはできない。たとえば、ある学年の生徒数が80名であれば40名の学級が二つ編制されるが、学年生徒数が81名になると27名の学級が三つ編制されることとなる。このように、マイモニデスのルールの下では、学級規模は学年全体の生徒数のみに依存して決定されることとなる。アングリストらが採用した分析手法において学級規模が生徒の学力に及ぼす因果効果を適切に推定するためには、学年全体の生徒数が外生的に（学校関係者や生徒とは無関係に）決定されている、という条件（学年全体の生徒数の外生性）が満たされている必要がある。

アングリストらの再分析では、学年全体の生徒数の外生性に焦点が当てられている。再分析の結果によれば、分析対象となったイスラエルの学校における学年全体の生徒数には、外生性を満たさないと思しき兆候が見られている（Angrist *et al.* [2019] Figure 1）。具体的に言えば、学年生徒数の分布において、40の倍数を少しだけ超えるケースが不自然に多くなっていたのである。

学校関係者は、学年生徒数が40の倍数を少しでも上回れば、学級数が増加し、それに伴って教員や予算が追加的に配分されることを知っている。そのため、留年や飛び級などの手段を用いて、学年全体の生徒数を操作（Manipulation）しているのではないか、というのが著者らの推察である。ちなみに、こうした学年生徒数の操作の影響を取り除いた再分析の結果、Angrist and Lavy（1999）の結果は覆され、学級規模の縮小は生徒の学力に影響を及ぼさないことが報告されている。

(2) 日本の研究の歴史

明治に遡る「学級規模の考察」

学級規模の大小が児童生徒に与える影響に関する研究（学級規模研究）の歴史は古く、わが国においては明治時代まで遡ることができる。

沢柳（1890, pp.15–16）は、当時の私立学校の学級規模が過大であることを批判しつつ、「蓋し中等教育にありては多くも三四十名以下の生徒を以て一組を編成せざるべからず。若し然らざるときは、満足の教授をなす能はず、生徒の不利、教師の不便云ふふ堪へざるものあり。」と指摘している。

明治５（１８７２）年8月の「学制」発布以降、それまで広く普及していた寺子屋や私塾といった庶民教育機関を母体として近代日本の学校が整備されていったが、その際に、米国式の一斉教授という教育方法が併せて導入された。年齢や段階に応じて学級を分け、一人の教師が多数の生徒に同一の教材を用いて教えるという形式である。沢柳の指摘は、こうした一斉教授という方式においては、一人の教師が担当できる生徒の数に限界があることを見抜いたものであるといえよう。いずれにせよ、早くもこの時代に、30から40名という現代にも通ずる具体的な数値が挙げられていることには驚きを禁じ得ない。

1950年代以降、先に紹介した「すし詰め学級」が問題化する中で、学級規模の縮小がもたらす効果についての実証的研究が多数報告された（杉江［1996］）。この時代の実証的研究については、図工や体育など幅広い教科が分析対象とされる一方で、研究手法面では単純なグループ間比較や教員の主観的評価にとどまっているものが多く、現代的な研究手法の妥当性の観点から見れば必ずしも十分でないと判断せざるを得ないものも散見される。とはいえ、幅広い視点から多数の実証的研究が国内で行われてきたことは、学級規模研究への長年にわたる関心の高さを示すものといえよう。

そこで、以下では、その中から現代的な実証研究のアプローチにも通ずる分析手法を用いた研究を紹介したい。

迫田哲郎の実験——戦後実証研究の魁

まず、実験的な研究を実施している迫田（1958）を紹介する。迫田は、福岡県内の公立の小学校（3年生）、中学校（1年生）において、40名程度の学級と60名程度の学級をそれぞれ実験的に編制し、学級経営や学習指導の成果を比較した。実験学級の編制に際しては、事前の学習成績等を活用して、二種類の学級が可能な限り等質な集団となるよう注意を払っている。実験実施期間は6日間で、同一の教員が同一の単元について、二種類の学級の授業を実施した(9)。調査項目は、教師の疲労度、児童・生徒の学習態度、授業中の個別指導、学習成績、学級の雰囲気などである。迫田の研究は、規模は小さいものの、現代的な実験研究に近いアプローチが採用されていることが理解されよう。実験の結果は以下のように要約される。

● 40人学級と60人学級で、教師の疲労度にちがいはない。
● 学習態度については、小学校では国語と社会で、中学校では社会と英語で、40人学級のほうが授業に積極的に参加している児童・生徒の割合が高い。
● 授業中の個別指導は、小学校、中学校ともに40人学級のほうがやや多い。
● 図工における教師の指示への理解度は、小学校、中学校ともに40人学級のほうが明らかに高い。
● 教科内容の理解度は、小学校の社会と理科において、40人学級のほうが高い。中学校の数学では学級規模間の差は確認されない。
● 学級集会については、小学校では40人学級のほうが連帯感が高く、緊張度が低い。中学校では明確な差はみられないが、討議の過程で大人数学級への否定的な発言が多く見られた。
● 児童・生徒の実験後の感想では、小学校、中学校ともに40人学級の生徒から肯定的な内容の感想が多く寄せられた。

迫田の研究は、規模は小さいものの現代にも通じる実験的手法を採用して、40人学級が「すし詰め学級」より好ましいことを示している。このような研究が早くも1950年代に行われていたことは、客観的・科学的な証拠を提示して過大学級の解消を目指そうとする当時の研究者の姿勢を強く感じさせるものであるといえよう。

重松鷹泰の発見した「実験」——大学級と小学級との差異

次に紹介するのは重松（1961）である。重松は、適正な学級規模を検討するために大学級と小学級を比較する際の重要な前提条件として「大小学級の教授過程を比較するためには、児童数以外の他の条件をできるだけ等しくすることが望ましいのであるが、これは容易に充足されることではない」（p.85）と述べ、規模の異なる学級を単に比較するだけでは学級規模効果の検証として不十分であることを明確に指摘している。そのうえで、児童数以外の他の条件が等しいと考えられるような状況が偶然に発生した出来事を「稀有の機会」（p.85）ととらえて研究に活用したのである。

重松が遭遇した「稀有の機会」とはどのような出来事だったのだろうか。それは、１９５９年度に、滋賀県八日市小学校において、児童数に差のあるいくつかの学級が同一学年中に発生したというものであった。

そのような事態が発生した理由は、翌１９６０年度に同小学校が二校に分離されるため、その準備として各学年内で規模の異なる学級が編制されたというものであった。前年度まで同一の教育を受けていた児童が、新たな校区に従って新たな学級に編制され、新校舎が完成するまでの1年間、元の学校で同じ学校長の下で教育を受けるという状況は、まさに「児童数以外の他の条件をできるだけ等しくする」という研究上極めて重要な条件が偶然に満たされる機会であり、重松が遭遇した「稀有の機会」は現代の研究手法に言い換えればまさに「自然実験」に該当するものだったのである。

重松は、学級規模の差が最も大きくなった第2学年と第5学年の中で、学級担任の性格や年齢、健康状態の差が小さいと考えられる学級をそれぞれ2学級ずつ選定し、実験授業を実施した。選定さ

表1－4　重松（1961）で選定された学級の概要

学年･学級	人数	教科	授業日(時限)
2年･第1学級(小)	41	社会科	11/26 (3)､12/2(2)
2年･第4学級(大)	51	社会科	11/26 (2)､12/2(3)
5年･第7学級(小)	35	理科	11/25 (3)､12/2(5)
5年･第4学級(大)	47	理科	11/25 (5)､12/2(4)

出所：重松(1961)より筆者作成

れた学級の概要は表１－４にまとめられている。教科は第２学年が社会科、第５学年が理科であり、それぞれ８時限分の授業は両学級とも担任以外の教諭が担当している。重松（1961）では第５学年の理科の検証結果だけが報告されているが、第２学年の社会科についても「全く同じ結論」(p.85)が得られていたとしている。重松の検証結果は以下のようにまとめられる。

● 大学級では小学級と比べて授業時間が長くなる傾向があり、その主たる原因は導入段階が順調に進まないことにある。その結果として、教授過程の中心となる段階や最も深化すべき最終の段階（最後の５分間）が粗略になりやすい。

● 小学級では、児童相互の発言による協力が有効に行われ、学級の空気が自由で溌溂とするのに対し、大学級では児童相互間の協力が乏しく、目立たない脱落者も散見される。

● 小学級では自主的・自発的学習形態を成立・発展させ

やすい。大学級では教師中心の統制的学習形態に移行していく傾向がある。

現代では「自然実験」に相当するような状況を活用して、重松は大学級と小学級の教授過程の差異を鮮やかに示した。実に60年も前にこのような質の高い研究が行われていたのである。ところで、重松は第2学年の社会科を担当した教諭の印象深い言葉を報告している。それを紹介しよう。

「少人数学級に臨む場合には一人一人の相手になれるといった心のゆとりがあるけれども、床の見えないほど教室いっぱいになった多人数学級では＋αが作用する（中略）しかしこの大小両学級の断層は徐々に除かれる。それは回を重ねるにつれて多人数学級が受動的になるからで、つまり＋αによって抑えられてまとまりがついていくからである」（p.90）

この言葉について重松は、＋αという一種の「圧力」はまず教師に作用し、教師が教室の統制を優先することによって、大学級では次第に教師に集中した人間関係が形成され、一見整然たる授業の展開を示すようになる、と解釈している。ここには現代にも通じる重要な論点が示されているように思われる。

前述の市川（1995）も指摘するように、これまでの研究成果によれば学級規模縮小の効果は確かではなく、あったとしても効果は小さいとする分析結果が多い。こうした分析結果の裏側には、大人数学級では＋αの「圧力」が作用することによって教師を中心とした整然とした授業が展開されやすくなり、結果として平均的な学力で見ればある程度のプラスの効果が生まれることで少人数学級との学力差が縮小される、といった隠れた作用が働いている可能性が考えられるのである。

3　少人数学級の学力向上効果——近年の研究成果

(1)　アングリストの方法論

日本では2010年代以降、主に教育経済学者による小規模学級の効果検証研究が進展した[10]。この背景には、前述のアングリストらによる準実験的な実証研究を嚆矢として各国で同様の研究が進展していたこと、そして、2007年度に始まった文部科学省「全国学力・学習状況調査」のデータが部分的にとはいえ利用可能となったことが挙げられる。本節では、これら日本を対象とした近年の研究の中から、筆者自身が分析に参加した研究を紹介する。

その前にまず、アングリストらが提案した分析手法についてやや詳細に説明しておきたい。Angrist and Lavy（1999）は、イスラエルの公立学校において1クラスの人数の上限を40人とするというルール（Maimonides' rule）に従って学級が編制されることを活用している。このルールに従っている限り、ある学校のある学年の1クラスの学級規模は、その学年の生徒数だけに依存して決まることとなる。具体的には、たとえば1学年80人の学年では40人の大規模学級が二つ編制されるが、学年の生徒数が1人増えて81人になると27人の小規模学級が三つ編制されるため、規模の異なる学級が発生することとなる。もう少し一般化して言えば、図1－4に示されているように、学年生徒数

図１−４　学級編制ルールから予測される学級規模

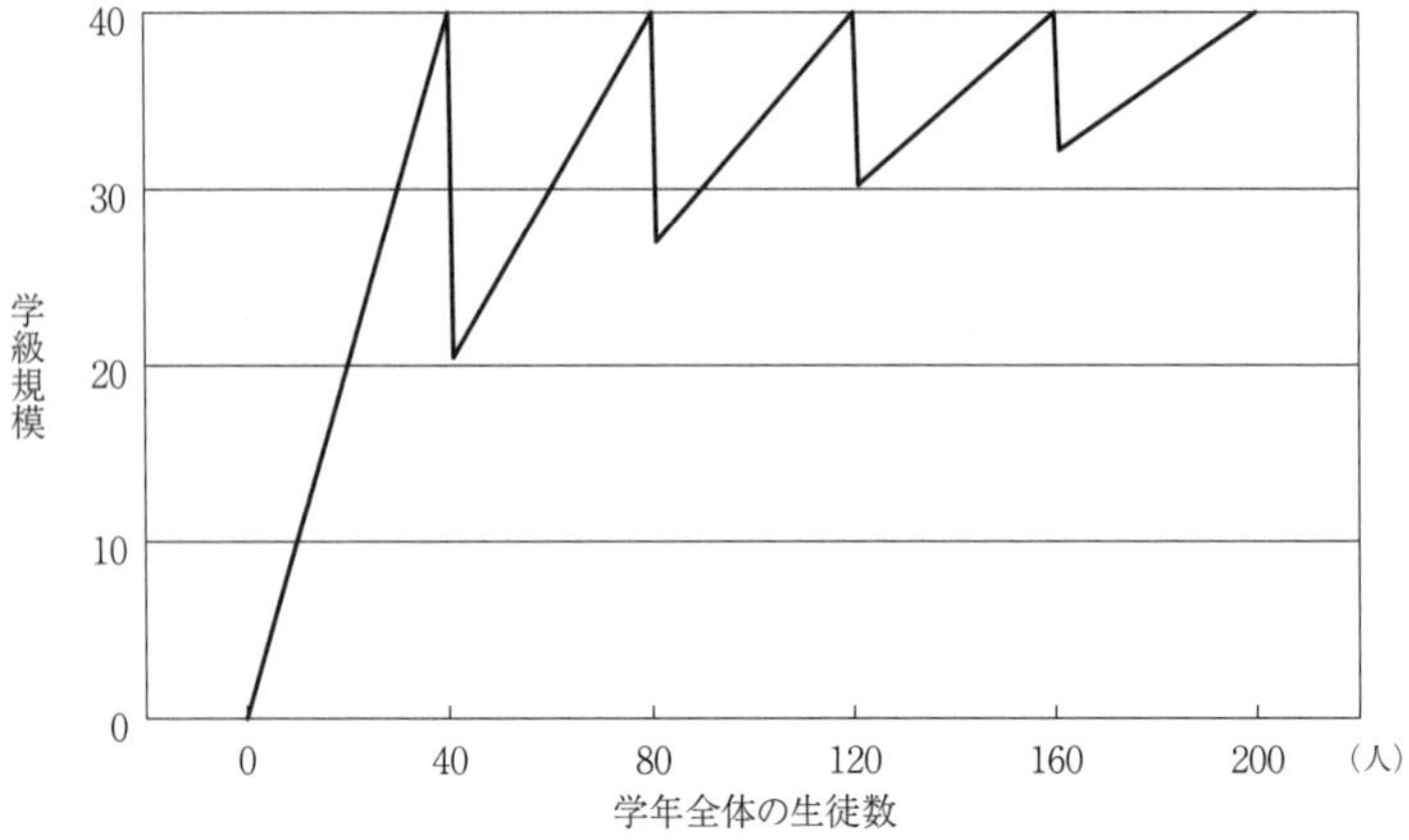

が40の倍数を超えるたびに1クラスあたりの人数が小さくなるということである。

ここで重要なことは、ある学年の生徒数が何人になるか、40の倍数の少し手前になるか（この場合は大規模学級）、40の倍数を少し超えるか（この場合は小規模学級）、あるいはその中間辺りになるかは、ほとんど偶然によって決まるという点である。学年の生徒数が偶然によって決まるなら、学年の生徒数のみに依存して決定されるその学年の学級規模も偶然によって決まることになるので、たまたま小規模学級に配置された生徒と、たまたま大規模学級に配置された生徒の学習成果を比較することで、学級規模の効果を検証することができる、と考えるのである。

ただし現実はそれほど単純ではないことにも注意が必要である。図１−４で示されているように、学年の生徒数が40の倍数を超えるたびに学級規模が小さくなることは確かではあるものの、その縮小幅は、学年の生徒数が大きくなればなるほど小さくなるため、大規模校ほど平均的な学級規模は大きくなる傾向にある。大規模校の多くは人口の多い都市部に立地していると考えられるため、都市部の学校ほど学級規模が大きくなりやすいと考えられる。都市部には学歴や所得の比較的高い層が居住しているため、都市部の学校に通う生徒は社会経済的な地位が平均的に高い世帯の子どもであるということになり、その保護者は子どもの教育に対して平均的に高い熱意を持っているという可能性は否定できない。

一方で、非都市部や僻地では平均的に見て小規模学級が編制されやすいものの、保護者の教育熱が低く、子どもへの働きかけも弱いかもしれない。結果として、都市部の大規模校では比較的大きい規模の学級が編制されるものの、そこに通う生徒は教育熱の高い親に育てられているため学力面では高いパフォーマンスを示す、といったストーリーが成り立つ可能性も出てくる。極端なケースを考えれば、単純に学級規模間だけで比較すると、大規模学級の方が成績がよい、といった分析結果が得られる可能性すら出てくるのである。

また、現代の日本では別のストーリーの可能性もある。2001（平成13）年の義務標準法改正以降、特に必要と認められる場合には、各都道府県教育委員会の判断により、特例的に国の標準を下回る少人数の学級編制基準を設けることが可能となっている。その後、2004（平成16）年度に義務教育費国庫負担金の総額裁量制が導入されたことにより、総額の範囲内で増員分の教員給与費も国庫負担の対象となったことを受け、各地方自治体レベルの判断で少人数学級編制を採用することが可能となった。

先駆的な例として山形県が挙げられる。同県では２００２年度から段階的に小学校全学年及び中学校第1学年の学級規模を21～33人に縮小している[11]。こうした制度下では、各教育委員会の判断によって、たとえば指導上の問題を抱える学校に対して教員を追加で配置し、小規模学級を編制しているといったことも考えられる。

こうした実際の教員配置を無視して単純に学級規模間の比較を行うと、もともと何かしらの問題を抱えているからこそ小規模学級となっている学校と、特に問題がないために大規模学級が編制されている学校を比較することとなり、やはり結果として大規模学級のほうが成績がよい、といった分析結果が出てくる可能性がある。

こうした実証分析上の課題は、すでにアングリストらによって解決策が示されている。簡単にいえば、学級規模の効果を計算する際に、実際の学級規模ではなく、ルールによって予測される学級規模を活用し、同時に学年規模（学年生徒数）などの影響も併せて考慮する分析手法を用いることによって、先に挙げたような問題（計量経済学の専門用語で学級規模の「内生性」と呼ぶ）を解決し、学級規模の効果を適切に推定できるというものである。

(2) アングリストの手法の日本への適用

さて、前置きが長くなってしまったが、筆者らによる実証分析の結果を紹介しよう。最初に紹介するのは筆者自身による研究（Hojo［2013］）である。この研究では、序章で紹介した「国際数学・理科教育動向調査」（ＴＩＭＳＳ）の２００３年調査に参加した、日本の小学4年生の児童レベルの個票データを使用して分析を行っている。

この調査には、国内１５０校の小学校４年生約４５００人が参加し、算数と理科の学力が測定されている。各児童は全員同じ問題を解くのではなく、12種類の問題冊子から1種類を指定される。各問題冊子には異なる問題が含まれているが、有力なテスト理論である項目反応理論（Item Response Theory：ＩＲＴ）に基づく採点により、各児童の成績を比較することが可能となっている。

また、学力調査と併せて、児童本人や担当教師、学校長への質問紙調査も実施されており、児童の基本属性や家庭環境に加え、学級規模や学年生徒数の情報も収集されている。これらの調査結果は、匿名化がなされた上で児童、教師、学校単位でそれぞれ公表されており、実施主体であるＩＥＡ（国際教育到達度評価学会）のウェブサイトから誰でも入手して使用することが可能となっている[12]。

分析には回帰分析が用いられている。研究で用いられた回帰分析の内容を理解するためにはやや高度な計量経済学の知識が必要となるので、ここでは概要を紹介することとする。分析に用いられた回帰モデルは以下のようなものである。

学力 ＝ 定数項 ＋ β（学級規模）＋ γ（その他の変数）＋ 誤差項

この回帰モデルは、各児童の学力（従属変数）に影響を与える要因（独立変数）として、その生徒が属している学級の規模やその他の変数を考慮するものとなっている。学力の変数は、日本の参加児童において平均点１５０点、標準偏差10点となるように換算されている。

その他の変数の中には、児童の性別ダミー、早生まれダミー、学年生徒数およびその二乗項と三乗項、学校全体で就学援助を受けている児童の比率が含まれている。これらの変数のうち、学年生徒数以外の変数については、これまでの研究成果から児童の学力に影響を及ぼすことが知られているものである。

学年生徒数の変数は、前述の通り、大規模校ほど平均的な学級規模が大きくなる影響を統制するために含まれている。βとγは各変数の影響の強さを測る係数（パラメータ）であり、回帰モデルの推定によってその推定値を得ることができる。ここで最も注目するのはβの推定値、ということになる。βの推定値がマイナス（負）で統計的に有意であれば、大規模学級の児童ほど平均的にみて学力が低くなる、という関係にあることが示されることになる。

ＴＩＭＳＳ２００３のデータを用いて、この回帰モデルを推定して得られたβの推定結果は表1－5にまとめられている。本分析で使用した学力の変数は標準偏差が10点となるように換算されているので、同表で報告されている数値は、学級規模を10人大きくしたときの学力の変化分（標準偏差換算）を示している。なお簡略化のため、その他の変数の係数推定値γについては省略している。太字の数値は統計的有意性（有意水準10％）を示している。

まず、表1－5の(1)列の結果から見ていこう。(1)列は、すべての児童のデータを用いて回帰モデルを推定して得られた結果を報告している。βの推定値に基づく学力の変化分は負で統計的に有意となっており、大規模学級の児童ほど平均的に見て学力が低くなっていることが示されている。

学級規模効果の大きさは、学級規模が10人大きくなると（たとえば、25人から35人）、児童の算数

表1－5　Hojo（2013）の分析結果

	(1)	(2)	
算数	−0.091	−0.411	（22人未満）
		0.375	（22人以上）
理科	−0.084	−0.339	（23人未満）
		0.310	（23人以上）

注：表中の数値は、学級規模を10人大きくしたときの学力の上昇分（標準偏差分）を示している。太字は有意水準10%で統計的に有意であることを示す。
出所：Hojo（2013） Table 3より筆者作成

学力が平均で0・091標準偏差分低下する、ということを示している。標準偏差分、という言い方は馴染みが薄いかもしれないが、10倍することで日本でも馴染みのある偏差値と同じように解釈することが可能である。すなわち、学級規模が10人大きくなれば、平均的に見て児童の算数学力が偏差値換算で0・91下がる、ということを示している。

列(1)で報告されている回帰モデルでは、学級規模が変動したときの効果が均質であることを仮定している。効果が均質である、というのは、たとえば学級規模が10人大きくなるケースを考えるときに、たとえば10人から20人になった場合と、30人から40人になった場合とで効果の大きさが等しい、ということを意味しているのだが、こうした仮定は現実的ではないという意見を持つ人も少なくないであろう。

前節で紹介したグラス＝スミス曲線もまさにそのことを示しており、小規模学級の効果は、学級規模を大幅に縮小した場合に限って観察されることを主張している。

そこで、学級規模の効果が均質であるという仮定を緩め、学級規模の範囲によって効果が異なることを想定した回帰モデルを推定した結果が列(2)に報告されている。ここでは、学級規模の効果が22人（算数）あるいは23人（理科）を境として異なることを想定している。

二つのβの推定値から算出された学力の変化分を見ると、算数では、学級規模が22人未満の範囲では－0.411で統計的に有意、22人以上の範囲では0.375で統計的に有意な値となっている。

理科の場合も絶対値は小さくなるがほぼ同様である。この推定値の解釈について、算数を例に説明しよう。まず、学級規模が22人を下回る範囲では、学級規模が10人大きくなると学力が平均で0.41標準偏差分も低下する。

次に、学級規模が22人以上の範囲では、学級規模の効果は－0.036（＝－0.411＋0.375）と大幅に縮小し、学級規模が10人大きくなっても学力は平均で0.036標準偏差分しか低下しない、と解釈される。この結果は、グラス＝スミス曲線を支持する結果といえる。すなわち、学級規模の効果は学級規模を極端に小さくした場合に極めて大きくなる一方で、現実的な範囲の学級規模においては学級規模の効果はかなりの程度縮小する、ということを示しているのである。この結果を踏まえれば、学級規模効果の均質性を仮定した列(1)の効果（算数－0.091、理科－0.084）は、22～23人未満という極めて小さい学級に在籍する児童の高い学力によってもたらされたと考えることができるのである。

ところで、こうした分析結果、たとえば学級規模が10人大きくなったときに算数学力が平均で0.091標準偏差分下がるとか、学級規模が22人以上の範囲では0.036標準偏差分しか学力が低下しない、といった小さな数値を見ると、学級規模縮小の効果自体が極めて小さく無視できるレベルのものであるかのような印象を受けるかもしれない。しかしながら、見た目の数値の小ささで効果の大きさを判断するのは早計である。たとえ0.1標準偏差分やそれ以下の効果量であったとしても、将来的に決して無視できない影響をもたらす源泉となり得るのである。この点については後の第５章で詳しく議論する。

4　効果の異質性：少人数学級は教育格差を縮小するか

(1)　北條＝妹尾の分析

次に紹介するのは、妹尾渉（国立教育政策研究所）と筆者による共同研究（Hojo and Senoh [2019]）である。この研究では、文部科学省が実施している「全国学力・学習状況調査」の２０１３（平成25）年調査の結果が使用されているのだが、分析結果を紹介する前に、この「全国学力・学習状況調査」について少し述べておきたい。

この調査は、２００７（平成19）年度に悉皆調査として開始された。悉皆調査とは、調査対象の一部ではなく全部をくまなく調査するというものである。調査対象は小学校第６学年と中学校第３学年なので、日本全国のすべての小学校6年生と中学校3年生全員が調査対象になるという極めて大規模な調査としてスタートした。

その後、民主党政権下の２０１０年と２０１２年の調査は悉皆ではなく抽出調査となったのだが（２０１１年は東日本大震災の影響で中止）、２０１３年度から再び悉皆調査となり、２０２０年度は新型コロナウィルス感染拡大のため中止されたものの、現在まで毎年数十億円の予算を使いながら継続して実施されている。

このような大規模な学力調査が実施されるようになった背景として、序章で紹介した２０００年前後の学力低下論争が挙げられる。２００３年に発表された国際学力調査の一つであるＰＩＳＡの結果は、関係者に衝撃を与えるものであった。日本の生徒の読解力の平均点が、前回調査の５２２点から４９８点へと急落したのである。学力低下への対策を検討しようにも、児童生徒の学力を全国規模で把握できるような学力調査は長年にわたって実施されていなかった。こうした状況を受け、「全国学力・学習状況調査」が実施されるに至ったのである。[13]

さて、２０１３年調査では、本体調査に付随して「きめ細かい調査」が実施されている。この「きめ細かい調査」は、家庭状況と児童生徒の学力等の関係について分析するために、児童生徒の家庭における状況、保護者の教育に関する考え方等について保護者を対象として実施された調査であり、本体調査で収集された児童生徒の学力データと接合できる設計となっている。

Hojo and Senoh（2019）では、この「きめ細かい調査」のデータを活用して小規模学級の効果を推定しているのだが、その最大の焦点は、小規模学級の効果が児童生徒の家庭の社会経済的背景（Socio-Economic Status：ＳＥＳ）によって異なる可能性を検証することであった。不利な家庭環境に置かれている生徒ほど小規模学級の恩恵が大きいという結果が、スタープロジェクトのデータを再分析した前述のクルーガーらの研究において確認されていたからである。

経済学の立場からいえば、すべての学校に一律に小規模学級を導入するのではなく、小規模学級の効果が大きいと予想される学校から優先して小規模学級を導入することで、教育支出の効率性を高めることができるという点に加え、小規模学級の導入が格差問題の解消につながるという点で極めて重要な実証的研究課題であった。従来の国内データでは、児童生徒の家庭環境やＳＥＳの情報が不十分であり、こうした可能性の検証が難しかったのだが、この「きめ細かい調査」を利用することによってそれが可能となったのである。

(2)　ＳＥＳによる学力の差異

分析手法は前述のHojo（2013）と同様の回帰分析である。分析対象は、「きめ細かい調査」の対象となった中学校３６９校の3年生およそ2万４０００人である。対象教科は国語と数学であり、それぞれA問題とB問題を合算した正答率を標準化したものを学力変数として採用している。[14] 独立変数には、学級規模のほか、女子ダミー、ＳＥＳ尺度、学年生徒数（およびその二乗項と三乗項）、へき地ダミーが含まれている。この研究の焦点となるＳＥＳ尺度は、「きめ細かい調査」から得られる世帯所得、父親最終学歴、母親最終学歴の三つの指標を合成して作成されている。

詳細な分析内容に入る前に、生徒のＳＥＳによって学力がどのように異なっているかを確認しよう。図１－５は、生徒個人のＳＥＳ尺度から算出した学校平均ＳＥＳに基づき、学校平均ＳＥＳをLowest, Low, High, Highest（最低、低位、高位、最高）の四つに区分し、それぞれの区分の学校に属する生徒の平均学力を示したものである。

この図は、生徒の平均学力がＳＥＳによって異なることをはっきりと示している。ＳＥＳが最も

図1−5　学校平均SESごとの平均学力

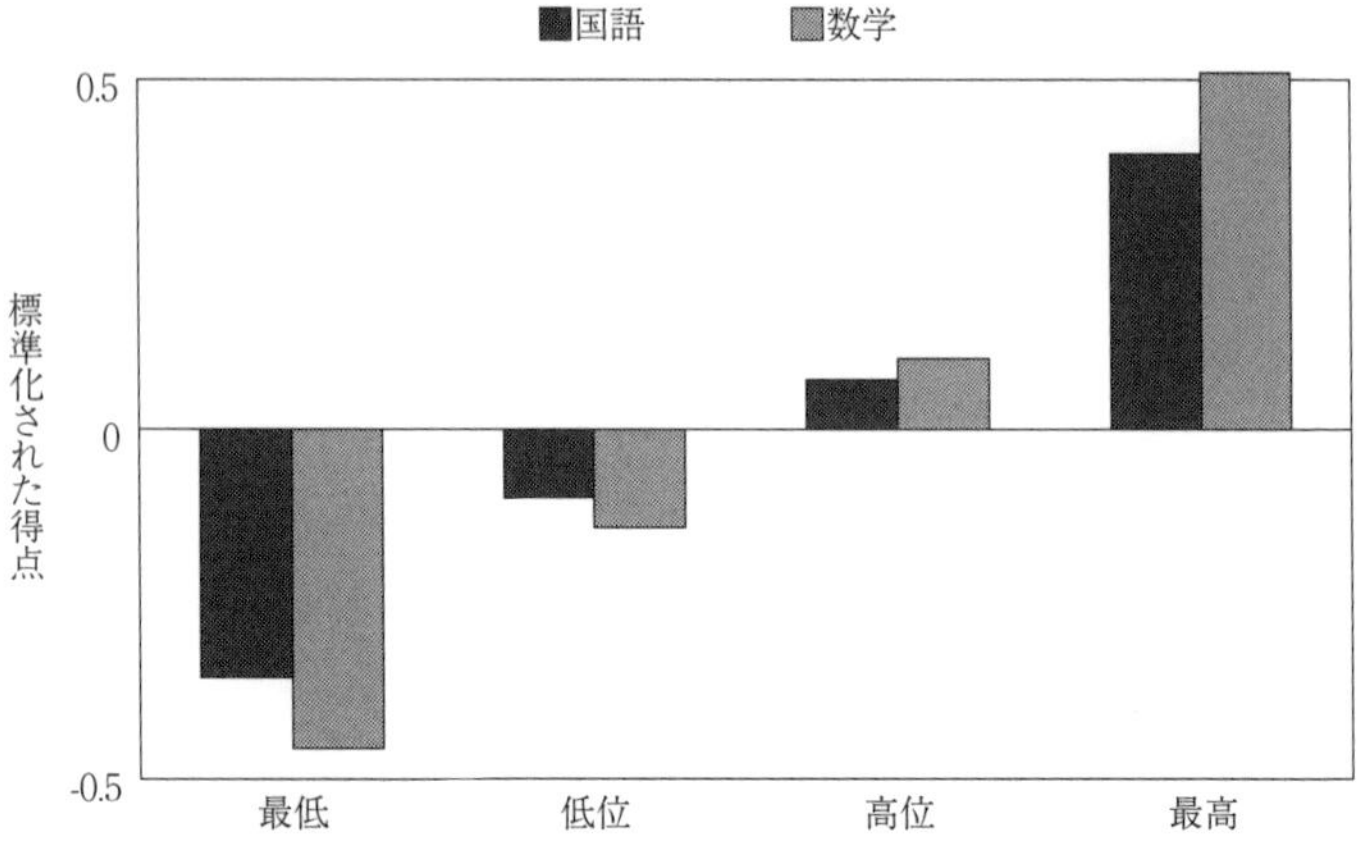

出所：Hojo and Senoh (2019) Figure 1より筆者作成

低いグループと最も高いグループの間の平均学力の差は、国語では0・75標準偏差分（偏差値換算で7・5）、数学ではさらに大きく1標準偏差分（偏差値換算で10）となっている。この結果は、現代日本の教育格差を包括的に論じた松岡（2019）の分析結果と整合的であり、家庭環境によって生徒の学力に大きな差が生まれていることを如実に示していると解釈される。

回帰分析の結果は表1－6にまとめられている。まず、すべての生徒を対象とした列(1)の分析結果から見ていこう。表中の数値は、学級規模を10人拡大した場合の効果の大きさ（標準偏差分）を示しているので、国語の推定値である－0.14は、学級規模が10人大きくなると国語の学力が平均で0・14標準偏差分（偏差値換算で1・4）低下することを示している。

同様に数学では0・18標準偏差分（偏差値換算で1・8）の学力低下となる。すなわち、国語・

表1－6　Hojo and Senoh（2019）の分析結果

	全サンプル (1)	SES			
		Lowest (2)	Low (3)	High (4)	Highest (5)
国語	**−0.14**	−0.12	−0.23	−0.11	−0.10
数学	**−0.18**	**−0.19**	**−0.27**	−0.12	−0.13

注：表中の数値は、学級規模を10人大きくしたときの学力の上昇分（標準偏差分）を示している。太字は有意水準10%で統計的に有意であることを示す。
出所：Hojo and Senoh（2019）Table 2 および Table 3より筆者作成

数学ともに、大規模学級ほど平均的に見て学力が低下することが示されている。また、これらの効果量の大きさは、前述の Hojo（2013）で得られた結果よりも大きいものとなっており、ＳＥＳによる学力の差異を統制することの重要性を示すものとなっている。

次に、分析対象をＳＥＳの高低によって分割した列(2)から列(5)の結果を確認する。国語の分析では、いずれのＳＥＳグループにおいても学級規模の効果は負ではあるものの、統計的に有意ではないという結果となっている。すべての生徒を対象とした列(1)では統計的に有意な効果が確認されたのに、ＳＥＳによってグループ分けするとなぜ統計的な有意性が失われるのか疑問に思われるかもしれないが、グループ分けによって各分析サンプルに含まれる生徒の数が減少し、分析の精度が低下することが一つの原因である。

一方で、数学の分析結果は国語とは異なるものとなっている。学級規模の効果は、ＳＥＳが低いグループでは負で統計的に有意となっているのに対し、ＳＥＳが高いグループでは負ではあるものの統計的な有意性は失われている。

さらに、ＳＥＳが低いグループにおける効果の大きさは、ＳＥＳが最も低いグループで０・19標準偏差分、次に低いグループでは０・27標準偏差分となっており、全サンプル平均で得られた効果の大きさを上回っている。これは、平均ＳＥＳの低い学校において、小規模学級がもたらす数学学力の向上効果が大きいことを示しており、上述のクルーガーの分析と整合的な結果になっていると解釈できる。教科は数学に限られるものの、日本においても、不利な家庭環境に置かれている生徒ほど小規模学級の恩恵が大きくなることが全国規模の調査データで確認されたのである。

松岡（2021）は「教育格差」という言葉について「本人が変えることのできない初期条件（「生まれ」）によって、学力や学歴など教育成果に差があること」と定義している。ＳＥＳの低い生徒ほど小規模学級の恩恵が大きくなるという分析結果は、少人数学級の導入によって、生徒の家庭環境（＝生徒本人が変えることのできない初期条件）のちがいに起因して生じる生徒間の学力差を縮小できる可能性を示すものであるといえる。とりわけ、ＳＥＳの低い生徒が多く通う学校を対象として少人数学級を推進することによって、家庭環境のちがいが生み出す生徒間の学力格差を縮小する可能性が高まると考えられるのである。

5　少人数学級の学力向上効果

本章では、学級規模と学力の関係について、国内外の有力な先行研究や近年の研究成果を参照しながら論じた。本章のポイントをまとめると以下の六点となる。

● 小規模学級がもたらす学力向上効果についての実証研究の歴史は長く、米国においても日本においても、100年以上前から関連文献が存在する。

● 少人数学級が学力の向上をもたらすことを示した「グラス＝スミス曲線」はよく知られているが、彼らの分析内容を詳細に検討すると、そのような学力向上効果は学級規模を数人レベルにまで極端に小さくしなければ観察されない。

● 米国では、1980年代に大規模な政策実験が実施され、小規模学級の効果検証が進められた。代表例であるスタープロジェクトの結果によれば、小規模学級の効果は学年進行とともに低減していくものの、統計的に有意な効果が確認された。

● 2000年代以降、教育経済学の分野では、統計的因果推論の分析手法の一つである自然実験を活用した実証研究が進展した。日本のデータを用いた実証分析の結果はグラス＝スミス曲線を支持するもの、すなわち、学級規模が極端に小さい場合に大きな学力向上効果が確認され、現実的な学級規模の範囲では学力向上の効果は縮小する、というものであった。

● 学級規模の縮小がもたらす学力向上の効果量は、見た目の数値は小さく見えるかもしれないが、決して無視できるような効果量ではない。たとえ0・1標準偏差分程度の効果量であったとしても、後に大きな影響をもたらす源泉となり得る。

● 小規模学級が生徒の学力に及ぼす影響は、生徒のSES（社会経済的背景）によって異なる可能性がある。米国においても日本においても、社会経済的に不利な立場に置かれている生徒ほど、小規模学級の恩恵が大きくなることが確認されている。

日本では、２０２１（令和３）年度以降、全国の小学校で35人学級が順次（学年進行で）導入されていくことが決まっており、２０２５（令和７）年度に小学校全学年の35人学級化が実現する見込みである。これは新型コロナウィルス感染症対策として急遽実現したものであったが、本章での議論を踏まえれば、本来は（新型コロナウィルスの感染拡大がなければ）、全小学校一律に導入を進めるのではなく、少人数学級の効果が大きいと予測される学校、すなわち社会経済的に不利な生徒が多く在籍する学校から優先して導入を進める、というのが「科学的根拠に基づく政策形成」（ＥＢＰＭ）の観点から見て筋の通った政策対応であったといえよう。

とはいえ、35人学級導入の議論においては、コロナ禍の混乱の最中であるにもかかわらず、筆者の研究を含む複数の学術的な研究成果が財務省・文部科学省の双方から提示され、議論の土台となったことは、教育政策におけるＥＢＰＭの一歩前進をたしかに感じさせるものであった。

本章の最後に、今後の課題と見通しについて二点、指摘しておきたい。一点目は、本章で紹介した日本の児童を対象とした筆者の研究は、現代的な因果推論の手法を用いた実証分析の結果に基づいてはいるものの、ある一時点における学級規模と学力の関係を検証するにとどまっている点である。学校教育を通じた人的資本蓄積は、義務教育の９年間、そしてその後の学校教育を通じて累積的になされていくものであると考えられるため、ある一時点における関係性の検証だけでは不十分であるといわざるを得ない。

全小学校の35人学級化が実現した暁には、小学校全学年を35人学級で過ごした学年と、従来通り40人学級で過ごした学年を比較することによって、小規模学級の累積的効果の検証が可能となる見込みである。コロナ禍で改正された義務標準法（公立義務教育諸学校の学級編制及び教職員定数の標準に関する法律）の附則第三条には「この法律の施行後速やかに、学級編制の標準となる数の引下げが学力の育成その他の公立の義務教育諸学校における教育活動に与える影響及び外部人材の活用の効果に関する実証的な研究を行う」との文言が明記されている。この実証的な研究には筆者も参加しているので、小規模学級が児童の学力にもたらす累積的効果の検証については、同実証研究の報告書の完成をお待ちいただきたい。

二点目は、日本を対象としたメタ・アナリシスの必要性である。本章で紹介した筆者自身の研究以外にも、近年、日本のデータを用いた質の高い学級規模効果研究が発表されている。それらの中には、児童生徒レベルのパネルデータ（同一児童・生徒を複数年にわたって追跡調査して得られたデータ）を活用して、少人数学級がもたらす累積的な効果を検証しているものや、データの階層性を考慮した統計分析を行っているものなど、本章で紹介した筆者の研究成果の課題を克服しているものもある。しかしながら、分析の結果はそれぞれ異なっており、少人数学級の効果を支持するものもあれば、ほとんど効果がないと報告しているものもある。詳しくは終章で議論するが、異なる立場の人々が、それぞれ自分たちに都合のよい分析結果を拠り所として自らの正当性を主張し合う事態は望ましいものではない。

そうした事態を避けるためにも、今後、国内のデータを用いた学級規模効果研究をさらに進展させ、複数の分析結果を収集して総合的に評価するメタ・アナリシスを実施することは重要な研究課題であるといえる。

【第1章　注】

（1）教員採用試験の倍率については第6章で詳しく論じる。

（2）本書では「学力」の定義については議論しない。標準化されたペーパーテスト等で計測された点数を生徒の学力として扱う。

（3）コールマン報告は、1964年の公民権法の制定を受けて、平等な教育機会が阻害されていないかを調査する目的で実施された大規模な調査の報告書である。調査の設計・実施から報告書の取りまとめまでを担当したコールマンは、調査前の予想に反し、調査の結果は学校の経済的資源と成績の間に通常想定されるほどの関係がなく、家庭背景から独立した学校の効果が小さいことを報告しており、学校の経済的資源の中には学級規模も含まれている。
コールマン報告は「学校の無力性」を示すものとして当時大きな注目を集めたが、この調査結果についてコールマン自身は、学校の資源の多寡ではなく、当時の米国の公教育システムの組織（学校組織）の非効率性が原因であるとの見解を示している（Coleman [1966], p. 245）。またコールマンは、報告書の公表から10年後に発表した論文において、家庭の影響が強いと考えられる読解力とは関係の薄い別の教科の試験結果を用いれば、学校の効果は大きくなるだろうと述べている（Coleman [1975]）。

（4）米国の義務教育は日本の幼稚園年長に当たる年齢から始まり、この学年をK（Kindergarten）と呼ぶ。

（5）実験開始当初の4年間に収集された学力データは、以下のURLからダウンロードすることができる。https://dataverse.harvard.edu/dataverse/star

（6）著者の一人であるJoshua Angrist教授は2021年のノーベル経済学賞を受賞した。授賞理由は「自然実験から因果関係を導出する手法の発展」であり、1999年に発表されたこの論文もその授賞理由に該当する手法を用いたものである。

（7）Maimonidesは12世紀の哲学者であり、学級規模の上限を40人とすべきである、との教えを残している。

（8）アングリストらと同様の分析手法を他国に適用した研究例は以下のとおりである。ノルウェー：Bonesrønning（2003）：Leuven *et al.*（2008）、オランダ：Levin（2001）：Dobbelsteen *et al.*（2002）、ボリビア：Urquiola（2006）、イタリア：Angrist *et al.*（2017）、ギリシャ：Kedagni *et al.*（2021）。

（9）実験実施期間中の授業教科は次のとおりである。小学校：国語、算数、理科、社会、体育、図工。中学校：国語、数学、社会、英語、図工。

（10）２０１０年代以降の国内における研究例として、横浜市の集計データを用いたAkabayashi and Nakamura（2014）、生徒レベルのパネルデータを用いてマルチレベル分析を行った伊藤ほか（2017）、ある県の全公立学校生徒の個票データを用いたIto, Nakamuro, and Yamaguchi（2020）、独自の調査をベースに学級規模や指導方法が学力や学習の順調度に及ぼす影響を幅広く分析した山崎編（2014）、学級規模と学級数の交互作用を取り入れて検証した山森・萩原（2016）などがある。

（11）山形県では、教育長なども務めた高橋和雄氏が県知事選挙で少人数学級編制を公約として掲げ、当選後に「小中学校の義務教育段階では、30人程度の学級編制が望ましい。橋の一本や二本節約してでも、2～3年掛ければできるのではないか」と発言し、注目を集めたとされる（吉田［2006］）。

（12）ＩＥＡのウェブサイトは以下のＵＲＬからアクセス可能である。https://timssandpirls.bc.edu/

（13）川口（2020）は、全国的な学力テストが１９５０年代から60年代にかけて実施されていたことを踏まえ、40年の空白を経て「全国学力・学習状況調査」は「復活」したと表現している。なお、１９５０年代から60年代にかけて実施されていた全国的な学力テストが廃止された原因として、当時の日本教職員組合が中心となった反対運動に加えて、都道府県間の点数競争の激化がテストのための準備教育を過熱させ、一部の地域では成績の悪い児童生徒を試験当日に休ませるといった不適切な行為が組織的に行われたことが問題視されたことが挙げられる（志水［2009］）。調査前の事前対策については、現在の「全国学力・学習状況調査」でもいくつかの都道府県で行われていた実態が報道されている（『信濃毎日新聞』２０２２年10月19日付）。

（14）２０１８（平成30）年度以前の調査では、国語と算数・数学それぞれについてＡ問題とＢ問題に分かれて出題されていた。Ａ問題は主として「知識」に関する問題、Ｂ問題は主として「活用」に関する問題、が出題されている。２０１９（令和元）年度以降は問題の区分がなくなっている。

第2章　少人数学級と非認知能力

1　高まる非認知能力への注目

本書の執筆に取り掛かった時期に、筆者は保護者として子どもの幼稚園受験を経験した。受験、と書いたが、いわゆる有名幼稚園の「お受験」のような大層なものではない。自宅から自転車か園バスで通える範囲で、正規の保育時間後に預かり保育を実施している幼稚園、という控えめな条件に合致した地元の幼稚園が第一志望であった。

しかしながら、大層な「お受験」でなくても、筆者の住む地域では、幼稚園への入園は出願すれば入れるというほど簡単なものではなかった。夏頃から始まる体験入園や入園説明会といった事前イベントにもれなく参加しておかないと合格できない、というインターネットの口コミ情報を無視するほどの度胸はない。コロナ禍で回数も人数も制限される事前イベントへの申し込み競争は熾烈を極め、申し込み開始時刻に幼稚園のウェブサイトへのアクセスが集中し、ようやくサイトを閲覧できたときには、すでにすべての参加枠が埋まっていた、という悲劇も経験した。そして、苦労の末に参加権をかち取った入園説明会に、筆者は父親として参加した。

入園説明会では、案内パンフレットや映像を使いながら、園長先生が1時間近くにわたって熱心に説明をなさっていたのだが、その中で繰り返し「非認知力」という言葉が使われていた。日々の園生活の中で子どもたちの「非認知力」を育む、芸術や体験活動など多様な経験を通して「非認知力」を伸ばす、といった具合である。

筆者は園長先生のお話を聞きながら、非認知能力が重要だという認識はここまで浸透しているのだな、と不思議な感慨に耽っていた（園長先生も、まさか教育経済学者が参加しているとは夢にも思っていなかったであろう）。説明会から自宅へ戻る道中もそのことが頭から離れず、通園路になるかもしれない慣れない道をぼんやりと歩いていた。

その1カ月後、入園願書という極めて困難な書類の作成にあたって、このキーワードを外すわけにはいかなかった。うちの子の非認知能力を伸ばしてください、とは書かなかったが、そういうような意味合いのことを手書きで丁寧に書類いっぱいに書き込み、無事に入園許可をいただいたのである。

本章のテーマは非認知能力である。次節で議論するように、非認知能力は人々の人生にさまざまな「よい結果」をもたらすような心理的機能のことを指している。本章ではまず、非認知能力とは具体的にどのようなものであり、どのような歴史的な経緯を持つものなのか、そして、なぜ経済学において非認知能力への関心が高まったのかについて議論する。

続いて、非認知能力を高めるための介入の手段として、少人数学級にはどの程度の効果が期待されるのかについて、国内外の先行研究を参照しながら検討する。議論を先取りすれば、学力に比べると、非認知能力と少人数学級の関係性については研究例も少なく、それゆえ未知の部分も多く残っている。現在進行中の筆者自身の分析結果も紹介しながら、少人数学級が非認知能力を高める効果について議論を深めたい。

2 非認知能力とは何か

(1) 非認知能力とその周辺

能力かスキルか

冒頭に紹介したエピソードにもあるように、本書を手に取られた方にとっては、非認知能力という言葉自体は馴染みのあるものかもしれないし、あるいはその重要性を理解しておられる方も多いかもしれない。非認知能力は、英語の“noncognitive abilities”の訳語であり、認知能力と訳される“cognitive abilities”の否定形によって表現されている概念である。

認知能力は、知能検査で測定されるような知能や、ペーパーテスト等で測定される学力を指す言葉なので、非認知能力はそういったものではない能力、ということになる。また、同じような概念を指す言葉として非認知「スキル」(noncognitive skills) や非認知「特性」(noncognitive traits) といった言葉が使われることもある。

これらはいずれも何らかの心理的な機能を指すものであり、特段の区別なく使用されている場合もあるが、これらの使い分けによって微妙なちがいを表現している場合もある。[1] 冒頭で紹介した園長先生も、もしかすると、非認知「能力」という言葉のニュアンスを薄めるために敢えて「能」を省いた「非認知力」という言葉を使っておられたのかもしれない。本章では、これらの言葉にはそれぞれ微妙なニュアンスのちがいがあることを認めつつも、煩雑さを避けるため、非認知「能力」という表現で統一している。

筆者は経済学をバックグラウンドとしている研究者であるが、少人数学級の研究を進めていく中で、分野の垣根を超えた共同研究を行うことも少なくない。そうした共同研究の場で教育心理学や発達心理学といった心理学系の研究者の話を聞いていると、さまざまな心理的機能・特性を全部ひっくるめて非認知能力という一つの言葉で表現することに、強い抵抗感があるように見受けられる。

筆者も、そうした心理学を専門としている研究者から新しい知見を得るうちに、非認知能力という言葉があまりに多くの心理的機能をひとまとめにしていて、ある種の強引さや雑さを感じるようになってきてはいるのだが、本書は非認知能力そのものについて論じることを目的とはしていないので、いささか居心地の悪さを感じつつも、さまざまなものを全部ひっくるめて非認知能力と表現している。

社会情動的スキル

また、２０１０年代の半ば以降は、非認知能力と並んで「社会情動的スキル」という言葉を目にすることも増えてきている。社会情動的スキルとは、ＯＥＣＤ（経済協力開発機構）が非認知能力の概念をさらに整理してまとめた言葉である。ＯＥＣＤ（2015＝2018）によれば、社会情動的スキルは以下のように定義されている。

(a)　一貫した思考・感情・行動のパターンに発現し、
(b)　学校教育またはインフォーマルな学習によって発達させることができ、
(c)　個人の一生を通じて社会・経済的成果に重要な影響を与えるような個人の能力

また、別の表現では、以下の三つを満たす個々の性質と定義されている。

①　個人のウェル・ビーイングや社会経済的進歩の少なくとも一つの側面において影響を与え（生産性）、
②　意義のある測定が可能であり（測定可能性）、
③　環境の変化や投資により変化させることができる（可鍛性）

後者の定義における①は前者の(c)、②は(a)、③は(b)に、それぞれ対応している。こうした定義に示されているように、OECDが提唱している社会情動的スキルでは、さまざまな心理的機能が含まれる非認知能力の中でも、個人や社会によりよい影響を与えるもの、そして何らかの介入によって伸ばすことができるもの、という側面に力点が置かれている。

こうした側面は、現行の学習指導要領の理念である「生きる力」の中に例示されている自律性や協調性、他人を思いやる豊かな人間性、といったものと通底しているといえよう。

キー・コンピテンシー、エージェンシー

また近年では、社会情動的スキルに関連するものとして、同じくOECDが提唱している概念である「キー・コンピテンシー」や「エージェンシー」といった言葉を目にする機会も増えてきてい

表2－1　OECDによるキー・コンピテンシーの定義

自律的に行動する力	大局的な視点に基づいて行動する力
	人生設計や個人的な計画を作り、実行する力
	自らの権利や利益、限界や必要性を主張する力
異質な人々から構成される集団で相互に関わり合う力	他者と上手に関わり合う力
	協力する力
	対立を処理して、解決する力
道具を相互作用的に用いる力	言語やシンボル、テキストを相互作用的に用いる力
	知識や情報を相互作用的に用いる力
	技術を相互作用的に用いる力

出所：OECD（2005）、白井（2020）

る。これらはいずれも個人が持つ何らかの能力的なものを指している。コンピテンシー（あるいはコンピテンス）は、もともと「有能な」とか「能力がある」といった意味の英語の形容詞"competent"に由来しており、スキルと同義的に使われる場合もある。そして、キー・コンピテンシーとは、それまでさまざまなかたちで解釈・定義されていたコンピテンシーの概念をOECDが整理して策定したものであり（OECD［2005］）、以下のように定義されている（表2－1）。

- 自律的に行動する力
- 異質な人々から構成される集団で相互に関わり合う力
- 道具を相互作用的に用いる力

この定義からわかるように、キー・コンピテンシーは社会情動的スキルの上位概念であり、それぞれの社会情動的スキルはキー・コンピテンシーに含まれるという関係にあると考えることができる。また、エージェンシーについては、「変化を起こすために、自分で目標を設定し、振り返り、責任をもって行動する能力」（OECD［2019］）と定義されており、こちらも認知能力や社会情動的スキルを含めた多様な能力の集合であると考えることができる。したがって、それぞれの社会情動的スキルはエージェンシーの中に含まれるものと考えることができる。

ＯＥＣＤが提唱しているこれらの概念は、日本ではまだ広く浸透しているとは言い難い状況にあると思われる。とりわけ、キー・コンピテンシーやエージェンシーについてそうであろう。他方、社会情動的スキルという言葉については、これら二つに比べれば認知度も高いのではないかと推察される。

とはいえ本章では、社会情動的「スキル」という表現から想起されるものとは微妙に異なるものも取り上げるため、より馴染みのある非認知能力という表現を統一的に使用している。

(2) 非認知能力の誕生と浸透

さて、本節ではまず、非認知能力という言葉がいつ頃に生まれ、浸透してきたのかという点を確認しておきたい。小塩（2021）は、Google Ngram Viewerという検索ツールを使用して、英語の“noncognitive abilities”“noncognitive skills”“noncognitive traits”の三つの単語が書籍等の文献の中に出現した頻度をグラフで表している（同書まえがき、図1）。それによると、英語のこれら3単語が英文の書籍に出現し始めたのは１９９７年前後で、21世紀に入ってから出現頻度が徐々に増え始

図２－１　Google Trendsにおける言葉の出現頻度

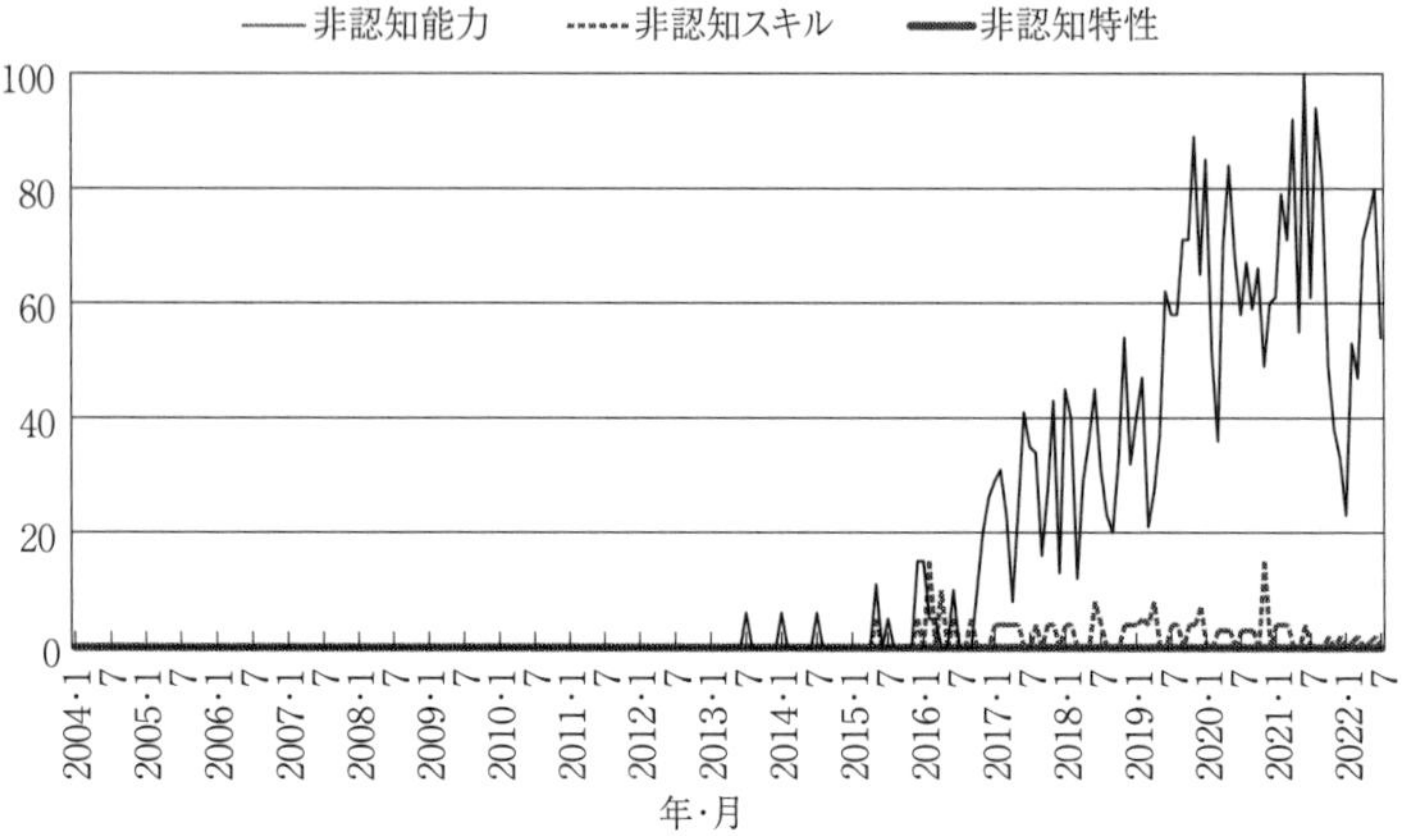

出所：Google Trendsを用いて筆者作成

め、２０１０年代以降にさらに出現頻度が高まっていることが示されている。

また、日本語の非認知能力、非認知スキル、非認知特性の３単語については、Google Trendsというツールを使用して、それぞれの単語がGoogleで検索された頻度を調べている（同書序章、図1）。それによれば、これらの言葉は２０１１年に検索ワードとして最初に出現し、２０１５年前後から検索頻度が高まってきていることが示されている。

図２－１は、小塩と同じツールを使用して、日本語の非認知能力、非認知スキル、非認知特性、の３単語が検索された頻度を示したものである。日本語ではやはり「非認知能力」という表現の検索頻度が最も高く、次いで「非認知スキル」となっており、それ以外の単語の検索頻度は高くないようである。

日本では２０１５年ごろから検索頻度が増え始めた非認知能力という言葉だが、実はこの２０１

5年に、一冊の書籍が日本で出版されている。それは、２０００年にノーベル経済学賞を受賞したジェームズ・ヘックマンの一般向けの著作（*Giving Kids a Fair Chance* [2013] MIT Press）の日本語訳である『幼児教育の経済学』という書籍である。

書籍のタイトルだけ見れば幼児教育の本かと思ってしまうが、中身を読むと早くも２ページ目には「人生で成功するかどうかは、認知的スキルだけでは決まらない。非認知的な要素、すなわち肉体的・精神的健康や根気強さ、注意深さ、意欲、自信といった社会的・情動的性質もまた欠かせない」との記述があり、幼少期に適切に介入する社会政策によってアメリカ国内で悪化している格差の固定化を是正し、より健康な社会を構築することができるということが、経済学の研究成果に基づいて議論されているのである。

翻訳された同書が、日本における幼児教育と非認知能力の両方の重要性を世に広く知らしめたであろうことは想像に難くない。先で紹介したGoogleの検索回数にそれが表れているのである。

(3)　経済学における非認知能力

ヘックマンの研究

本節では、経済学の分野において非認知能力への注目がなぜ高まったのか、その経緯について紹介しておきたい。

近代経済学ではその初期の段階から教育の必要性が指摘され、１９６０年代以降は経済成長をもたらす主要な要因としてその重要性が認識されてきたのだが、経済学における注目は、もっぱら「教育水準の上昇がもたらす認知能力の向上」という側面に限定され、非認知能力についてはほとんど無視されてきたというのが実態であった。1992年にノーベル経済学賞を受賞したゲイリー・ベッカーによって確立された有名な「人的資本理論」（Becker［1964］）においても非認知的な側面は捨象されていたし、その後1970年代に確立した「シグナリング理論」（Spence［1974］）においても、教育はもっぱら個人の認知能力のシグナルとして機能するものと想定されていた。1990年代にはマクロ経済学の分野で内生的経済成長理論が隆盛を極めたが、そこでも非認知的な能力が注目されることはなかったのである(2)。

経済学界に非認知能力への注目をもたらしたのは、前節で紹介した米国の著名な経済学者であるジェームズ・ヘックマンである。ヘックマンらは、2000年のアメリカ経済学会で発表した論文で、日本の高等学校卒業程度認定試験（旧大学入学資格検定）に相当するGED（General Educational Development）に着目した研究を行っている。その研究では、GED資格取得者（GEDs）は、認知能力の面において大学に進学しなかった高校卒業者（HSGs）と同程度であり、高校を中退したGED資格非取得者（HSDs）よりも「賢い」ことが確認されている。また、単純に比較すると、GED取得者は高校を中退した非取得者よりも収入が高く、時間あたり賃金も高いことが確認されている。

しかしながら、観察可能な認知能力が同程度の者同士で比較すると、GED資格取得者の収入や時間あたり賃金は、非取得者のそれと同等か下回っていることが示されたのである（表2-2）。つまり、GED資格取得者は、認知能力の面で高校卒業者と同等に「賢い」にもかかわらず、その「賢

表2−2　高卒認定資格（GED）の分析結果

認知能力	HSGs	=	GEDs	>	HSDs
賃金（単純比較）	HSGs	>	GEDs	>	HSDs
賃金 （認知能力が同程度の者同士で比較）	HSGs	>	GEDs	=	HSDs

出所：Heckman and Rubinstein（2001）

さ」の影響を取り除いて比較すると、非取得者と同等かそれ以下の賃金しか受け取っていないということになる。これは、認知能力として観察される「賢さ」以外の何らかの観察されない要因においてGED資格取得者が劣っていることを示唆している。[3] ヘックマンらは、この観察されない要因を非認知スキルとして特定し、その重要性を指摘したのである。

ペリー就学前プロジェクト

ヘックマンは、他にも複数の研究において非認知能力が人々の人生にもたらす長期的な効果を明らかにしている。ここでは、1960年代に米国で実施された社会実験であるペリー就学前プロジェクト（Perry Preschool Program）の調査結果を活用した研究成果を取り上げる（Heckman, Pinto, and Savelyev [2013]）。この研究成果は、先に紹介した一般向け書籍『幼児教育の経済学』の中でも大きく取り上げられているものである。

ペリー就学前プロジェクトは、1960年代に米国ミシガン州イプシランティで実施された社会実験である。実験では、低所得のアフリカ系アメリカ人の58世帯に暮らす就学前の3～4歳の子ども123人が対象者として選ばれ、介入群（58人）と対照群（65人）にランダムに割り当てられた。介入群の子どもには、午前中に毎日（週5日）2時間半、教室で読み書きや歌の授業を継続して受けさせた。さらに週1回、教師が各家庭を訪問し、90分の指導を行った。指導内容は、非認知的特性を伸ばすことに重点が置かれ、子どもの自発性を重視した活動を中心としていた。この介入は30週間継続的に実施された。そして、就学前教育の終了後、実験対象となった子どもたちが40歳になるまで追跡調査が実施されたのである。

追跡調査の結果は驚くべきものであり、国内でもよく知られている。主要な結果を抜粋すると以下のようになる（詳細は表2－3を参照）。

- 介入群の子どもは対照群と比べて、当初は知能テストの結果が高くなったが、その効果は次第に薄れ、8歳時点では知能テストの差はなくなった
- 7～9歳の時点で、介入群の子どものほうが非認知的特性（外向的行動、学習意欲）の面でも高かった
- 学力への効果は継続し、14歳の時点で、介入群の子どものほうが学力が高く、特別支援教育を受ける割合が低かった
- 19歳の時点で、介入群の子どものほうが高校を卒業している割合が高く、高等教育へ進学する割合も高かった
- 27歳の時点では、介入群のほうが逮捕歴や喫煙率が低くなっており、逆に収入は高くなって

表2−3　ペリー就学前プロジェクトの効果

アウトカム	差(T−C)	介入群(T)	対照群(C)
知能テストのスコア			
実験開始時	1.1	79.6	78.5
実験から1年後	**12.2**	95.5	83.3
6歳	**5**	91.3	86.3
7歳	**4.6**	91.7	87.1
8歳	1.2	88.1	86.9
9歳	0.9	87.7	86.8
10歳	0.4	85	84.6
14歳	0.3	81	80.7
学力テストのスコア			
7歳	12.7	97.1	84.4
8歳	**16.1**	142.6	126.5
9歳	**27.3**	172.8	145.5
10歳	**26.2**	225.5	199.3
14歳	**27.7**	122.2	94.5
19歳	**2.8**	24.6	21.8
学業達成（19歳時点）			
特別支援教育の対象	**−12**	16%	28%
高校卒業	**18**	67%	49%
高等教育への進学	**17**	38%	21%
経済的成功（40歳時点）			
就業率	**14**	76%	62%
年収20,000ドル以上	**20**	60%	40%
持ち家	**9**	37%	28%
生活保護非受給	**15**	29%	14%
その他（40歳時点）			
逮捕歴5回以上	**−19**	36%	55%
自身の子どもをもつ	**27**	57%	30%
睡眠導入剤や精神安定剤の服用	**−26**	17%	43%

注：太字は有意水準10%で統計的に有意であることを示す。
出所：Barnett（1992），Schweinhart（2005）

いた

● 40歳の時点では、介入群のほうが逮捕歴や生活保護受給率が低く、逆に収入や持ち家率は高かった

一点目に示されているように、この実験における介入によって、当初は子どもの認知能力（知能テストのスコア）が向上したものの、その効果は介入が終了して4年程度で消滅してしまっている。にもかかわらず、長期的に見たときに介入群の子どものほうが学業面や経済面、そして社会への適応面において成功する割合が高くなっているということは、裏を返せば知能面以外の側面、すなわち非認知的側面の向上による効果が人生を通して積み重なっていった結果であると解釈されるのである。

なお、ここで若干補足するとすれば、ペリー就学前プロジェクトから得られた上記の知見は、幼児期の子どもへの介入によって生じる長期的な効果が、認知能力の代表的な指標である知能指数のちがいが要因となって発生したものではない（知能指数の差異は8歳時点で消滅している）ことを示すにすぎない、ということであろう。

考えてみれば当然のことだが、このプロジェクトでは、本章で取り上げるような非認知的なスキルについては極めて限られた調査しかなされていないのである。その意味で、ペリー就学前プロジェクトの長期的な追跡結果は、認知能力の影響の低さを示すことによって非認知能力の重要性を間接的に示したものである、といえよう。いずれにしても、これらのヘックマンらによる研究以降、主

表2－4　非認知能力の分類と具体例

	分類	能力の表現例
1	自己認識	自分に対する自信、自己効力感
2	意欲	意欲的である、内的／外的動機
3	忍耐力	忍耐強さ、粘り強さ、GRIT
4	自己制御	自制心、意志の強さ
5	メタ認知ストラテジー	自身の状況を客観的に把握する力
6	社会的能力	リーダーシップ、社会性
7	レジリエンスと対処能力	逆境に抵抗する力、対処・回復する力
8	創造性	創造力に富む

出所：Gutman and Schoon（2013）を基に筆者作成

に労働経済学や教育経済学の分野で非認知能力への関心が高まった結果、経済学と心理学が融合するかたちで有力な研究成果が生まれるようになり、今日に至っている。

(4)　非認知能力の代表例

海外における分類

ヘックマンはこれまでに非認知能力に関する数多くの研究成果を発表しているが、その初期の研究において、多くの異なるパーソナリティや動機づけの特性が一括りに非認知スキルというカテゴリーに分類されている、と指摘している（Heckman and Rubinstein［2001］）。非認知スキルが子どもの主に学校生活に与える影響について広範にレビューしているGutman and Schoon（2013）は、非認知スキルを以下の８つのカテゴリーに分類・整理し、それぞれに含まれる心理的尺度の例を示している（表２－４）。

1　自己認識（Self-Perceptions）
2　意欲（Motivation）
3　忍耐力（Perseverance）
4　自己制御（Self-control）
5　メタ認知ストラテジー（Metacognitive Strategies）
6　社会的能力（Social Competencies）
7　レジリエンスと対処能力（Resilience and Coping）
8　創造性（Creativity）

これに対しZhou（2016）は、右記の8分類のうち、1、2、5、7、8の5つについては定義が明確になされていないこと、それらの測定手法について研究者の間で一貫していないこと、そして訓練や介入によって伸ばすことができるか（可鍛性あるいは成長可能性）についての研究が不足していることを指摘し、残る3つ（3、4、6）に絞ってその定義や測定方法、可鍛性をレビューしている。

さらにZhouは、多くの研究においてビッグ・ファイブ（Ｂｉｇ　Ｆｉｖｅ）に代表されるパーソナリティ（性格特性）が非認知能力の一つとして含まれていることを指摘している（ビッグ・ファイブについては表2－5を参照）。

表2−5　ビッグ・ファイブ

因子名	主な意味内容
神経症傾向 Neuroticism	感情の不安定さ、落ち着きのなさ
	非現実的な思考を行いがち
	自分の欲求や感情をコントロールできない
	ストレスへの対処が苦手
外向性 Extraversion	積極的に外の世界へアプローチ
	人に興味があり、集まりが好き
	ポジティブな思考をする
	上昇志向
	興奮や刺激を求める
開放性 Openness	さまざまなことに好奇心を持つ
	新しい理論や社会・政治に好意的
	既存の権威に疑問を持つ
	複雑であることを許容する
協調性（調和性） Agreeableness	社会や共同体への志向性を持つ
	他者への敵対心や競争心を持たない
	グループ活動を好む
	周囲の人から好かれる傾向
誠実性（勤勉性） Conscientiousness	欲求や衝動をコントロールする
	目標や課題を達成する
	計画を立てて事にあたる
	行動する前に十分に考える

出所：小塩（2010）表6-4を参考に筆者作成

パーソナリティとは、人間の行動や思考を生み出すような人間内部に備わった要因のことである。パーソナリティにはさまざまな定義があるが、たとえば若林（2009）は、「パーソナリティとは、時間や状況を通じて個人（個体）の行動に現れる比較的安定したパターンとして外部から観察可能なものであり、他者（他個体）とのちがいとして認識されるもので、それは発達過程を通じて遺伝的要因と環境との相互作用の結果として現れるとともに、それは神経・内分泌系などの生理・生物学的メカニズムによって媒介されているものである」という基本的定義を示している。

ビッグ・ファイブとは、人間のパーソナリティ全体を五つの側面で表現したものであり、現在最も多くの心理学研究者に支持されている考え方である。Zhouは、ビッグ・ファイブをはじめとする性格的特性が労働市場におけるパフォーマンス（収入等）に強い影響を及ぼしていることを示す先行研究が多く存在することを認めつつも、紹介した定義にもあるように、こうした性格的特性は時点を通じて相対的に安定しているものであり、遺伝や文化、環境による影響が大きく、訓練や教育などの介入によって簡単に改善するものではないと指摘している。

国内における分類

国内では、国立教育政策研究所が「非認知的（社会情緒的）能力」について広範な先行研究を収集・整理した報告書を公表している（国立教育政策研究所［2017］）。この報告書は、教育心理学およびその周辺領域の研究者によって執筆されたものであるが、近年の非認知能力への関心の高まりについては、やはりヘックマンを中心とする教育経済学領域における研究の進展を背景の一つに挙げている。

また、非認知的能力と括られているものの中には、「能力」と呼ぶことが必ずしも妥当ではない性質が含まれている可能性を指摘し、その具体例の一つとしてパーソナリティを挙げている[(4)]。そして、そうした性質も含めた上で、以下の3つの基準に基づいて「社会情緒的コンピテンス」を選定している。

① 測定可能である
② 何らかのアウトカムを予測するという知見が得られている
③ 生涯における可変性及び教育や環境等による成長可能性を示す知見が得られている

また同報告書では、これらの基準に基づいて選定した「社会情緒的コンピテンス」を整理するにあたって、以下の三つの下位領域を設定している。

● 自分に関する領域：自分、自己に関する行動や態度、心理的特質
● 他者・集団に関する領域：他者、他者集団など、個人が関係を築く相手に対する行動や態度、心理的特質
● 自己と他者・集団との関係に関する領域：対人関係、社会や環境と自分の関係に関する行動や態度、心理的特質

表2−6　児童期・青年期の社会情緒的コンピテンス

自分に関する領域	自己と他者·集団との関係に関する領域
●気質 ●パーソナリティ特性 ●セルフコントロール ●創造性 ●能力についての自己概念 ●自己効力感 ●自尊心 ●内発的動機づけ ●期待·価値 ●原因帰属 ●達成目標 ●エンゲージメント ●忍耐力 ●コーピング ●レジリエンス ●特性感情知性 ●メタ感情	●アタッチメント ●共感性 ●向社会性 ●感謝 ●尊敬 ●尊重 ●経験的感情知性 ●戦略的感情知性 ●感情コンピテンス ●感情表出の調整 ●ソーシャル·スキル

出所：国立教育政策研究所（2017）巻末表2を参考に筆者作成

同報告書は２８０ページ余りに及ぶ大部であり、乳児期（20項目）、幼児期（15項目）、児童期・青年期（28項目）の各時期について、合わせて60を超える「社会情緒的コンピテンス」を選定している。これらの中から、本書と関連の深いと考えられる児童期・青年期のコンピテンスとして選定されたものをまとめたのが表２－６である。この表に示されているように、実にさまざまな能力および心の性質が非認知能力として扱われていることがおわかりいただけるであろう。

3　少人数学級は非認知能力を伸ばせるのか

(1)　海外の研究成果

本節では、少人数学級が生徒の非認知能力に与える影響について、海外の先行研究を検討する。

表2－7　グラスらが取り上げた学力以外の側面

学習態度･関心	教師への態度
	学校やクラスへの態度
	授業や議論への参加
	質疑応答への参加
	出席
	学習習慣
情緒面	自己概念
	意欲
	創造的思考
	無気力感
	フラストレーション
	規律
	人間関係、交流、摩擦

出所：Glass *et al.*（1982）Table 3.2 より筆者作成

まず、第1章でも紹介したグラスとスミスらによるメタ・アナリシスの結果（Glass *et al.*［1982］）を紹介しよう。

グラスらは、学級規模と学力の関係を分析した文献だけでなく、学習への態度や関心、情緒面といった学力以外の側面と学級規模の関係を実証的に検証した文献についても収集した上で、学級規模の大小によるそれらの側面の差異を比較分析している。収集された文献は１３０文献、その中から大規模学級と小規模学級を実験的に分けて結果を比較している59文献、３７１ペアの分析結果が検討されている。

抽出された59文献で取り扱われている学力以外の側面は多岐にわたっており、学習への態度や教師との関係性に関連した項目が多く含まれるが、他方で自己概念や意欲、創造的思考、人間関係といった現代における非認知能力に相当するものも含まれている（表２－７）。

生徒の非認知的側面への影響を取り扱った172ペアの分析を対象としたメタ・アナリシスの結果は明快であり、小規模学級のほうが好ましいとする結果が得られている分析結果は実に85%（147分析）を占めていた（Glass *et al.*［1982］Table 3.3）。この結果を受けてグラスらは、小規模学級が生徒の学習態度や興味・関心に好ましい影響を与え、無気力感やフラストレーション、摩擦を低減させる効果を持つと結論づけている。

第1章で紹介したテネシー州のスタープロジェクトは、規模の異なる学級に生徒・教師をランダムに割り当てるという政策実験であった。その後の追跡調査も若干ではあるが実施されている。追跡調査では、スタープロジェクトに参加したテネシー州メンフィスにある20の小学校に通っていた3300人が対象となり、2001年時点の刑法犯罪のデータと接合された。その結果によれば、実験期間中に小規模学級に割り当てられた生徒は、通常規模学級に割り当てられた生徒と比べて、なんらかの理由で逮捕される確率が2・2%ポイント低くなっていた。中でも暴行罪や器物損壊罪については効果が大きく、逮捕確率はそれぞれ55%、57%も低くなっていたことが報告されている（Schanzenbach［2006］）。

逮捕確率を非認知能力と結びつけることには慎重であるべきだが、学力以外の側面について長期的な効果が報告されていることを示す例として紹介しておきたい。なお、小規模学級が反社会的行動を減少させるという結果は、学力以外の側面に焦点を当てて文献をレビューしているフィンらの論文においても報告されている（Finn *et al.*［2003］）。

近年の研究としてよく知られているのは、米国のデータを用いたディーとウェストによる実証研究であり、"The Non-cognitive Returns to Class Size" というタイトルで教育政策分野の有力な英文学術誌に掲載された論文である（Dee and West［2011］）。ディーらは、学級規模縮小の効果については長く議論が行われてきたものの、非認知能力に与える影響を分析した研究は極めて限られてきたことを指摘したうえで、米国の全国教育縦断調査（National Education Longitudinal Study of 1988: NELS:88）を用いた実証分析を行っている。NELS:88は１９８８年に開始され、全米の１０００以上の小学校から標本抽出された２万４５９９人を対象として実施された調査である。この調査では教師や保護者も調査対象とされており、中でも教師については、調査対象となった各生徒について、担当教科の異なる２名の教師が調査される設計となっている。

こうした調査設計により、各生徒について、教科のちがいによって異なる学級規模が観察されることとなるため、同じ生徒が規模の異なる学級で授業を受けたときにどのようなちがいが生まれるかを検証することが可能となっている。

ディーらは、学級規模の縮小が生徒の非認知能力に影響を与える経路として、主に教師を通じた影響に着目した以下の二つの可能性を指摘している。

- 小規模学級では、授業中の妨害行為等を教師が制限しやすくなるため、生徒の注意力や自制心を高めることができる
- 学級規模の縮小により、教師は生徒の意欲や努力を引き出すための職能開発を増加させることができる

ディーらは、教育心理学の分野で「スクール・エンゲージメント」として発展してきた概念に対応する指標として、生徒自身および教師の質問紙調査から合計六つの指標を作成し、論文中でこれらを非認知スキルとして取り扱っている[5]。

生徒自身の回答から作成された指標は、①教科の有用性（Subject not useful for my future）、②教科の授業を心待ちにする程度（Do not look forward to subject）、③質問のしやすさ（Afraid to ask questions in subject class）、④教科の学習における努力（Frequency of trying hard in subject）の四つ、教師の回答から作成された指標は、⑤授業中の妨害（Student is frequently disruptive）、⑥授業中の注意散漫（Student is consistently inattentive）、の二つである[6]。このうち①から④は感情的（心理的）エンゲージメントに、⑤および⑥は行動的エンゲージメントにそれぞれ該当する。

個人差の影響を取り除いた回帰分析の結果、第8学年（日本の中学2年次に相当）において小規模学級に在籍した生徒は、感情的エンゲージメントに対応する①から④の指標が改善していること、2年後の時点でも効果は縮小するものの改善が持続していること、が示されている（Dee and West [2011] Table 2, Table 5）。つまり、小規模学級は生徒たちの学校生活に対する心理面での改善をもたらすことが示されているのである。

なお、ディーらが分析対象とした六つの指標は学業や学校生活に対する心理や行動に関するものであり、私たちが想定している非認知能力のイメージからは若干ズレている、という印象を持つ読者もいるかもしれない。スクール・エンゲージメントと非認知能力はそれぞれ別の学問分野で独自に発展してきたものではあるが、前者は主に学校生活における成功に、後者は学校生活を含めた人生における成功に結びつくスキルという点で共通しており、重なり合う部分も多いと考えられているのである。

(2) 国内の研究成果

経済学における研究

国内の児童生徒を対象とした研究は、2010年代以降、徐々に進展しつつある。まず紹介するのは二木美苗による研究である（二木［2013］）。この研究では、前章でも取り上げたTIMSS（国際数学・理科教育動向調査）から得た中学2年生の生徒レベルのデータを用いて、ディーらと同様にスクール・エンゲージメントに関連する七つの指標を作成し、これらの指標に対して学級規模が与える影響を検証している。

二木は、学級規模の縮小が生徒の非認知能力を高める経路として、ディーらが指摘した教師を通じた二つの経路に加えて、以下のような生徒間の影響についても言及している。一つは、人間関係の変化がもたらす影響である。小規模学級では人間関係が固定しやすいが、学級内で各自が果たす役割は明確であるため各生徒は学級内で安定的となり、失敗を恐れず積極的になり自信も高まる、という可能性である。

他方、小規模学級では学級内での競争が減少するため、競争を好む生徒ほど大規模学級のほうが自信や積極性が高まるという可能性もある。以上のことから、教師を通じた影響だけみれば小規模学級は非認知能力の向上に効果的であると考えられるが、生徒間の影響を考慮すると正と負の両方の影響があり得ると二木は指摘している。

二木の分析結果は以下のようにまとめられる。二木が作成した七つの非認知能力指標のうち、生徒の回答から作成された四つ（高意欲、自信、有用性、帰属性）はスクール・エンゲージメントにおける感情的エンゲージメントに該当し、教員の回答から作成された残る三つの指標（興味・関心のない生徒、混乱を起こす生徒、生徒の意欲のなさ）は、いずれも行動的エンゲージメントに該当するものである。

これらのうち、学級規模が統計的に有意な影響を与えていたのは数学に対する「自信」だけであり、それ以外については学級規模の影響は統計的に有意ではないことが報告されている。小規模学級において生徒の数学に対する自信が高まる一方で、教師側の指標からの効果がないという結果について二木は、「学級規模が直接生徒に影響した効果であると捉えることもできるだろう」と指摘している。

教育心理学分野の研究

次に紹介するのは、教育心理学者による実証研究である（伊藤ほか［2017］）。

伊藤らは、中部地域に位置する一つの中規模都市のすべての保育所と公立小中学校を対象とした独自の縦断調査のデータを用いており、対象者は2007年度から2015年度までの計9回の調査における小学校4年生から中学校3年生（計1万1702名、のべ4万5694名、1308クラス）となっている。

この研究の特徴は以下の二点である。第一に、教育経済学分野の研究とは異なり、マルチレベルモデルの一種である交差分類モデルを用いることで、データの特殊な階層性をモデル化している点が挙げられる。マルチレベルモデルは、教育経済学の分野ではあまり使用されていない分析手法であるが、教育心理学や教育社会学などの隣接分野では標準的な統計分析の手法である。

第二に、情緒や行動面への影響を検証する際に、心理学的に確立された心理尺度を用いている点である。前述の通り、非認知能力にはさまざまな心理的な機能・特性が含まれており、それらの中には心理尺度として必ずしも定義や測定方法が確立されていないものも数多く含まれている。伊藤らの研究では、心理学分野で確立された七つの心理尺度（友人関係問題、教師関係問題、向社会的行動、友人サポート、大人サポート、抑うつ、攻撃性）を採用している。

伊藤らの結果は以下のようにまとめられる。

- 学級規模の縮小は、教師との関係上のストレスには影響しないが、教師からのサポートを増大させる
- 学級規模の縮小は、友人関係におけるトラブル（いじめ、喧嘩など）には影響しないが、友人相互の援助行動の増加をもたらす
- 学級規模の縮小は、攻撃性には影響を与えないが、抑うつを低下させる

このように、学級規模縮小はいくつかの心理的側面に対して望ましい効果をもたらすことが報告されており、学級規模縮小の効果の大きさを示すものとなっている。なお、伊藤らは心理的側面だけでなく、国語と数学の学力への影響についても分析している。その結果は、両教科において学級規模の縮小が学力の向上をもたらし、その効果の大きさも国内の先行研究と類似しているというものであった。

大規模データを用いた研究

次に紹介するのは3人の経済学者による実証研究（Ito, Nakamuro, and Yamaguchi［2020］）である。この研究の特徴は、関東地方に位置する一つの県から提供された膨大な業務データ（生徒数約30万人、公立小中学校１０６４校）を用いて、学級規模の縮小が認知面及び非認知面に与える効果を検証している点にある。

分析手法は、前章で紹介したアングリストらが提案した手法と同じである。非認知能力の指標としては、自制心、自己効力感、勤勉性、の三つが採用されている。

統計分析の結果は、学級規模の縮小にはほとんど効果が確認されず、唯一確認されたのは小学校6年生の算数学力のみ、というものであった。三つの非認知能力指標についても、学級規模縮小の効果は小さく、統計的に有意な効果は報告されていない。論文ではさまざまな分析が試みられており、著者らの懸命な試行錯誤が伝わってくるものとなっている。

他方でこの研究の分析結果は、懸命な試行錯誤の部分が切り落とされ、学級規模縮小にはほとんど効果がないという部分だけが学問的なエビデンスとして知られるようになり、コロナ禍における小学校35人学級導入の議論においても有力な知見の一つとして挙げられていた。学級規模の縮小が非認知能力に影響を与えないという結果は、分析前の期待に反するものであったかもしれないが、国内における貴重な実証研究の一つと位置づけることができよう。

4　筆者自身による分析結果

(1)　分析の概要

最後に、筆者自身の分析結果を議論して本章を締め括ることとしたい。この分析は、前節で紹介した二木(2013)の分析結果を補完するものとなっている。二木の分析は、TIMSS(国際数学・理科教育動向調査)の2003年調査に参加した中学2年生を分析対象としたものであった。

以下で紹介する筆者の分析は、同じTIMSSの最新の調査結果(2019年実施)を使用して、かつ二木が分析していない小学4年生を分析対象としている。この間、各都道府県で学級編制の弾力化が進み、中でも小学校では40人以下の独自の基準で学級編制を行う自治体が増えてきている。そのため、2003年当時と比べると、少人数学級の導入が進展した2019年の時点においては、児童生徒だけでなく教師の側においても小規模学級への適応が進み、少人数学級の効果が現れやすくなっている可能性が考えられるのである。

最新の調査であるTIMSS 2019には、小学校147校に通う4年生4196人が参加し、算数と理科の学力調査に加え、学校や家庭生活に関する質問紙調査に回答している。この分析では、この質問紙調査への回答から算出された以下の八つの尺度を非認知能力の代理変数と想定し、学級規模との関係性を検証する。なお、これらの尺度変数はすべて、ＴＩＭＳＳの実施機関であるＩＥＡが児童質問紙調査への回答を統計的に処理して算出したものであり、ＴＩＭＳＳ２０１９のデータセットにあらかじめ含まれている。

- 授業中の妨害行為
- 学校への帰属感
- 算数の勉強が好き
- 理科の勉強が好き
- 算数への自信
- 理科への自信
- 算数の授業のわかりやすさ
- 理科の授業のわかりやすさ

これらの尺度はいずれも、いわゆる非認知能力というよりは、スクール・エンゲージメントにおける感情的エンゲージメントや行動的エンゲージメントに近いものであるといえる。なお、これらの尺度変数は値が大きいほど好ましいことを示すように作成されている。この点、最初に挙げられ

表2−8　分析に使用された変数の記述統計

	観測値数	平均	標準偏差	最小値	最大値
授業妨害行為	4,167	11.199	2.059	5.448	15.229
学校帰属感	4,169	8.928	1.840	3.145	12.751
算数が好き	4,183	9.418	1.769	3.853	13.144
理科が好き	4,181	10.115	2.123	2.693	13.192
算数への自信	4,178	9.228	1.588	2.800	14.406
理科への自信	4,177	9.452	1.366	3.432	13.292
算数わかりやすい	4,179	8.476	1.685	2.553	12.257
理科わかりやすい	4,166	8.569	1.741	2.660	12.144
学級規模	4,196	30.060	5.453	5	41
女子ダミー	4,190	0.486	0.500	0	1
早生まれダミー	4,196	0.232	0.422	0	1
自宅の蔵書数ダミー					
0〜10冊	4,176	0.142	0.350	0	1
11〜25冊	4,176	0.292	0.455	0	1
26〜100冊	4,176	0.370	0.483	0	1
101〜200冊	4,176	0.125	0.330	0	1
201冊以上	4,176	0.071	0.256	0	1
学校の就学援助比率					
1　0〜10%	4,196	0.526	0.499	0	1
2　11〜25%	4,196	0.374	0.484	0	1
3　26%以上	4,196	0.100	0.300	0	1
学年の生徒数	4,164	92.241	42.560	7	254

出所：TIMSS 2019データセットより筆者作成

ている妨害行為の尺度については、値が大きいほど授業中の妨害行為が少ないことを示すように作成されている点に注意されたい。

以下の分析では、学級規模がこれら八つの指標に対してどのような影響を及ぼしているかについて、回帰分析の一種であるマルチレベル分析を用いて検証している（回帰分析の概要については第1章3節2項を参照のこと）。回帰分析の被説明変数は前掲の八つの非認知能力尺度である。説明変数には学級規模のほか、児童の個人属性として女子ダミー、早生まれダミー、家庭の蔵書数ダミー、学校レベルの変数として学年の生徒数および学校全体における就学援助比率のダミー変数が含まれている。学級規模以外の説明変数はいずれも、先行研究において学力や非認知能力に影響を及ぼすことが確認されているものである。分析に使用した変数の記述統計は表2－8にまとめられている。

(2) 分析結果

回帰分析の結果は表2－9に報告されている。表中で太字で示された数値は有意水準10％で統計的に有意であることを示している。たとえば、授業中の妨害行為を被説明変数とした推定における学級規模の固定効果推定値－0.045は統計的に有意であり、学級規模が拡大すると授業妨害の尺度が低下する（＝授業中の妨害行為が多くなる）ことを意味していることになる。

このように同表を見ていくと、学級規模の拡大は、算数と理科の両教科に対する好意的な態度（好き、自信、授業のわかりやすさ）を低下させることが示されていることが理解されよう。また、大規模学級の児童ほど学校への帰属感が低くなることも示されている。学級規模以外の説明変数はお

表２−９　学級規模が非認知能力に与える効果

	(1) 妨害行為	(2) 帰属感	(3) 算数が好き	(4) 理科が好き	(5) 算数への自信	(6) 理科への自信	(7) 算数わかりやすい	(8) 理科わかりやすい
固定効果：レベル2								
学級規模	**−0.045**	**−0.032**	**−0.039**	**−0.036**	**−0.019**	**−0.022**	**−0.039**	**−0.048**
固定効果：レベル1								
女子ダミー	0.102	**0.363**	**−0.519**	**−0.516**	**−0.565**	**−0.257**	−0.006	**−0.157**
早生まれダミー	0.131	**−0.184**	0.020	**0.188**	**−0.130**	0.039	0.021	−0.013
蔵書数：11〜25冊	0.084	0.089	**0.310**	0.073	**0.277**	0.122	0.006	0.053
蔵書数：26〜100冊	0.061	**0.257**	**0.500**	0.166	**0.495**	**0.199**	−0.023	0.027
蔵書数：101〜200冊	−0.005	**0.296**	**0.520**	0.203	**0.633**	**0.403**	0.060	0.016
蔵書数：201冊以上	0.088	0.037	**0.599**	**0.542**	**0.705**	**0.541**	0.016	0.119
定数項	**12.376**	**9.336**	**9.892**	**10.706**	**9.573**	**9.798**	**9.353**	**9.480**
ランダム効果								
切片（分散）	0.712	**0.512**	**0.161**	**0.439**	**0.020**	**0.110**	**0.358**	**0.462**
生徒数	4,123	4,124	4,138	4,136	4,134	4,133	4,135	4,122

注：太字は有意水準10％で統計的に有意であることを示す。就学援助比率と学年生徒数についての結果は表から除外している。
出所：TIMSS 2019データセットより筆者推計

おおむね予想された通りの影響を及ぼしており、分析の精度は一定の水準を満たしているものと考えられる。

以上の結果からは、小学校における学級規模の縮小が授業中の妨害行為を低減し、児童の学校への帰属感や算数・理科学習への好意的な態度を高めることが示されたといえよう。この分析結果は、少人数学級が非認知能力の中のスクール・エンゲージメントに関連する側面に好ましい影響を及ぼし得るものと解釈される。

とはいえ、非認知能力には実に幅広い側面が含まれるため、前述の分析は非認知能力のごく一部を取り上げたものにすぎない。今後、非認知能力を幅広く対象とした本格的な分析を実施するためには、本章で使用した調査のように学力調査に付随した質問紙調査ではなく、非認知能力自体の調査を主たる目的とした調査から得られたデータの利用が不可欠であると考えられる。

5　非認知能力研究の重要性

本章では、近年その重要性に対する認識が高まっている非認知能力について、その歴史的な経緯と広がり、経済学における位置づけ、そして学級規模との関係性について論じてきた。第1章で議論した学力ほどではないにせよ、非認知能力についても長い研究の歴史がある。とはいえ、学級規模との関係性についてはそれほど多くの研究がなされているわけではなく、今後の研究の進展が期待されるところである。

本章のポイントをまとめると、以下の四点となる。

●パーソナリティを含むさまざまな心の機能に関連する概念が「非認知能力」として一括りにされているのが現状であり、中には「能力」とは言い難いものが含まれている場合もある。近年では、ＯＥＣＤが提起した社会情動的スキルやキー・コンピテンシー、エージェンシーといった概念も知られるようになってきている。どのような呼び方にせよ、これらはいずれも何らかの心の機能を表すものであり、学校生活や人生の成功によい影響をもたらし、教育や訓練によって伸ばすことのできるものと考えられている。

●経済学においては、古くから教育の重要性への認識はあったものの、学力や知能といった認知能力ばかりが注目され、非認知的な能力は無視されてきたといえる。しかし近年、非認知能力への関心が急速に高まっており、２０００年代以降、有力な研究成果も発表されるようになってきている。

●学級規模が非認知能力に与える影響についての研究は、学力への影響と同様に長い歴史がある。さまざまな非認知的側面への効果検証の結果は、小規模学級に在籍した生徒が非認知的側面において好ましい傾向を持つことを支持するものが多いように見受けられる。

●筆者独自の分析結果によれば、学級規模の縮小は小学生の非認知能力（スクール・エンゲージメントにおける行動的エンゲージメントや感情的エンゲージメントに相当する側面）に好ましい影響を及ぼすことが確認された。ただし、学級規模が非認知能力に与える影響についての国内の研究例は少なく、非認知能力についての本格的な調査の実施を含め、今後の研究の進展が期待される。

本章は、非認知能力や社会情動的スキルと呼ばれる能力あるいはスキルそのものについて、その歴史的経緯や学級規模との関係性を見てきたが、最後に、非認知能力の位置づけについて一言述べておきたい。

先に紹介したOECDの定義にも示されているように、これらの能力・スキルは「個人の一生を通じて社会・経済的成果に重要な影響を与える」ものであるという点で、子どもたちがこれらを身につけることは、たしかに重要であると考えられる。しかしながら、近年の議論の進展を見ていると、非認知的な能力・スキルはそれを身につけること自体が目的ではなく、むしろより大きな目標を達成するための一つの手段として位置づけられているように思われる。

OECDが提唱しているキー・コンピテンシーやエージェンシーは、本章で取り上げた非認知能力や社会情動的スキルを包含する概念であるけれども、これらの概念が表現していることを一言で表せば、持続可能な社会を実現するために必要なスキル、ということになろう。すなわち、子どもたちが非認知能力を身につけ、より高めていくことの延長線上に、持続可能な社会やSDGs（Sustainable Development Goals）の実現があると考えられるのである。これは、現行の学習指導要領が掲げる「主体的・対話的な学び」についても同様である。こうした学びの方法それ自体は目的ではなく手段であり、こうした学びを通して持続可能な社会の担い手を育成することが本来の目的なのである。

　本章の冒頭で論じたように、非認知能力という概念は国内でも広く浸透しつつあり、いわゆる子育て指南書で目にする機会も増えてきている。そうした書物に触れた親御さんの中には、わが子の非認知能力を高めることの重要性を知り、どうすればよいのかと頭を悩ませたり、焦って右往左往したりしている方もいるかもしれない。その気持ちは筆者も二児の父親として十分に理解できる。

　しかしながら、非認知能力は極めて多様な能力・スキルの集合であって、たとえば５教科でオール５をとるように、すべての非認知能力で満点をとらなければならない、といった考え方が当てはまるものではない。また、非認知能力は高ければ高いほどよい、といった性質のものでも必ずしもないし、子ども全員がすべての能力を身につけることを前提としたものでもない。むしろ、さまざまな能力や背景を持つ人々が共存する社会を前提として、そうした社会の持続可能性を高めていくために必要と考えられる能力、それが非認知能力と呼ばれているのである。

【第２章　注】

（１）小塩（2021）は、能力、スキル、特性、の三つの表現がもつ微妙なニュアンスについて、能力：何かを成し遂げることができる力やその背後にある可能性、スキル：訓練などによって身につけた技能や技術で、経験によって身につけた力、特性：個人に備わった心理的な性質で、時間的に安定した特徴、と整理している。
（２）内生的経済成長理論は、米国の経済学者ポール・ローマーを中心に１９８０年代に開発された経済理論である。長期的な経済成長の源泉について、それまでの経済理論が発明や技術進歩といった外生的な要因を前提としていたのに対し、内生的経済成長理論では、経済活動の拡大によって引き起こされる学習効果や人的資本の蓄積によって持続的な経済成長を実現できることが示されている。この理論において教育は、広義の人的資本を構成する要素の一つとみなされている。

（3） その他、GED資格取得者（GEDs）は男女を問わず、高校卒業者（HSGs）や高校中退者（HSDs）と比較して、万引きや薬物使用などの違法行為に手を染める割合が高く、過去に警察沙汰を経験した割合も高いことが示されている。

（4） 同報告書では、パーソナリティ以外のものについても、「現実的に「非認知」として扱われることの多い自尊心、自制心、自律性、内発的動機づけ、共感性、道徳性、あるいは社会性と総称されるようなものは、少なくとも心理学の中では、通常、「能力」（ability）とは見なされないできたものである」（21ページ）とはっきりと書かれている。その上で、ヘックマンらが言うところの非認知能力は、非認知・能力ではなく非・認知能力、すなわち知能指数などの認知能力以外の心の性質全般を意味している可能性が高いと指摘している。

（5） スクール・エンゲージメント（School Engagement）は、行動的エンゲージメント（Behavioral Engagement）：学校におけるさまざまな活動に対する重要性の理解や積極的な参加・関与；感情的エンゲージメント（Emotional Engagement）：教師や級友に対する感情や学校に対する帰属感；認知的エンゲージメント（Cognitive Engagement）：学業やスキルの習得のための努力や学習方略などの内的投資、の三つのエンゲージメントから構成されるものである。これら三つはそれぞれ部分的に重なり合うものであり、これらの概念が学業成績や学習意欲の低下を改善するために有効であることが示されている（Fredricks *et al.* [2004]）。

（6） 英文での表現に示されているように、④以外の指標は、値が大きいほど好ましくない態度・状態を示すように作成されている。

第3章　少人数学級はいじめの低減につながるか

1　学校生活面への視点

　ここまで、少人数学級が児童・生徒の学力や非認知能力に与える影響についてみてきた。学校生活を学習面と生活面に区分したとき、学力は学習面に相当し、非認知能力はその幅広さゆえに学習面と生活面の両方をまたぐものと考えることができよう。本章では、学校における生活面、あるいは生徒指導面に焦点を当て、少人数学級の影響を検証する。具体的には、いじめや暴力行為に相当するような事案の被害を受けた頻度に注目し、学級規模との関連を検証する。

　いじめや暴力行為に代表される問題行動の削減は、学力や非認知能力の向上と並んで学校教育における重要な課題であり、少人数学級はこれらの問題の改善に寄与することが期待されているように見受けられる。たとえば財務省は、２０１５年度予算編成に先立つ概算要求の議論の中で、当時小学校1年生だけに導入されていた35人学級の撤廃を主張したが、その際の根拠として、小学校1年生と他学年の間でいじめや不登校、暴力行為などの問題行動の発生頻度に有意な差がみられないことを挙げていた。

　また、全国に先駆けて独自に少人数学級を導入した山形県（教育山形「さんさん」プラン、第5

章で詳述）では、導入後に学力の向上が見られただけでなく、小学校において不登校児童の出現率や平均欠席日数に低下がみられたことが成果として報告されている（吉田［2006］）。

このように、少人数学級は学力面だけでなく児童・生徒の学校生活面にも影響を及ぼすことが期待されているようであるが、実は、次節で紹介するように、こうした視点からの研究はこれまであまり多くは行われていない。おそらくその理由は、学習指導が基本的には学級単位で進むと想定されるのに対して、児童生徒指導については必ずしも学級単位でことが進むとは限らないと想定されるからであろう。本章の以下の議論については、そうした点を理解したうえでの試論としてお読みいただきたい。

2　これまでの研究例

(1)　国内の研究例

日本におけるいじめの問題については、森田ほか（1999）が大規模な調査に基づく網羅的な分析結果を報告している。その中で、いじめの加害経験率・被害経験率が学級規模（25人以下、26人以上）によって異なるかを検証しており、学級規模の大小に関わらずいじめが発生することを報告している。そして、「小規模学級ほど発生頻度が高いように見えるのは、学級規模にかかわらず、いじめにはある程度の数の子どもがかかわるからである」（森田ほか［1999］１０２ページ）と指摘している。また、溝端・大坪（2011）はいじめ傍観者意識に焦点を当て、大規模学級・小規模単式学級・

小規模複式学級の間でいじめ傍観者意識にちがいがあるかを検証している。その結果、精神的いじめの場面において、大規模学級および小規模単式学級のほうが小規模複式学級よりも「無力感」が傍観者意識に影響することが報告されている。

また、いじめそのものを扱った研究ではないが、伊藤ほか（2017）は学級規模が学業成績および情緒的・行動的問題に及ぼす因果効果を検証しており、その中でいじめを含む「友人関係問題」に学級規模が影響を与えないことを示している。河村・武蔵（2008）は、全国の小・中学生を対象とした調査結果を用いて、いじめを含む「学級生活満足度」と学級規模の関係を検証しているが、分析結果は学年により異なっており、中学校では少規模学級ほど学級生活満足度が低いという結果が報告されている。

本章に近い問題意識から行われた数少ない先行研究として中室（2017）が挙げられる。中室は、関東近郊の自治体から提供を受けた学校単位の業務データ（2013および2014年度の2カ年分）を用いて、学級規模がいじめ、暴力、不登校の認知件数に及ぼす影響を統計的な手法を用いて検証している。その結果、学級規模の縮小が小学校の不登校を減少させることを報告しているが、他方で小学校のいじめや暴力、中学校についてはすべての問題行動において学級規模の効果が見られないことを報告している。

この中室の研究は、本章の問題意識とも近く、かつ因果推論の手法を活用した分析から興味深い結果を発見しているが、中室自身も指摘しているように、いじめや暴力行為が発生件数ではなく認知件数として計上されている点に注意が必要である。少人数学級とこれらの行為の関連性を見る際に、この点は重要である。たとえば、少人数学級ほど教師の目が行き届くようになり教室内の出来事をより詳細に観察できるようになれば、仮に発生件数が同じであっても、少人数学級ほどこれらの行為の認知件数は増加することが想像される。

他方、不登校に関しては、学級規模のちがいによる発生件数と認知件数のズレは生じない。このように考えると、小学校の不登校のみ少人数学級の効果が確認されるという中室の分析結果には、学級規模のちがいによる発生件数と認知件数のズレが影響を及ぼしている可能性があるとも考えられる。

いじめと学力の関係性を検証した国内研究として須藤（2014）がある。須藤は、ＴＩＭＳＳ２０１１（「国際数学・理科教育動向調査」の２０１１年調査）の生徒質問紙調査の結果を用いていじめの種類別に実態把握を行い、学力との関連性を検証している。その結果、生徒個人の学力といじめ被害の間にそれほど強い相関はないものの、仲間はずれ・デマ・盗難といったいじめについては学力の低い生徒のほうがやや被害を受けやすい傾向にあること、学校の学力水準といじめには明確な関連がないことを報告している。

以上で紹介した国内の先行研究の結果を見る限り、学級規模の大小といじめの間には強い関連性がないことが確認されているといえよう。

(2) 海外の研究例

いじめと学級規模の関係についての海外の先行研究例としてOlweus (1993) が挙げられる。Olweus

はノルウェーの７００校以上の学校に通う生徒の調査データを用いた分析から、いじめや暴力の被害および加害生徒の割合と学校・学級規模の間に相関がないことを報告している。そして、大きな学校や学級ほどいじめや暴力の問題が大きいという一般的な認識を"myth"であると一蹴している（Olweus［1994］）。

他方、Stephenson and Smith（1989）は、統計的に有意ではないものの、大規模な学校・学級ほどいじめ被害生徒の割合が大きくなることを報告しており、海外の研究においても一貫した結果が得られているとはいえない。

3　筆者による分析結果

(1)　使用するデータ

以下では、筆者による独自分析の結果を紹介する。本章の分析に使用するデータは、第2章で紹介した筆者自身の分析と同様、国際教育到達度評価学会（ＩＥＡ）が実施する国際共同研究調査である「国際数学・理科教育動向調査」の２０１９年調査（ＴＩＭＳＳ ２０１９）の日本国内調査の結果から得られたデータである。ＴＩＭＳＳ ２０１９の調査結果は国立教育政策研究所編（2021）に詳細に報告されている。

ＴＩＭＳＳは、日本が参加する国際的な学力調査としては経済協力開発機構（ＯＥＣＤ）が実施している「ＯＥＣＤ 生徒の学習到達度調査」（Programme for International Student Assessment：

略称ＰＩＳＡ）と並ぶ代表的なものの一つであり、その結果は教育や行政関係者のみならず、広く世間一般からも注目されている。その理由としては、義務教育段階における児童・生徒の学力を国際比較できることや、学力の時系列の変化を追うことができる点が挙げられよう。

また、学術的な観点から見れば、ＴＩＭＳＳは調査対象学年（小学校４年および中学校２年）の国内全児童・生徒を母集団とする貴重な標本調査として位置づけることができる。本章の分析で使用するＴＩＭＳＳ ２０１９の日本国内調査には、小学校１４７校の児童４１９６名、中学校１４２校の生徒４４４６名が参加しているが、以下の分析ではデータ利用の都合上、小学校４年生のみを分析対象としている。

(2) いじめ被害の種類

ＴＩＭＳＳは児童・生徒の算数・数学および理科の学習到達度を計測することを目的とする調査であるが、本章の分析では、学力調査の結果ではなく、付随して実施されている児童質問紙調査から得られるデータを使用する。具体的には、以下に示されている児童質問紙調査の11の質問項目から、児童本人が認識しているいじめ被害の頻度を把握する（隅付き括弧は筆者による）。

この学年になって、あなたの学校の他の児童に、次のようなことをされたことがどのくらいありましたか。テキストメッセージやインターネットによることをふくみます。

●からかわれたり、悪口をいわれた【からかい】
●ゲームや遊びで仲間はずれにされた【仲間はずれ】
●わたしについてのうそを広められた【デマ】
●わたしのものがぬすまれた【盗難】
●わたしのものが、わざとこわされた【器物破損】
●なぐられた、またはけがをさせられた（おす、たたく、ける、など）【暴力】
●わたしがやりたくないことをやらされた【無理強い】
●意地悪できずつけるメッセージがインターネットで送られてきた【誹謗】
●わたしについての意地悪できずつけるメッセージがインターネットで広められた【誹謗拡散】
●わたしが写っているはずかしい写真がインターネットで広められた【写真拡散】
●おどされた【脅迫】

調査対象の児童はそれぞれの項目に対して、「少なくとも週1回」「月に1回か2回」「年に2回か3回くらい」「1回もない」の選択肢から回答する形式となっている。以下の分析では、それぞれの回答を年間の被害回数に換算して用いている。換算に際しては、須藤（2014）を参考に、少なくとも週1回＝60回、月に1回か2回＝18回、年に2回か3回くらい＝2・5回、1回もない＝0回、とした。

図3－1はそれぞれのいじめ被害の頻度の割合をまとめたものである。被害の頻度が最も高いの

図3－1　いじめ被害の頻度

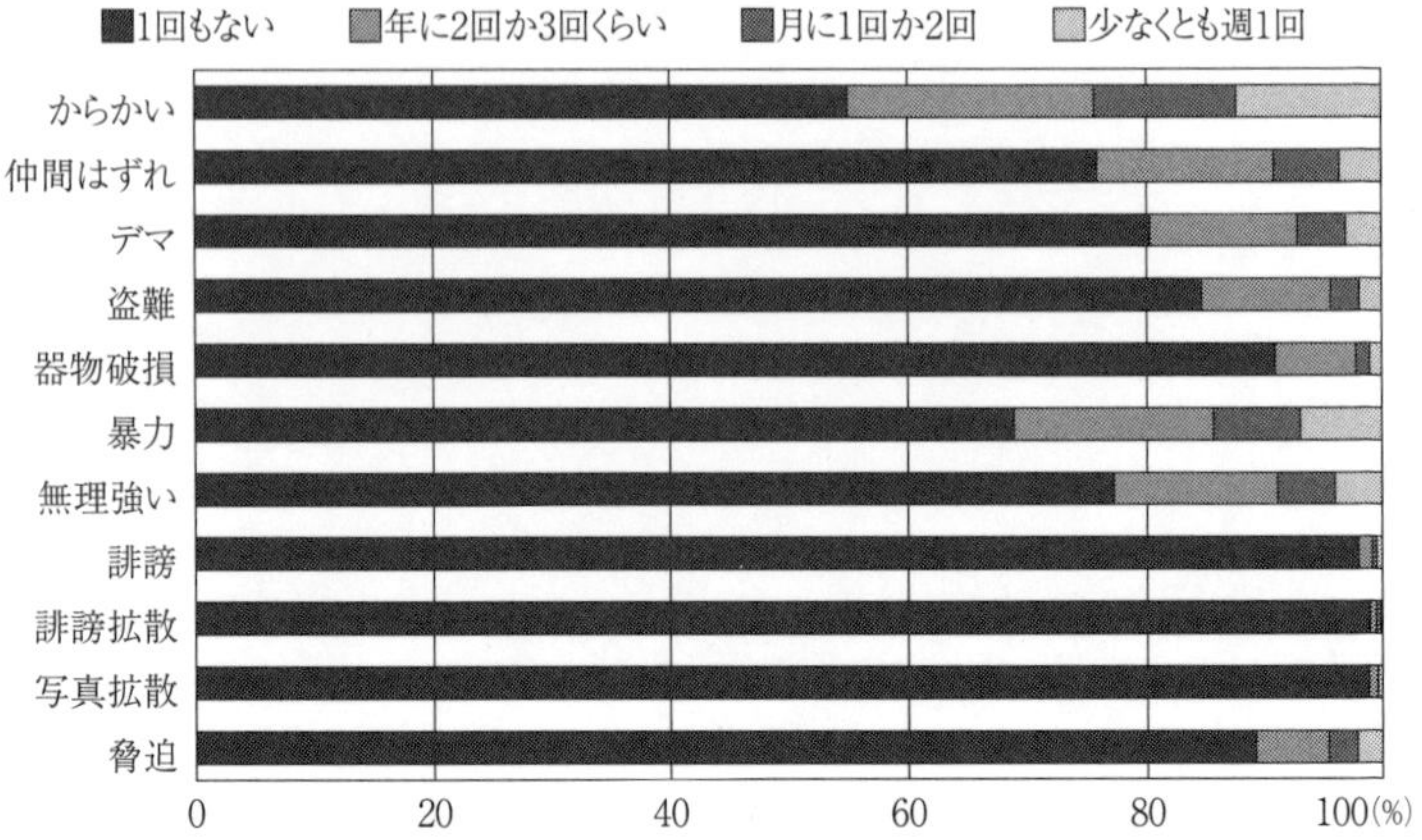

出所：TIMSS 2019データセットより筆者作成

は「からかい」であり、次いで「暴力」や「無理強い」「仲間はずれ」の順となっている。他方、「誹謗」や「誹謗拡散」「写真拡散」については「1回もない」という回答がほとんどを占めている。小学校4年生の段階では、こうした種類のいじめはあまり発生しないものと解釈されよう。

　こうした傾向を踏まえ、以下の分析においては、統計分析の都合上、被害の頻度が低いこれら三つについては分析に含めないこととする。なお、当然ではあるが、これら三つの被害頻度を分析に含めないことは、実際に発生しているこれらのいじめ被害が深刻でないことを意味するわけではない。あくまで統計分析上の理由で分析対象から外しただけである。

　ところで、ＴＩＭＳＳ ２０１９のデータセットには、調査実施機関であるＩＥＡが前掲の設問への回答を統計的に処理して作成した「いじめ被害尺度」の変数があらかじめ含まれている。先に示

表３−１　分析に使われた変数の記述統計

	観測値数	平均	標準偏差	最小値	最大値
からかい	4,153	10.094	19.575	0	60
仲間はずれ	4,161	3.517	11.610	0	60
デマ	4,159	2.872	10.721	0	60
盗難	4,144	1.843	8.542	0	60
器物破損	4,140	0.989	6.304	0	60
暴力	4,143	5.910	15.478	0	60
無理強い	4,138	3.623	12.133	0	60
脅迫	4,163	1.864	8.998	0	60
いじめ被害尺度	4,171	−10.875	1.737	−12.720	−2.868
学級規模	4,196	30.060	5.453	5	41
女子ダミー	4,190	0.486	0.500	0	1
早生まれダミー	4,196	0.232	0.422	0	1
自宅の蔵書数ダミー					
0〜10冊	4,176	0.142	0.350	0	1
11〜25冊	4,176	0.292	0.455	0	1
26〜100冊	4,176	0.370	0.483	0	1
101〜200冊	4,176	0.125	0.330	0	1
201冊以上	4,176	0.071	0.256	0	1
学年の生徒数	4,164	92.241	42.560	7	254

出所：TIMSS 2019データセットより筆者作成

した個別のいじめ被害頻度に加え、いじめ被害を総合的に把握できるこの尺度についても以下の分析で使用することとする。なお、このいじめ被害尺度の変数は、値が大きいほど好ましい（＝いじめ被害が小さい）ことを表すように作成されていることに注意が必要である。分析に使用した変数の記述統計は表3－1に示されているとおりである。

(3) 分析手法および分析結果

分析の手法は第2章の分析と同様、回帰分析の一種であるマルチレベル分析である（回帰分析の概要については第1章3節2項を参照のこと）。回帰分析の被説明変数は、八つのいじめ被害（からかい、仲間はずれ、デマ、盗難、器物損壊、暴力、無理強い、脅迫）の年間換算回数および前掲の「いじめ被害尺度」である。説明変数には学級規模のほか、児童個人の属性として女子ダミー、早生まれダミー、家庭の蔵書数ダミー、学校レベルの変数として学年の生徒数が含まれている。学級規模以外の説明変数はいずれも、先行研究において学力や非認知能力に影響を及ぼすことが確認されているものであるが、いじめ被害に対してどのような影響を及ぼすかは定かではない。

児童の性別については、日本のいじめについて包括的に検証している森田ほか（1999）が、いじめ被害の経験率は男子よりも女子のほうが高いことを報告しているが、Arora and Thompson (1987) は逆に女子よりも男子のほうがいじめ被害の経験が多いことを示しており、いじめ被害の性差も定かではないといえる。

早生まれの子どもは、同一学年の中で見れば月齢が低いために身体面・精神面で相対的に未成熟であり、いじめ被害の対象になりやすい可能性がある。

家庭の蔵書数は児童の家庭環境の代理変数であるが、いじめ被害との関連は不明である。学年の生徒数は学校規模の代理変数として分析に含まれている。

回帰分析（マルチレベル分析）の結果は表３－２に示されている。表中の数値は、それぞれの説明変数が被説明変数であるいじめ被害の頻度に与える影響を示しており、太字の数値は有意水準10％で統計的に有意であることを示している。たとえば、一番左の⑴からかいの列における学級規模の係数推定値０・１７８は、学級規模が10人増加すると、からかい被害の年間回数が平均で１・８回ほど増加することを意味しているが、この推定値は統計的に有意ではないため、学級規模とからかい被害の間に関連性はないと解釈される。

このように同表を見ていくと、学級規模の推定値が統計的に有意となっているのは「仲間はずれ」と「器物破損」だけであり、その他の個別のいじめ被害や総合的ないじめ被害尺度に対して学級規模は統計的に有意な影響を与えていないことがわかる。

統計的に有意となっている「仲間はずれ」と「器物破損」については、学級規模を10人縮小したときに、「仲間はずれ」の被害頻度は年間で１回ほど、「器物破損」の被害頻度は年間で０・５回ほど減少すると解釈される。この影響を大きいとみるか小さいとみるかは難しいところである。年間１回程度のいじめ被害であっても、被害を受けた本人にとっては深刻な問題となり得る。つまり、年間１回程度であってもいじめ被害を低減できることは大きな意味を持つと考えることもできる。とはいえ、統計的に有意なものは八つのいじめ被害のうちの二つだけであり、総合的ないじめ被害尺

表3−2　学級規模といじめの関係

	(1) からかい	(2) 仲間はずれ	(3) デマ	(4) 盗難	(5) 器物破損	(6) 暴力	(7) 無理強い	(8) 脅迫	(9) 被害尺度
固定効果：レベル2									
学級規模	0.178	**0.104**	0.057	0.035	**0.052**	0.094	0.097	0.014	−0.024
固定効果：レベル1									
女子ダミー	**−5.428**	**−2.555**	**−2.033**	**−0.725**	**−0.915**	**−4.513**	**−1.903**	**−1.409**	0.764
早生まれダミー	**1.748**	**0.830**	0.193	0.286	0.032	0.848	0.516	−0.222	−0.159
蔵書数：11〜25冊	0.049	−0.278	−0.435	−0.199	**−1.190**	0.864	−0.282	−0.192	−0.090
蔵書数：26〜100冊	−0.420	**−0.854**	−0.632	−0.190	**−1.390**	**1.217**	−0.497	−0.167	−0.130
蔵書数：101〜200冊	2.312	0.642	0.385	0.189	−0.771	**2.166**	0.391	0.227	−0.307
蔵書数：201冊以上	**5.420**	1.007	1.323	0.881	**−1.309**	**2.655**	1.579	0.742	−0.421
定数項	6.925	−0.175	2.161	−0.449	1.900	1.770	2.574	0.197	11.681
ランダム効果									
切片（分散）	**19.791**	0.964	1.450	0.771	**0.223**	**7.637**	**3.108**	0.576	0.321
生徒数	4,109	4,117	4,116	4,101	4,097	4,102	4,095	4,121	4,127

注：太字は有意水準10%で統計的に有意であることを示す。学年生徒数についての結果は表から除外している。
　　なお、(9) 被害尺度の変数は、値が大きいほど望ましい（いじめ被害が小さい）ことを表している。
出所：TIMSS 2019データセットより筆者推計

度に対して統計的に有意な影響を及ぼさないという分析結果は、先に紹介した先行研究と同様、学級規模といじめ被害の間にそれほど強い関連性がないことを示すものと解釈されよう。

学級規模以外の説明変数ではっきりとした結果が得られているのが児童の性別である。いじめ被害尺度以外のすべてのいじめ被害変数において、女子ダミーの係数は負で統計的に有意となっている。つまり、本章でとりあげた八つのいじめ被害に関しては、女子のほうが被害を受けにくいことが示されたことになる。この結果は、女子のほうがいじめ被害経験率が高いことを報告している森田ほか（[1999] 20ページ）とは逆の結果であるが、同書において本章と同様に個別のいじめについての回答傾向をまとめた結果を見ると（同前１９０ページ）、暴力や脅迫、器物破損については女子児童のほうが被害経験が少ないことが示されており、本章の分析結果と部分的には整合的であると考えられる。

4　少人数学級は万能ではない

本章では、学校における生活面に焦点を当て、学級規模といじめの関係について議論した。前章までの分析・議論においては、少人数学級が児童・生徒の学力や非認知能力を高める可能性があることを指摘したが、本章の議論を踏まえれば、いじめに関しては少人数学級はそれほど大きな効果をもたらさない可能性が高いと言わざるを得ない。いくつかの先行研究が示す通り、学級規模の大小によらず、いじめは発生すると考えられるのである。

教育関係者はもとより、子育てや政策立案に関わる多くの人は、少人数学級が児童・生徒にとって好ましいものであり、幅広い側面で望ましい影響をもたらすと期待しているかもしれない。しかしながら、本章の分析が示すように、少なくともいじめに関しては、それほど大きな効果をもたらすわけではない。少人数学級を導入すれば万事解決、とはいかないのである。したがって、少人数学級が望ましい効果を持つ側面とそうでない側面を冷静に見極め、効果をもたらさない側面に対しては別の対策を検討する必要がある。

本章で取り上げたのはいじめの問題だけであるが、学校における生活面や生徒指導面における問題には、教職員への暴力行為や長期欠席（不登校）といったいじめ以外の（いじめと関連しているかもしれない）問題も存在する。少人数学級がそれらの問題に対してどのような効果をもたらすのかについては不明な点も多く、今後の研究の進展を期待したい。

第４章　少人数学級と教員の就業環境

1　厳しい学校教員の就業環境

筆者が大学教員として勤務するようになって20年近くになる。経済学部に所属しているので、私が指導する学生は卒業後に金融機関や地方自治体に就職する人が多いのだが、教育経済学という専門分野ゆえか、経済学部で学びつつ教員採用試験も目指す、という学生がほぼ毎年、数は少ないものの、私のゼミに入ってくる。ご承知の方も多いかとは思うが、大学入学時に教員採用試験を目指すと意気込んでいても、教職課程の履修科目の多さが次第に重荷となり、３年に進級する頃には教職課程からドロップアウトして方針転換する、という学生は少なくない。景気がよく、民間企業への就職が比較的容易な時期はなおさらその傾向が強くなる。結果的にこの20年近くで、私のゼミ生で教員採用試験に合格したのは３名、うち実際に教員として就職したのは２名である。

今の時代、卒業生とインターネット上でつながりを保つことは容易である。ＳＮＳを眺めていれば、卒業生たちの近況は自然と流れてくる。卒業後に教員として働き始めたＡ、Ｂ２人の卒業生の近況も例外ではなく、彼らの最新情報がスマートフォンを通して私の目に入ってきていたのだが、彼らに共通していたのは、業務の多忙さ、時間的余裕のなさを嘆く姿であった。

A君は、着任初年度の夏休みごろに、まだ1日も休みがないと書き込み、その後も多忙を嘆く書き込みが続いていた。B君も多忙さを嘆いてはいたが、彼はもともと希望していた部活動の指導に力を注いでおり、そこまで深刻ではないように見えていた。

しかし、時がたち、着任後数年経った頃から次第に書き込みの内容が過激になり、職場環境への怒りを含むものへと変化していった。最終的にB君は教師を辞めるという決断をし、吹っ切れたような書き込みを残すようになっていた。

私のゼミの卒業生のエピソードは決して特殊な例ではないだろう。学校教員の多忙、職場環境の過酷さは、近年、特に注目を集めている。従業員に過酷な長時間労働やサービス残業を強いる企業を意味する「ブラック企業」という言葉が２０１３年の新語・流行語大賞を受賞したが、教職についても同じように「ブラック」であると認識は広く受け入れられているといっても過言ではない（内田［2017］、朝比奈［2020］）。

２０２１年に文部科学省がＳＮＳ上で開始した「#教師のバトン」プロジェクトが、若者に教職の魅力を伝えるという当初の目的に反して、プロジェクト開始直後から現役教員による過酷な就業環境の実態を訴える書き込みが相次ぎ、いわゆる炎上状態となったことは記憶に新しいところである。

「ブラック企業」という言葉が広く世間に認知されるようになったきっかけは、ある民間企業に勤務する従業員が、その過酷な勤務実態をインターネット上の匿名掲示板に書き込んだ内容をもとにした書籍[1]であった。

実は同様に、インターネット上の掲示板やＳＮＳには、その高い匿名性を生かして、学校教員も過酷な勤務実態への不満や怒り、苦しみを書き込んでいた。そんな匿名の声を無視するかのように、文部科学省が「＃教師のバトン」を掲げて土足で乗り込んできたのである。大炎上は必然であったと言わざるを得ない。

本章では、教員が直面している深刻な就業実態について、主に労働時間や業務負荷、ストレス等の観点から紹介した後に、教員の就業環境と学級規模および教師一人あたり生徒数の関係性について議論する。２０２１（令和３）年度に導入が始まった35人学級は、新型感染症対策という側面が大きな後押しとなって実現したことは事実であるが、それはあくまでも後押しであって、Society 5.0時代の到来や子どもたちの多様化の進展への対応、そして教員の職場環境改善のために少人数学級を実現するという本来の目的が忘れ去られていたわけではない。たまたまタイミングが重なって、積年の課題が前進したというのが実際のところなのである。

2　学校教員の勤務の実態

(1)　労働時間の実態

本節ではまず、学校教員の勤務実態について、労働時間の観点から見ていくこととする。

実は、学校教員の労働時間を含む勤務実態については、継続的な調査が実施されてきたわけではない。近年になって調査が実施されるようになったきっかけは、政府による財政健全化を目的とした行政改革の一環としての公務員制度改革である。２００６（平成18）年6月2日に公布・施行された「簡素で効率的な政府を実現するための行政改革の推進に関する法律」（行革推進法）により、政府内では教員給与改革が重要な政策課題の一つとして位置づけられた。これに対応するかたちで文部科学省は中央教育審議会・初等中等教育分科会に「教職員給与の在り方に関するワーキンググループ」を設置し、教員給与の在り方に関する検討を開始すると同時に、教員給与のあり方を検討するための資料とするため、２００６年7月から12月にかけて「教員勤務実態調査」（以下、「H18年度調査」と呼ぶ）を実施したのである。

教員の労働時間についての全国的な調査で、このH18年度調査以前に実施された調査となると、実に１９６６（昭和41）年度に実施された「教職員の勤務状況調査」（以下、「S41年度調査」と呼ぶ）まで遡らなければならない。

他方、２００６年調査の10年後の２０１６（平成28）年には、二度目の「教員勤務実態調査」（以下、「H28年度調査」と呼ぶ）が実施されている。「H28年度調査」の報告書（リベルタス・コンサルティング［2018］）によれば、この調査の目的は以下の三つの「多忙」の観点から教員の勤務実態を分析するものであったとされている。①「多忙」の観点：教員の勤務時間の測定、②「多忙感」の観点：ストレスの測定、③「多忙化」の観点：10年間の変化の測定。同報告書ではこれら三つの「多忙」について、教員個人だけでなく学校単位でも集計・分析を行い、教員の労働時間やストレスに影響を及ぼす要因についての包括的な検証がなされている。

ここではまず、これら三つの公的な調査結果を用いて、教員の労働時間の推移を見ていくことと

表４－１　教員勤務実態調査の概要

	S41年度調査	H18年度調査	H28年度調査
対象校	国立･公立学校	公立学校	公立学校
	小学校：2,400校	小学校：1,080校	小学校：400校
	中学校：1,104校	中学校：1,080校	中学校：400校
	全日制高校：648校		
	定時制高校：444校		
対象教員	全教職員	常勤教員全員	常勤教員全員
回答数	小学校：36,617名	小学校：21,238名	小学校：8,951名
	中学校：22,522名	中学校：24,807名	中学校：10,687名
	全日制高校：30,706名		
	定時制高校：5,550名		

出所：教員給与研究会編（1971）、国立大学法人東京大学（2007）、リベルタス･コンサルティング（2018）より筆者作成

しよう。表４－１は各調査の概要をまとめたものである。Ｓ41年度調査が職員も含めた全教職員を対象としているのに対し、平成の二つの調査は常勤教員のみを対象としているというちがいがあるが、Ｓ41年度調査は教員・職員それぞれについて集計された結果が報告されているので、以下では教員についての集計値を用いている。また、Ｓ41年度調査は公立に加え国立の学校も調査対象となっているが、ここでは公立学校を対象とした集計結果を用いている。

　常勤教員の１週間あたり平均学内勤務時間の推移は表４－２に示されている。Ｓ41年度調査と最新のＨ28年度調査を比較すると、小学校教員で約８時間、中学校教員では12時間以上、学内勤務時間は増加している。

　ここで注意しておくべきは、Ｈ28年度は基本的には週５日制の下の時間数であるのに対し、Ｓ41年度時点では毎週土曜日に半日の授業が行われて

表4－2　教員の1週間あたり平均学内勤務時間

調査年度	S41	H18	H28
小学校	49：35	53：16	57：29
中学校	51：05	58：06	63：20

注：S41年度調査の数値は服務時間内と服務時間外の合計である。H18およびH28年度調査の数値は、持ち帰り時間を含まない。
出所：表4－1に同じ

いたという点である。S41年度調査が平日（月～土曜日）と日曜日に分けて集計されていないため詳細な比較はできないが、土曜日の多くが休みになったにもかかわらず、1週間あたりの勤務時間が増大したということは、平日（月～金曜日）の勤務時間が大幅に増加したと解釈するのが自然であろう[2]。

加えて、H18年度からH28年度の10年間の変化も無視できない。小学校教員で4時間以上、中学校教員では5時間以上も学内勤務時間が増加している。この10年の間に学校週5日制の見直しが徐々に進み、一部の土曜日に授業を実施するケースが増えてきたことは、たしかに要因の一つである。実際、H28年度調査の報告書によれば、この10年の間の土日の1日あたり勤務時間の増加は小学校教員で49分、中学校教員で1時間49分となっており、週あたり勤務時間増のおおよそ3分の1程度は土日の勤務時間増によることが示されている。

こうしてみると、この間に何が起きてきたかが見えてくる。S41年度からH18年度にかけては、土曜日が休みになったにもかかわらず平日の学内勤務時間が増大し、H18年度からH28年度にかけては、土曜日授業の一部再開と平日の学内勤務

表4−3　教諭の１日あたり平均勤務時間

	学内勤務時間		持ち帰り時間	
調査年度	H18	H28	H18	H28
	＜平日＞			
小学校	10：32	11：15	0：38	0：29
中学校	11：00	11：32	0：22	0：20
	＜土日＞			
小学校	0：18	1：07	1：26	1：08
中学校	1：33	3：22	1：39	1：10

注：H18年度は第5期調査の集計結果。H18年度調査では、平日は勤務日、休日は週休日とされている。
出所：表4−1に同じ

時間増が相まって週あたり勤務時間が増大してきたのである。

これらは学内での勤務時間の推移である。Ｓ41年度調査は学内での勤務時間しか調査されていないのだが、平成の二つの調査では、持ち帰りの勤務時間も調査がなされている。表４−３は、教諭（主幹教諭、指導教諭を含む）の１日あたり学内勤務時間と持ち帰り時間をまとめたものである。Ｈ18年度からＨ28年度にかけて、持ち帰りの勤務時間は若干減少しているようである。しかしながら、学内勤務時間の増加がそれを上回っているため、学内＋持ち帰りの合計勤務時間は増加し、小中学校ともに平日は12時間に迫ろうとしている。

なお、Ｈ28年度調査の結果によれば、教諭の学内勤務時間中の休憩時間は１日平均でわずか３〜４分とされており、教員は学校にいる間ほとんど休憩をとっていない。したがって、日本の小中学校教員はほとんど休みなく、１日のうちのおよそ半分の時間を勤務に費やしていることになる。

１日12時間の労働時間は、標準的な労働時間を１日８時間とすると、１日平均４時間の時間外労働に相当する。これを１カ月あたりの数値に換算すると、１日４時間×５日×４週

＝80時間となる。月80時間の時間外労働は、いわゆる過労死の目安とされる時間数に一致する。なお、ここで示した勤務時間の数値はあくまで平均値である。平均値で過労死ラインにほぼ達しているということは、これを超える時間外労働をしている教員が少なからず存在することを意味する。

これについて見てみると、文部科学省のウェブサイトで公開されている「教員勤務実態調査（平成28年度）（確定値）について」という資料には、1週間の総勤務時間の分布が示されている。それによると、過労死ラインに相当する1週間の学内総勤務時間が60時間以上（週あたり20時間以上の時間外労働に相当）と回答した教員は小学校で33・4％、中学校では57・7％に上っている。加えて、ここで示した時間数には通勤に要する時間は含まれていない。こうした勤務時間数のデータを見るだけでも、日本の学校教員が直面している過酷な長時間労働の実態を想像することができるだろう。

(2) 国際比較から読み取れること

続いて、教員を対象とした国際調査の結果を用いて、日本の教員の就業環境を国際比較の観点から検討しよう。ここで参照するのは、ＯＥＣＤが実施している「ＯＥＣＤ国際教員指導環境調査」（Teaching and Learning International Survey：略称ＴＡＬＩＳ）の調査結果である。ＴＡＬＩＳは、学校の学習環境と教員・校長の勤務環境に焦点を当てた大規模な国際調査である。２００８年に第1回調査が実施され、その後は5年ごとに調査が実施されている。日本は２０１３年の第２回調査から参加しており、第２回調査では中学校、第３回調査では小学校および中学校が調査に参加した。以下では、小中学校のデータが揃っている第3回（２０１８年）調査の結果から、まず労働時間に注目して見ていくこととする。[3]

図４－１は、ＴＡＬＩＳ ２０１８の報告書（国立教育政策研究所［2019b］）をもとに、各国の学校教員の平均労働時間をグラフにしたものである。日本の学校教員は、小中学校ともに参加国の中で最も長時間働いており、参加国の中で唯一、平均労働時間が50時間を超えている。[4] ＴＡＬＩＳに参加した48カ国の平均労働時間は38・３時間なので、日本の学校教員は週あたりで16時間以上も長く働いていることになる。

勤務時間の内訳を見ると、日本の学校教員が長く時間を費やしているのは課外活動や事務業務、授業計画準備となっている。他方、日本の学校教員が参加国の中で最も短い時間を費やしたのは職能開発活動であり、週あたりわずか０・６～０・７時間（参加国平均は２・０時間）と報告されている。国際的に見れば、日本の学校教員は授業準備や事務業務、さらに中学校では課外活動に追われ、職能開発活動にまで手が回らなくなっている実態が浮き彫りになっているといえよう。

こうした深刻な実態の影響はＴＡＬＩＳ ２０１８の調査結果にも垣間見ることができる。中でも筆者が驚きを隠せなかったのが、教員の指導における自己効力感（Self-efficacy）および職場環境（Work environment）の満足度に関連する質問への日本の教員の回答傾向である。以下、設問内容と回答結果を紹介しよう。

自己効力感についての設問は、「あなたの指導において、以下のことは、どの程度できていますか」というものであり、表４－４に掲げられている13の項目について、まったくできていない、い

図4－1　教員の仕事時間の国際比較

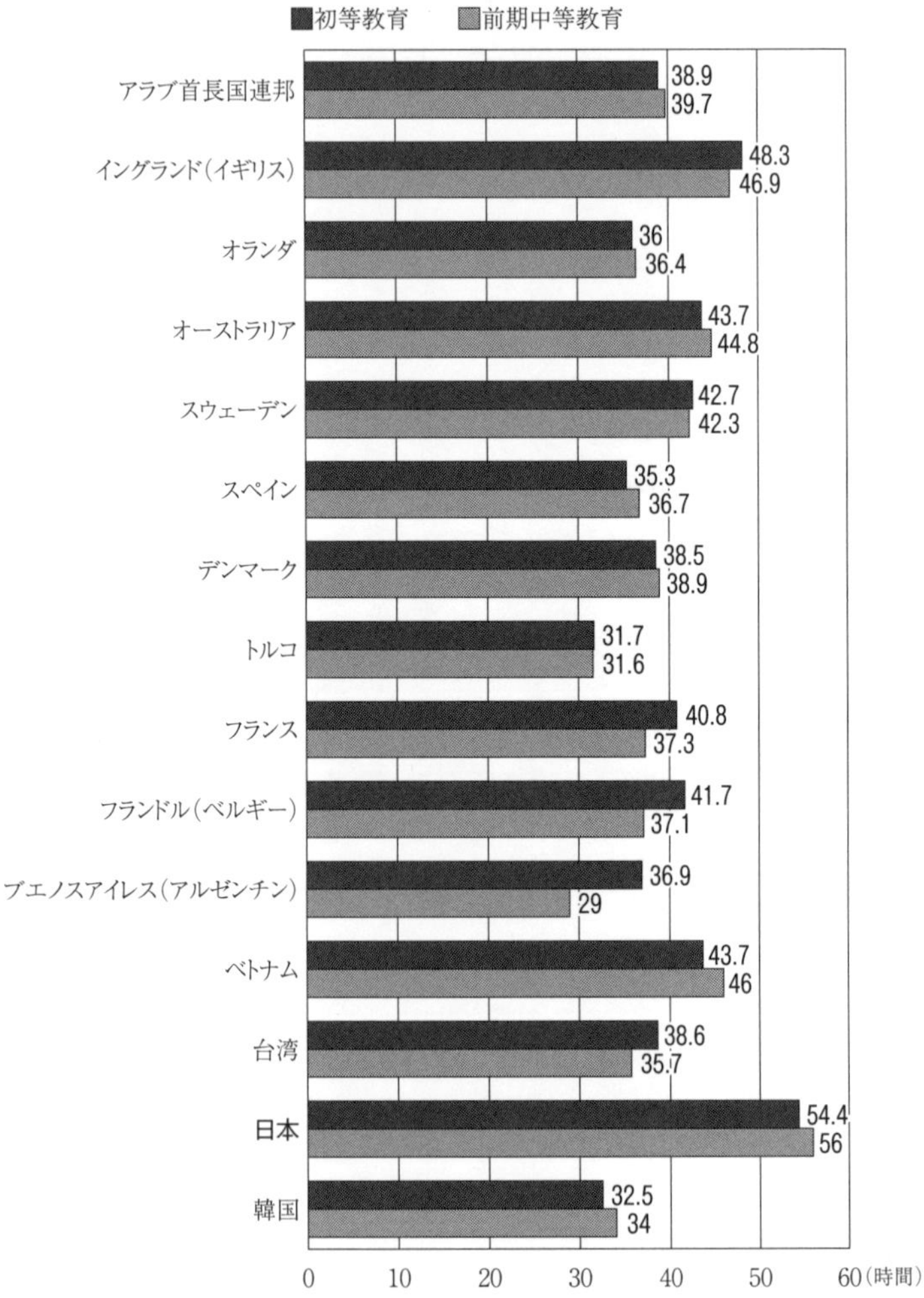

注：数値は直近の「通常の一週間」において教員が報告した労働時間数の平均である。
出所：TALIS 2018 Results（Volume I）Table I.2.27 より筆者作成

表4－4　教員の自己効力感

	小学校		中学校	
	日本	参加国平均	日本	参加国平均
生徒に勉強ができると自信を持たせる	34.7	90.3	24.1	86.3
生徒が学習の価値を見いだせるよう手助けする	41.4	89.5	33.9	82.8
生徒のために発問を工夫する	49.4	87.8	50.8	88.7
学級内の秩序を乱す行動を抑える	64.1	88.1	60.0	86.1
勉強にあまり関心を示さない生徒に動機付けをする	41.2	80.8	30.6	72.0
自分が生徒にどのような態度･行動を期待しているか明確に示す	63.9	93.0	59.9	91.5
生徒の批判的思考を促す	22.8	80.3	24.5	82.2
生徒を教室のきまりに従わせる	62.7	91.8	61.9	89.9
秩序を乱す、または騒々しい生徒を落ち着かせる	58.7	86.7	59.7	84.9
多様な評価方法を活用する	33.3	79.7	32.4	82.0
生徒がわからない時には、別の説明の仕方を工夫する	63.2	92.8	62.9	92.7
さまざまな指導方法を用いて授業を行う	51.2	87.5	48.0	85.5
デジタル技術の利用によって生徒の学習を支援する	38.5	66.5	35.0	66.7

注：表中の数値は、各設問に対し「かなりできている」または「非常によくできている」と回答した教員の比率を示す。
出所：TALIS 2018 Results（Volume I）Table I.2.20, Table I.2.21 より筆者作成

表4－5　職場環境に対する中学校教員の満足度

	日本（中学校）	参加国平均
可能なら、別の学校に異動したい	31.0	21.3
現在の学校での仕事を楽しんでいる	78.4	88.8
この学校を良い職場だと人に勧めることができる	61.5	83.3
現在の学校での自分の仕事の成果に満足している	49.0	92.7
全体としてみれば、この仕事に満足している	81.8	90.2

注：表中の数値は、各設問に対し「当てはまる」または「非常によく当てはまる」と回答した教員の比率。
出所：TALIS 2018 Results（Volume I）Table I.4.33 より筆者作成

くらかできている、かなりできている、非常によくできている、の4件法で回答する形式となっている。表4－4の数値は、これらの設問に対して、かなりできている、または非常によくできている、と肯定的に回答した教員の比率を示している。驚くべきことに、日本ではこれらの設問に対して肯定的に回答する教員が圧倒的に少なく、他の参加国の数値を大きく下回っているのである(5)。

次に、職場環境についての設問では、表4－5に挙げられている五つの項目について、「あなたが仕事全般についてどのように感じているかをお尋ねします。以下のことはどの程度当てはまりますか。」と尋ねられており、回答者はまったく当てはまらない、当てはまらない、当てはまる、非常によく当てはまる、の4件法で回答する形式となっている。なお、この設問については中学校教員の回答のみ集計結果が利用可能であり、小学校教員の回答結果は集計されていない。

図4−2　病気休職者数の推移

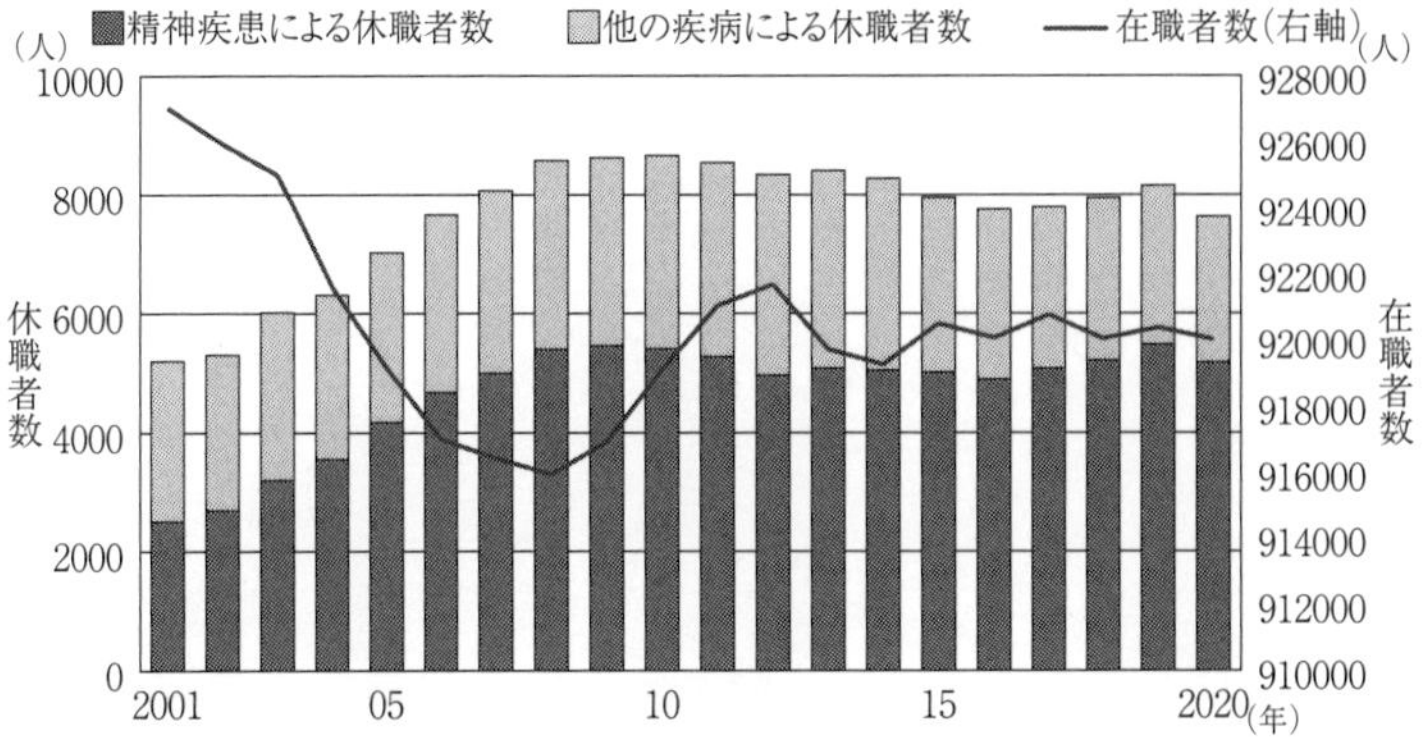

出所：令和元年度公立学校教職員の人事行政状況調査について
https://www.mext.go.jp/a_menu/shotou/jinji/1411820_00002.htm
平成22年度　教育職員に係る懲戒処分等の状況について
https://www.mext.go.jp/a_menu/shotou/jinji/1314343.htm

日本の中学校教員は、自身の職場環境について、「この学校を良い職場だと人に勧めることができる」「現在の学校での自分の仕事の成果に満足している」といった項目において、肯定的に回答する割合が参加国平均を大きく下回っている。特に、現在の学校での仕事の成果について、肯定的な回答の割合は5割に達していない。世界で最も長時間働いているのに、自らの授業や指導に対する自己評価は低く、仕事の成果に対して満足できず、教員としての自身の可能性を見失いつつある、TALIS2018の集計結果からは、そうした日本の学校教員の姿が浮かび上がってくるのである。

(3)　精神疾患と休職が物語るもの

長時間労働をはじめとする過酷な職場環境は、日本の学校教員の心と身体に深刻な影響を与えている。特に深刻な問題となっているのは、精神疾患による休職者数の高止まり傾向である。図4−

図４−３　教員の慢性疲労

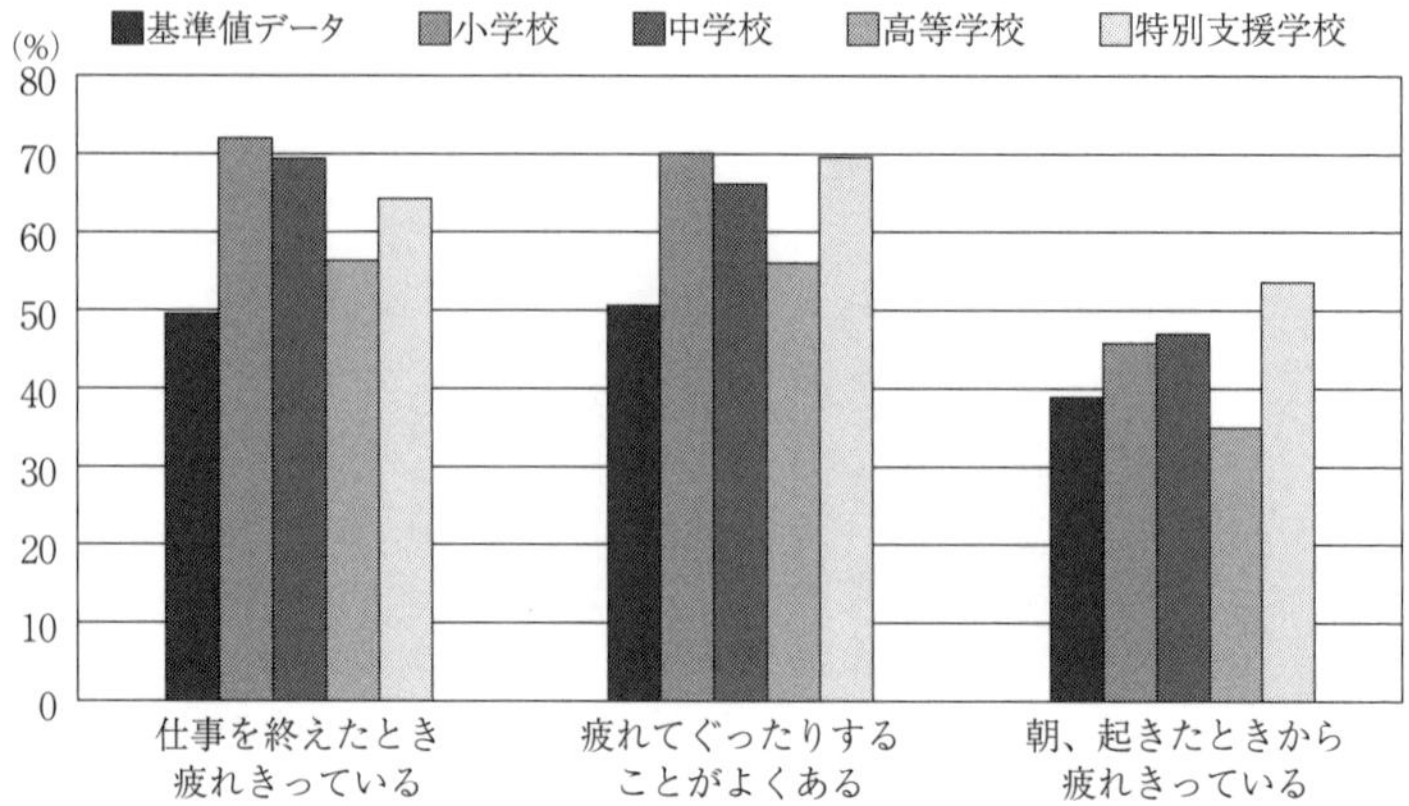

注：縦軸は「当てはまる」と回答した人の割合を示す。
出所：玉置・高原（2012）図５より筆者作成

２は、文部科学省の調査結果をもとに、病気による休職者数の推移を示したものである。２００１年に２５００人程度であった精神疾患による休職者数は、２００８年には５４００人に達し、その後は増減を繰り返しながらも毎年５０００人を超える水準で現在まで推移している。

このグラフで興味深いのは、２００１年から２００８年にかけて、精神疾患を含む病気休職者数が急増する裏側で、教育職員数が全国で１万人以上も減少していたという事実である。その後、教育職員数は２０１２年にかけて４０００人程度増加するものの、病気休職者数は減少せず高止まりが続いているのである。

教員の病気休職、中でも精神疾患の原因の一つとして考えられるのが、長時間労働や休憩の少なさが引き起こす慢性疲労である。図４−３は、国際経済労働研究所と日本教職員組合が共同で実施した「教員の働きがいに関する意識調査」をもとに、教員の慢性疲労に関連する項目を集計した結果を示したものである（玉置・高原［2012］）。この調査は、２０１０年10月から２０１１年１月にかけて実施され、全国の小中高校、特別支援学校から無作為に抽出された組合員約１万２０００名が調査対象となっている。調査票の配布数は１万２３７６、回収数は８３２０で、回収率は67・２％と報告されている。

また、この調査の報告書には、比較対象として、全国の教職員以外の労働組合員を対象とした調査の結果も、併せて報告されている（図中で「基準値データ」と表記）。図４－３に示された慢性疲労に関連する調査項目の集計結果を見ると、日本の学校教員は、高等学校の教員を除き、教員以外の労働者よりも慢性疲労の状態に陥っている割合が高くなっていることが示されている。

(4)　非正規教員の増加

非正規教員数の推移

日本の労働市場全体として見たときに、パート・アルバイトや派遣社員といった、いわゆる非正規社員が就業者に占める割合が増加傾向にあることはよく知られているが、近年、学校教員の非正規雇用化が進んでいることも問題視されている。

図４－４は、文部科学省の公表資料をもとに非正規教員数の推移を示したものである。２００５（平成17）年に８万４０００人余りであった非正規教員数は、２０１１（平成23）年には11万２０００人余りに増加している。しかしながらこれ以降、文部科学省による調査結果は公表されていないようである。２０１６年には総務省が「地方公務員の臨時・非常勤職員に関する実態調査」の結

図４－４　非正規教員数の推移

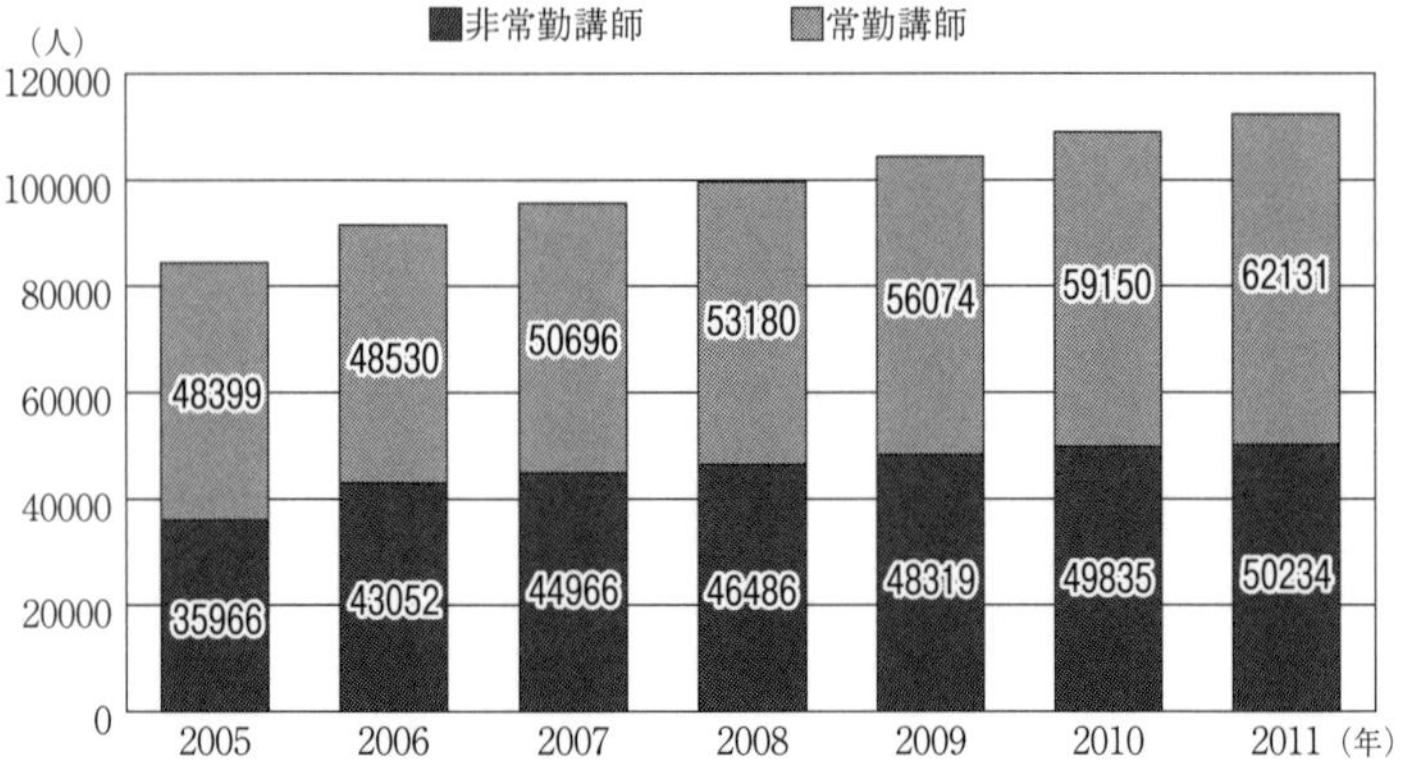

出所：文部科学省「非正規教員の任用状況について」
https://www.mext.go.jp/b_menu/shingi/chousa/shotou/084/shiryo/__icsFiles/afieldfile/2012/06/28/1322908_2.pdf

果を公表しているが、この調査の対象は「任用期間が６月以上又は６月以上となることが明らかであり、かつ、１週間あたりの勤務時間が19時間25分以上の臨時・非常勤職員」に限定されているため、図４－４で示した文部科学省の数値と比較することは困難である。

この調査の後継として２０２０年に総務省が実施した「地方公務員の会計年度任用職員等の臨時・非常勤職員に関する調査」では、調査対象が拡張され、臨時・非常勤職員について幅広く調査がなされている。その公表結果によると、「教員・講師」のうち義務教育に分類されている人数は、会計年度任用職員が５万００９２人、臨時的任用職員が４万７１１８人、合計９万７２１０人となっているが、以上で紹介した数値は調査主体も調査対象も異なっているため、公表されている公的統計から近年の非正規教職員数の推移を正確に知ることは難しいと言わざるを得ない。

公的に公表された統計ではないが、２０１２年以降の非正規教員数の推移を示したデータが存在している。それは、「ゆとりある教育を求め全国の教育条件を調べる会」のウェブサイトにグラフで示されている[6]。このグラフは同会が独自に実施している「教職員実数調」という調査に基づいて作成されており、この「教職員実数調」は文部科学省への情報公開請求に基づいて有期雇用の県費負担教職員数を把握しているとされている。それによると、公立小中学校の非正規教職員数は２０１２年時点で８万２２６１人、それ以降は毎年増加し２０２１年には11万５５４１人と推計されている。この数字は県費負担教職員のみの数字であるため、前記の文部科学省による公表人数よりも小さくなっているが、公的統計資料が存在しない２０１２年以降も非正規教職員数は増加基調にあったと考えるのが自然であろう。

正規雇用とは何か

一般に、日本の労働市場における正社員（正規雇用）とは、以下の三つの条件をすべて満たす働き方のことを指している（安藤［2015］）。

①　無期雇用：雇用契約の期間をあらかじめ定めず、期間を決めずに雇用する
②　直接雇用：雇用契約の相手である使用者の直接的な指示に従って働く
③　フルタイム雇用：その職場で定められた標準的な労働時間の勤務を行う

正規教員は①から③のすべてを満たしているが、非正規教員は①無期雇用および③フルタイム雇用のいずれか、あるいは両方の条件が満たされていない教員と言い換えることができる。[7] ①無期雇用の条件だけが満たされない教員は「常勤講師」と呼ばれることが多く、フルタイム勤務であり、学級担任や部活動の顧問など正規の教員と同等の校務を行っているケースも多いものの、基本的には1年契約の有期雇用である点が正規の教員とは異なっている。

また、①無期雇用および③フルタイム雇用の両方を満たさない教員は「非常勤講師」と呼ばれ、1年あるいはそれ以下の期間の有期雇用で、授業のある日、授業のある時間帯だけ出勤し、地域によってちがいはあるが、勤務時間数に応じて給与が支払われる場合が多い。そのため、授業準備や成績処理など授業時間外の労働が勤務時間に算入されず、さらには夏休みや冬休みといった長期休暇期間中に収入が著しく減少する、といった事態が発生する。

加えて、常勤講師の中には、産休や育休を取得した正規教員の代替教員も含まれている。近年、学校教員の若返りが進んでいるため、産休・育休取得者の代替教員数も増加している。こうした代替教員は元の教員が復帰した時点で契約終了となるため、場合によっては年度途中で勤務校を去るといった事態も発生するなど、不安定で非合理的な働き方となっていることが問題視されている[8]（佐藤［2022］）。

非正規教員増大のきっかけ

学校現場において非正規教員が増大するきっかけとなったのは、２００１（平成13）年の義務標

図４−５　総額裁量制の概要

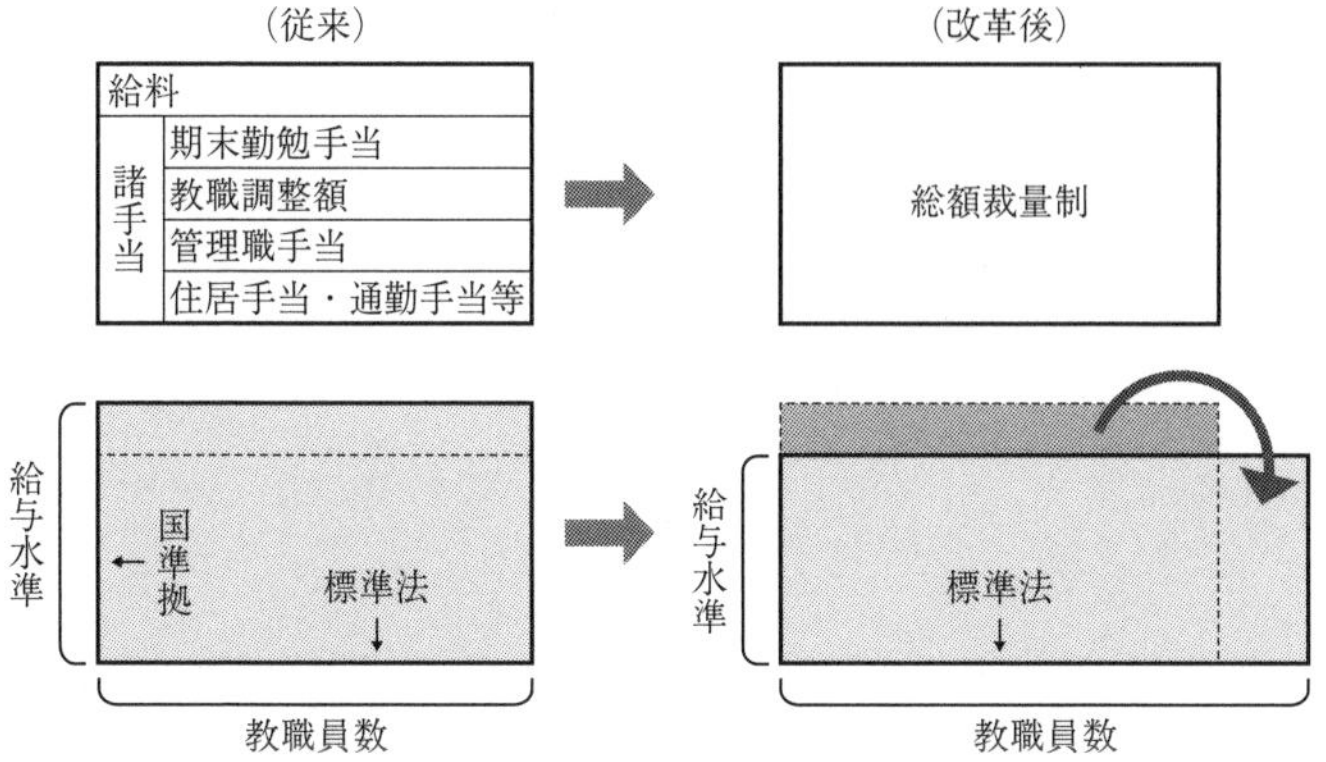

出所：文部科学省「総額裁量制の導入について」
https://www.mext.go.jp/a_menu/shotou/kyuyo/__icsFiles/afieldfile/2017/09/14/1394395_04.pdf

準法（公立義務教育諸学校の学級編制及び教職員定数の標準に関する法律）改正である。

同法は、児童生徒40人（小学校は段階的に35人）に対し教員１人を定数として配置することを定めているが、２００１年の改正により、この定数に短時間勤務の教員を含めることが可能となった。これは「定数崩し」と呼ばれているが、これにより、たとえば正規の教員を１人減らす代わりに非正規教員を３人配置する、といった運用が制度上可能となったのである。

そして、この動きを加速させたのが、２００４（平成16）年度に導入された総額裁量制である。総額裁量制について小川・山下（2008）は「義務標準法で都道府県毎に算定された教職員定数とその給与の国庫負担金に関する国のさまざまな縛りや基準等を弾力化することで都道府県が国から配当される定数と給与総額を国庫負担対象教職員人件費の枠内で自由に運用できるようにした制度」

（437ページ）としている。

制度導入以前は、国立学校に準拠した給与水準および義務標準法に基づいて算定された教職員定数によって国庫負担額が決定していたが、総額裁量制の導入に伴い、国立学校準拠制が廃止され、給与や諸手当の額を自由に決定することが可能となった。

こうした制度改正により、給与水準を引き下げた分を教職員の増員に活用する、といった運用が可能となったのである（図4－5）。財政的な余裕のある自治体であれば、必要な教員を正規で採用することもできるかもしれないが、財政に余裕のない多くの自治体ではそうはいかない。総額裁量制の導入以降、給与の高い正規教員を減らして、浮いた分で非正規教員を増員するといった対応が多くの自治体でとられた結果、非正規教員の増大が進行したのである。

3　少人数学級は教員の就業環境の改善につながるか

(1)　海外の先行研究

ここまで見てきたように、日本の学校教員の就業環境は、世界一の長時間労働、低水準の自己評価と仕事満足度、精神疾患を原因とする休職者数の高止まり、不安定な非正規教員の増加など、深刻な状況に陥っていると言わざるを得ない。本節では、少人数学級がこうした厳しい就業実態の改善に寄与する可能性について、国内外の先行研究を参照しながら検討したい。さらに、学級規模とはやや異なるが、学校レベルの生徒・教師比率と教員の労働時間・ストレス等の関係性について、筆者自身の研究成果をもとに議論する。

まず検討するのは、第１章、第２章でも紹介したグラスとスミスらによるメタ・アナリシスの結果である（Glass *et al.*［1982］）。グラスらは、生徒の学力や非認知的側面と学級規模の関係を分析した文献に加えて、学級規模が教師に与える影響に関する文献も収集しており、学級規模の大小によって教師にどのような影響があるかを検証している。

ここで教師への影響として取り上げられているのは、教員組織と計画性、教員の士気、生徒への接し方・態度、仕事満足度、仕事量、欠勤、能力開発などである。メタ・アナリシスの結果は明快である。抽出された59文献・３７１ペアの分析結果のうち、教師への影響を分析していたのは30ペアであったが、そのうちの25ペア（83％）の分析において、小規模学級のほうが好ましいという結果が得られていたのである。

さらに、小規模学級が教師に与える影響は、生徒の非認知的側面に与える影響を上回ることも示されている。小規模学級では教師の士気が高く、生徒に対して好意的であり、計画を立てるための時間的余裕があり、自身の仕事の成果に対する満足度も高い。グラスらはメタ・アナリシスの結果から明快に結論づけているのである。

⑵　国内の先行研究例

さて、前節で紹介した文部科学省「教員勤務実態調査」は教員の労働時間や多忙感についての調査であったが、学級規模と教員の労働時間の関係についても簡単な集計が行われている。最初に、１

966（昭和41）年度に実施された「教職員の勤務状況調査」から見ていこう。同調査ではまず、学校内の全教職員（本務）で全児童・生徒数を除して、教職員一人あたり児童・生徒数（ST比）を算出し、その値の大小によって教職員の服務時間外の勤務時間数がどのように異なるかを調査している。その結果（表4－6）によると、小学校・中学校ともに、教職員一人あたり児童・生徒数が大きくなるにつれて服務時間外の平均勤務時間が増加していることが示されている。

さらに、小学校については、担任学級規模別の勤務時間数（服務時間外）も算出されている。その結果（表4－7）によれば、担任学級の規模が20人以下の教員の週あたり平均勤務時間（服務時間外）は2時間11分、46人以上の場合は2時間35分とされており、担任学級規模と服務時間外勤務時間数の間にわずかではあるが正の相関関係が見られることが示されている。

続いて、2006（平成18）年度および2016（平成28）年度に文部科学省が実施した「教員勤務実態調査」の結果を見てみよう。これらの2回の調査においても、担任学級の規模ごとの一日あたり平均勤務時間が集計されており、その結果をまとめたものが表4－8である。[9] いずれの年度においても、また小中学校を問わず、担任学級の規模が大きい教員ほど勤務日（平日）の勤務時間が長くなっており、少人数学級化のさらなる進展によって教員の長時間労働が改善される可能性を示すものとなっている。

また、2016年度調査の詳細な集計結果を見ると、学級規模の拡大に伴う勤務の長時間化をもたらしている主な業務は成績処理であることが示されている。10人以下の学級の担任教員が成績処

表4－6　ST比別週平均勤務時間数（服務時間外）

ST比	小学校	中学校
10人以下	2：06	2：38
11～20人	2：16	3：45
21～30人	2：29	4：00
31～40人	2：39	5：06
41人以上	5：29	3：03

出所：教員給与研究会編（1971）第10表

表4－7　担任学級規模別週平均勤務時間数（服務時間外、小学校）

学級規模	20人以下	21～25人	26～30人	31～35人	36～40人	41～45人	46人以上
時間数	2：11	2：21	2：25	2：32	2：35	2：38	2：35

出所：教員給与研究会編（1971）第14表

表4－8　担任学級規模ごとの一日あたり平均勤務時間

<table>
<tr><th></th><th colspan="2">小学校</th><th colspan="2">中学校</th></tr>
<tr><th></th><th>H18</th><th>H28</th><th>H18</th><th>H28</th></tr>
<tr><td>1～5人</td><td rowspan="2">10：16</td><td>10：46</td><td rowspan="2">10：19</td><td>10：52</td></tr>
<tr><td>6～10人</td><td>10：52</td><td>11：06</td></tr>
<tr><td>11～15人</td><td rowspan="2">10：13</td><td>10：53</td><td rowspan="2">10：32</td><td>11：13</td></tr>
<tr><td>16～20人</td><td>11：10</td><td>11：16</td></tr>
<tr><td>21～25人</td><td rowspan="2">10：37</td><td>11：24</td><td rowspan="2">11：04</td><td>11：20</td></tr>
<tr><td>26～30人</td><td>11：26</td><td>11：42</td></tr>
<tr><td>31～35人</td><td rowspan="2">10：44</td><td>11：33</td><td rowspan="2">11：17</td><td>11：50</td></tr>
<tr><td>36人以上</td><td>11：33</td><td>11：58</td></tr>
</table>

注：たとえば10：16は10時間16分をあらわす。
出所：国立大学法人東京大学（2007）、リベルタス・コンサルティング（2018）

理に費やしている1日あたり平均時間は小学校で８〜10分、中学校で16〜18分であるが、36人以上の学級では小・中学校ともに40分を超えており、週あたり2時間程度の労働時間の差を生み出す要因となっている。

さらに、２０１６（平成28）年度調査の報告書では、いくつかの回帰分析の結果も報告されている。教員の労働時間を被説明変数とする回帰分析では、性別や年齢、役職といった教員の属性に加えて、担任学級の規模も説明変数とされている。

その分析結果によると、学級規模の係数推定値は小学校・中学校ともにプラスで統計的に有意であることが報告されている。小学校の回帰分析結果から、学級規模が10人増加すると平日の１日あたり勤務時間が14分増加するという関係を読みとることができる（リベルタス・コンサルティング［2018］表４－５）。

また、教員のストレス指標（Ｋ６）を被説明変数とする回帰分析の結果も報告されているが（リベルタス・コンサルティング［2018］表８－２、８－３）、こちらの回帰分析では担任学級規模の係数推定値は小・中学校ともにプラスであるものの統計的に有意ではなく、担任学級の規模は教員のストレスには影響しないことが示されている(10)。

神林（2021）は、学校教員の生活満足度を規定する要因について分析を行っており、その中で労働時間や学級規模も分析に取り入れられている。複数の変数間の因果関係や相互関係を分析する統計的手法の一つであるパス解析を用いた分析の結果、担任学級の規模が大きくなると教員の労働時間が増加し、労働時間の増加は小学校教員の生活満足度を直接的に低下させることが示されている。

他方、中学校教員を対象とした分析では、労働時間と生活満足度の間に直接的な関係は確認されないものの、労働時間の増加は睡眠時間の減少をもたらし、睡眠時間の減少が生活満足度の低下をもたらすという関係性が示されている。すなわち、中学校においては、担任学級の規模拡大は睡眠時間の減少を通じて間接的に教員の生活満足度を低下させる要因となっていると考えられるのである。

4　筆者による研究結果――生徒・教師比率と労働時間・ストレスの関係

(1)　分析の概要

以下では、筆者による最近の研究成果（Hojo［2021］）を紹介しよう。この研究では、ＯＥＣＤが実施している教員の就業環境に関する国際調査であるＴＡＬＩＳの２０１８年調査（以下、ＴＡＬＩＳ２０１８と表記）に参加した日本の小学校・中学校教員のデータを使用して分析を行っている。調査に参加した教員数は、小学校１９７校・３３２１人、中学校１９６校・３５６８人であるが、以下で紹介する分析では、必要なデータが揃っている小学校教員２７６１人、中学校教員３００６人が分析対象となっている。

ＴＡＬＩＳ２０１８では教員および学校長に対して質問紙を用いた調査が実施され、このうち教員に対する調査では、性別や年齢、経験年数、雇用形態などの基本属性、労働時間、職業能力開発、教室での指導実践、学校の雰囲気や仕事満足度などについての調査が行われている。なお、これらの調査結果については、匿名化がなされた上でデータセットとして公表されており、ＯＥＣＤのウェブサイトから誰でも無料で入手することができるようになっている。[11]

この研究では、教員の労働時間や職務ストレス、仕事満足度に対して、学校レベルの生徒・教師比率（学校全体の生徒数を教員数で除したもの）がどのような影響を与えているかを分析している。

実は、ＴＡＬＩＳ２０１８のデータセットには、調査対象教員が担任をしている学級の規模の情報も含まれているのだが、本研究ではそれは使用せず、学校レベルの生徒・教師比率を用いている。その理由は、学校教員の仕事量や労働時間に影響を及ぼす要因を考えたときに、担任学級に関連する職務以外にもさまざまな校務が関係することが想定されるためである。[12]

たとえば、小規模校に勤務し担任学級が小規模であったとしても、同時に学校全体の教員数が少なければ、複数の校務を一人の教員が兼任せざるを得ず、結果的に仕事量や労働時間が増大するといったことが考えられよう。とはいえ、この研究で使用した生徒・教師比率は学級規模と密接に関連している。少人数学級の導入が進めば、各学校に配置される教員数が増加し、結果的に生徒・教師比率を低下させると考えられるからである。

分析には、回帰分析の一種であるマルチレベル分析が用いられている（回帰分析の概要については第1章3節2項を参照されたい）。被説明変数は、1週間の総労働時間および表4－9に示された各業務（授業～その他の業務）に費やした時間、仕事負荷ストレス、職場環境ストレス、仕事満足度である。説明変数は、教員の性別、雇用形態（正規、臨時任用）、設置者（公立、私立）の各ダミー変数、教職経験年数、そして生徒・教師比率である。仕事負荷ストレス、職場環境ストレス、仕

表４－９　分析に用いられた変数の記述統計

	小学校（N=2,761）		中学校（N=3,006）	
	平均	標準偏差	平均	標準偏差
生徒･教師比率	17.39	5.04	13.60	4.34
性別（男性＝0、女性＝1）	0.40	0.49	0.59	0.49
雇用形態（正規＝1、臨任＝0）	0.94	0.24	0.91	0.29
教職経験年数	16.76	11.84	17.04	11.81
設置者（公立＝0、私立＝1）	0.01	0.12	0.10	0.30
週あたり労働時間（単位：時間）				
合計	54.15	14.24	55.97	18.13
授業	22.87	8.46	17.75	8.13
学校内外で個人で行う授業の計画や準備	8.51	7.18	8.37	7.00
学校内での同僚との共同作業や話し合い	4.07	3.36	3.61	3.43
課題の採点や添削	4.81	4.24	4.30	4.16
生徒に対する教育相談	1.27	2.29	2.39	3.55
学校運営業務への参画	3.14	5.43	2.87	5.01
一般的な事務業務	5.12	6.34	5.57	6.76
職能開発活動	0.69	2.50	0.68	2.13
保護者との連絡や連携	1.23	1.54	1.23	2.09
課外活動の指導	0.57	1.97	7.59	7.69
その他の業務	1.86	4.18	2.78	5.53
仕事負荷ストレス	9.80	2.23	9.17	2.01
職場環境ストレス	9.23	2.13	9.33	2.15
仕事満足度	12.30	1.92	12.00	1.95

出所：Hojo（2021）Table 2

表4－10　生徒・教師比率が労働時間に与える効果

	小学校	中学校
総労働時間	**1.20**	**2.82**
授業	**0.42**	**1.33**
学校内外で個人で行う授業の計画や準備	0.11	−0.11
学校内での同僚との共同作業や話し合い	**0.46**	0.15
課題の採点や添削	**0.61**	**0.43**
生徒に対する教育相談	**0.20**	**0.20**
学校運営業務への参画	**−0.33**	−0.19
一般的な事務業務	**−0.64**	0.06
職能開発活動	−0.01	0.05
保護者との連絡や連携	**0.10**	**0.19**
課外活動の指導	0.04	**0.48**
その他の業務	0.02	−0.07

注：表中の数値は、生徒・教師比率が5上昇したときの週あたり労働時間の変化分を示す。太字は有意水準10%で統計的に有意であることを示す。
出所：Hojo（2021）Table 3

事満足度の各変数の作成に用いられた設問項目については本章補論に記載しているので、興味のある読者は参照されたい。

(2)　分析結果
――現場の教員数増員には改善効果あり

まず、労働時間を被説明変数とした回帰分析の結果を見ていこう（表4－10）。表中の数値は、解釈を簡単なものとするため、生徒・教師比率が5上昇したとき、すなわち、学校全体で計算した教師一人あたりの生徒数が5人増加したときの週あたり労働時間の変化分を示すように換算されたものである。1週間の総労働時間の行を見ると、小学校は1・20、中学校では2・82となっている。これは、生徒・教師比率が5大きくなると、教師の週あたり総労働時間が小学校で1・2時間、中学校では2・8時間長くなることを示している。

表４－１１　生徒・教師比率がストレスや仕事満足度に与える効果

	小学校	中学校
仕事負荷ストレス	**0.06**	**0.08**
職場環境ストレス	**0.04**	**0.04**
仕事満足度	−0.02	**−0.04**

注：表中の数値は、生徒･教師比率が1上昇したときの各尺度変数の変化分を示す。太字は有意水準10%で統計的に有意であることを示す。
出所：Hojo（2021）Table 4

また、授業時間についても、生徒・教師比率の大きい学校に勤務する教師ほど長くなっていることがわかる。さらに個別の業務ごとに費やした時間について見ていくと、教師一人あたり生徒数の大きい学校では、教師が課題の採点や添削、生徒に対する教育相談（生徒指導、進路指導等）に費やす時間が長くなっていることも示されている。

また、中学校では、生徒・教師比率の高い学校に勤務する教師ほど、部活動など課外活動の指導に費やす時間も長くなっている。部活動には功罪両面があり、部活動の指導時間が長いことは必ずしも望ましくないとは言い切れないのかもしれないが、部活動の指導が教師の長時間労働を助長していることは近年の研究でも確認されている（内田［2017］）。この分析結果は、少人数学級の推進に伴う教員配置数の増加が、学校単位の生徒・教師比率の低下を通して部活動指導時間の低減につながり、教師の長時間労働の是正に寄与する可能性を示していると解釈できよう。

続いて、教員のストレスや仕事満足度を被説明変数とした回帰分析の結果を確認する。

表４－11の数値は、生徒・教師比率が１大きくなったときに、仕事負荷ストレス、職場環境ストレス、仕事満足度の尺度変数がどの程度変化するかを示している。これらの尺度変数は、労働時間とは異なり、この尺度自

体に単位が存在しないため、生徒・教師比率の変化にともなってどの程度ストレスや仕事満足度が変化するかを具体的にイメージすることが難しいのだが、数値がプラスで統計的に有意であればストレスや仕事満足度が増大、逆にマイナスであればストレスや仕事満足度が低下する、と解釈していただきたい。

表4－11の分析結果を見ると、生徒・教師比率の高い学校に勤務する教師ほど仕事負荷や職場環境のストレスが高くなっていることが示されている。さらに中学校では、生徒・教師比率の上昇は教師の仕事満足度を低下させるという結果となっている。

表4－10および表4－11には示されていないが、回帰分析には雇用形態（正規・非正規）を示すダミー変数が説明変数に含まれている。その係数推定値の傾向は明確であり、小・中学校ともに、正規教員は非正規教員よりも労働時間が長く、ストレス尺度が高く、そして仕事満足度は低いという結果となっている。一言で非正規教員といっても実態はさまざまであり、正規教員と同等の業務を担当している場合もあれば、校務分掌や部活動指導のない場合もある。この分析で使用したデータからは、そうした非正規教員の中のちがいを把握することはできないが、平均的にみれば、正規教員のほうが長時間労働と強いストレスに直面しているといえよう。

以上で紹介した分析結果のメッセージは明瞭である。少人数学級化の推進によって各学校への教員配置数が増加すれば、多少なりとも生徒・教師比率は低下することが見込まれる。生徒・教師比率の低下は各教員の労働時間の削減につながり、労働時間の削減はストレスや仕事満足度の改善に寄与する可能性が高い。小学校全学年における35人学級の導入は、学校教員の労働環境の改善に寄与すると考えて間違いないであろう。

5　学級規模の縮小が教員にもたらす効果

本章では、近年その過酷さが問題視されている日本の学校教員の就業環境について、労働時間や病気休職、不安定な非正規教員の増大といった観点から概観したうえで、学級規模や生徒・教師比率との関係性について先行研究を踏まえつつ議論してきた。

これまでの章では学級規模の縮小が児童・生徒に及ぼす影響を中心に見てきたが、本章の議論からは、少人数学級の推進が教員の就業環境の改善にも資することが明らかとなっている。

本章のポイントをまとめると、以下の三点となる。

- 長期的にも短期的にも、学校教員の勤務時間は長時間化している。国際的に見ても、日本の学校教員は世界一の長時間労働となっている。直近の政府統計によれば、学校教員の時間外労働時間は平均値で月80時間の過労死ラインに達している。また、勤務時間中の休憩時間はわずか数分であり、日本の学校教員はほとんど休憩も取らずに過労死ラインに達するような長時間労働に従事している。その結果、精神疾患による病気求職者数も高止まりしている状況である。
- 2000年代以降、臨時的任用や産休・育休代替教職員、非常勤講師などの非正規教員の数が増加している。増加の背景には、２０００年代の制度変更に加えて、自治体の財政的な事情もあるものと考えられる。非正規教員は1年以下の有期雇用という点で不安定な就業形態であり、給与水準も正規教員に比べれば明らかに低い。また、福利厚生や職業能力開発の面で正規教員とは雲泥の差がある。

● これまでの研究成果によれば、学級規模の縮小、あるいは教員一人あたり生徒数の縮小は、教員の労働時間の短縮、睡眠時間の増加、ストレス尺度の低下、仕事満足度の上昇につながる可能性が高い。そして、こうした職場環境の改善は、教員に時間的・精神的余裕をもたらすことを通じて、授業の改善や職業能力の向上、児童生徒との関係性の向上につながるものと考えられる。

教師は聖職である、というような言葉を聞いたことのある読者は多いだろう。聖職者とは「人を導き教える聖職に従事している者」（広辞苑第六版）であり、神から与えられた役割を果たす崇高な存在であるから、報酬を期待して聖職に就くなどということはあってはならない。教師を聖職者になぞらえる「教師聖職者論」の淵源には諸説あるが、近代日本においては、やはり戦前の国家的背景を無視することはできないだろう。天皇の赤子を育てる教師を聖職と位置づける考え方は、天皇の神格が否定された後も引き継がれ、今日まで数多くの学校教員のアイデンティティを支えてきたといえる。

近年ではめっきり減ってしまったが、ひと昔前までは教師を題材とした漫画やドラマが国民的な人気を博していた。生徒を思い、生徒に寄り添い、ときに生徒と対立しながら困難を乗り越えていく、そんな作品が国民的な人気を博し、献身的教師像を形成・強化していったものと考えられる。そんな聖職者的教師像、献身的教師像は、教師たちのやりがいや使命感の源泉となる一方で、実態とかけ離れたわずかな残業代（教職調整額、第６章で詳述）で教師たちに度を超えた長時間労働を許容させてきた要因であったことも、また事実であると考えられる。

こうした点について、学校における働き方改革に関する中央教育審議会の答申は次のように指摘している。やや長くなるが引用したい。

「〝子供のためであればどんな長時間勤務も良しとする〟という働き方は、教師という職の崇高な使命感から生まれるものであるが、その中で教師が疲弊していくのであれば、それは〝子供のため〟にはならないものである。教師のこれまでの働き方を見直し、教師が日々の生活の質や教職人生を豊かにすることで、自らの人間性や創造性を高め、子供たちに対して効果的な教育活動を行うことができるようになるという、今回の働き方改革の目指す理念を関係者全員が共有しながら、それぞれがそれぞれの立場でできる取組を直ちに実行することを強く期待する」（「新しい時代の教育に向けた持続可能な学校指導・運営体制の構築のための学校における働き方改革に関する総合的な方策について（答申）」第２１３号、平成31年１月25日、2ページ）

このように同答申は、教師が崇高な使命を持った仕事であるという大前提を維持しつつも、これまで軽視される傾向にあった教師の労働者としての側面を重視し、教師の労働条件・就業環境は子どもがよい教育を受けるために必要な教育条件であることを強調するものとなっている。そして、学校における働き方改革を通して、教師という職業の魅力が再認識され、現職教員の士気や誇りが高まり、教職志望者が増大することがこの国の教育の持続可能性を高めることに繋がると指摘しているのである。

小学校全学年の35人学級導入の後押しとなった新型コロナウィルス感染症の拡大は、2020年3月の全国一斉休校に始まり、2022年には第6波の急拡大にともなって全国の学校で学級閉鎖や学年・学校閉鎖を余儀なくされる事態となった。学校が突然休業となり、子どもが一日中家にいるという状況下で、子どもを机に向かわせること、教科内容を教えることの難しさや大変さを痛感した保護者も多かったのではないだろうか。筆者もその一人である。そしてその困難さは、学校教員の指導力の高さ、ありがたさの裏返しでもある。新型コロナウィルスという目に見えない感染症は、これまで見落とされがちであった教師の存在感を再認識させるきっかけになったともいえよう。

最後に、先に紹介した中教審答申の一節を引用して、本章の結びとしたい。

「子供の数が減少する中、一人一人の子供たちが保護者の宝であると同時に我が国のかけがえのない宝であると今ほど切実に感じる時代はない。（中略）その教育の最前線で、日々子供たちと接しながら、子供たちの成長に関わることができる喜びが大きいとはいえ、つらいことがあっても、自らの時間や家族との時間を犠牲にしても、目の前の子供たちの成長を願いながら教壇に立っている現在の教師たち。これまで我々

の社会はこの教師たちの熱意に頼りすぎてきたのではないだろうか。（中略）
今回の学校における働き方改革は、我々の社会が、子供たちを最前線で支える教師たちがこれからも自らの時間を犠牲にして長時間勤務を続けていくことを望むのか、心身ともに健康にその専門性を十二分に発揮して質の高い授業や教育活動を担っていくことを望むのか、その選択が問われているのである」
（「新しい時代の教育に向けた持続可能な学校指導・運営体制の構築のための学校における働き方改革に関する総合的な方策について（答申）」第213号、平成31年1月25日、57ページ）

補論　TALIS 2018のストレス・仕事満足度変数に用いられた設問

本文で紹介したHojo（2021）では、各教員の質問紙への回答から作成された仕事負荷ストレス、職場環境ストレス、仕事満足度の変数が使用されている。ここでは、各変数の作成に用いられた設問項目を紹介する。

1　仕事負荷ストレス（Workload stress）

問　あなたの学校での業務に関して、以下のことはどの程度ストレスに感じますか。
1：まったく感じない、2：いくらか感じる、3：かなり感じる、4：非常によく感じる

(a)　多大な授業準備があること

(b) 授業の数が多すぎること
(c) 採点業務が多すぎること
(d) 事務的な業務が多すぎること（例：書類への記入）
(e) 教員の欠勤による追加的な業務があること

問2 職場環境ストレス（Workplace well-being and stress）

あなたの学校で教員としての経験の中で、以下のことはどの程度当てはまりますか。

1：まったくない、2：いくらかある、3：かなりある、4：非常によくある

(a) 職務上のストレスを感じる
(b) 私生活を送る時間を確保できている
(c) 教員としての職務が精神的に悪影響をもたらしている
(d) 教員としての職務が身体的に悪影響をもたらしている

問3 仕事満足度（Job satisfaction）

あなたが仕事全般についてどのように感じているかをお尋ねします。以下のことはどの程度当てはまりますか。

1：まったく当てはまらない、2：当てはまらない、3：当てはまる、

4：非常によく当てはまる

(a) 可能なら、別の学校に異動したい
(b) 現在の学校での仕事を楽しんでいる
(c) この学校をよい職場だと人に勧めることができる
(d) 全体としてみれば、この仕事に満足している

【第4章　注】

(1) 『ブラック企業に勤めてるんだが、もう俺は限界かもしれない』黒井勇人（ペンネーム）著、新潮社、２００８年。

(2) Ｓ41年調査では、服務時間内と服務時間外の勤務に分けた集計が行われており、１週間あたりの服務時間内の平均勤務時間は小・中学校ともに約47時間、日曜日を含む服務時間外の平均勤務時間は小学校で２時間30分、中学校で約４時間となっている。

(3) 第３回のＴＡＬＩＳには、ＯＥＣＤ加盟31カ国・地域を含む48カ国・地域が参加している。日本では小学校・義務教育学校前期課程１９７校・約３４００人の教師、中学校・義務教育学校後期課程１９６校・約３６００人の教師が調査に参加している。国内調査の実施時期は２０１８年2月から3月である。

(4) この時間数は、先に紹介した教員勤務実態調査の時間数を下回るものとなっているが、これは、教員勤務実態調査が出退勤時刻から学内勤務時間を算出しているのに対して、ＴＡＬＩＳでは、調査項目に挙げられた11の業務それぞれに費やした時間を合計して労働時間を算出していることが一因であると考えられる。

(5) この集計結果について、国内向けのＴＡＬＩＳ ２０１８報告書（国立教育政策研究所編［2019b］）は、「なお、これらの結果の解釈の際には、日本の教員が他国の教員に比べ、指導において高い水準を目指しているため自己評価が低くなってい

る可能性や、実際の達成度にかかわらず謙虚な自己評価を下している可能性があることに留意したい」（89ページ）と指摘しているが、日本の学校教員が突出してそうした傾向にあると想定するのはやや無理があると言わざるを得ない。むしろ、こうした集計結果をありのままに受け止める謙虚さこそ、教育行政を担う側に求められているのではないだろうか。

（6）グラフは同会のFacebook上に掲載されている。同会のFacebookには次のＵＲＬからアクセスできる。https://www.facebook.com/kyouikujouken/

（7）学校教職員の場合、雇用という言葉は使われず、正規の教職員は「採用」、非正規の教職員は「任用」という言葉が使われるが、本書では煩雑さを避けるため、「雇用」という言葉を統一的に使用する。

（8）先に紹介した「ゆとりある教育を求め全国の教育条件を調べる会」の調査結果によれば、２００７年に1万５８６５人であった産休・育休代替教職員数は、その後年々増加し、２０２1年には2万８０５３人と、およそ１・８倍に増加している。この背景には、団塊ジュニア（第二次ベビーブーム）世代が学齢期を迎えた１９７０年代に大量採用された教職員が一斉に退職時期を迎え、20代の若い世代が大量採用されたことがある。また、正規の学校教職員は民間企業と比べて産休・育休をとりやすいという点も影響していると考えられる。なお、改めていうまでもないかもしれないが、産休・育休代替教職員数が増加していること自体を問題視しているわけではない。

（9）２００６（平成18）年度の調査は、第1期から第6期まで計6回にわたって実施され、各期において小学校１８０校、中学校１８０校を抽出する大規模な調査となっている。他方、２０１６（平成28）年度の調査は、10月〜11月に1回だけ実施されている。本文中では、両年度の比較を容易にするため、２００6年度調査については２０１6年度と同時期に実施された第5期の調査結果を紹介している。

（10）K6はKessler *et al.*（2002）によって開発された心理的ストレスを測定する尺度であり、幅広い分野で活用されている。具体的には、六つの質問（「神経過敏に感じましたか」「絶望的だと感じましたか」「そわそわ、落ち着かなく感じましたか」「気分が沈み込んで、何が起こっても気が晴れないように感じましたか」「何をするのも骨折りだと感じましたか」「自分は価値のない人間だと感じましたか」）に対する5段階の回答を合計して算出され、合計点数が高いほど心理的な状態が悪いと診断する。

（11）ＴＡＬＩＳ ２０１８のデータは次のＵＲＬからアクセス可能である。なお、データを利用するには統計処理ソフトウェアであるＳＰＳＳあるいはＳｔａｔａ形式で保存されたデータを読み込む必要がある。https://www.oecd.org/education/

talis/talis-2018-data.htm

(12) もう一つの理由として、ＴＡＬＩＳ　２０１８に収録されている学級規模データの信頼性の問題がある。質問紙では各教員に担任学級の規模を問うているのだが、その回答を見ると、40名をはるかに超える値が記録されているケースや、逆に５名以下という回答が数多くなされているなど、学級規模のデータについてはやや信頼性が低いと判断せざるを得ないという事情がある。

第5章　少人数学級政策のコスト・パフォーマンス

1　少人数学級政策の「コスパ」

　ここまで本書では、少人数学級の効果について、児童生徒の学力や非認知能力への影響、そして教員の就業環境への影響といった観点から論じてきた。このうち学力への影響に関してはさまざまな分析結果が存在するものの、国内外の有力な先行研究でおおむね共通して得られている結果は、少人数学級には多少なりとも学力向上の効果があり、中でも社会経済的に恵まれない背景を持つ児童生徒ほど少人数学級による学力向上効果が大きい、というものであった。

　非認知能力については、特に国内において学力ほど研究が蓄積していないという面はあるが、海外では小規模学級の生徒ほど非認知能力が高いという分析結果が数多く確認されているし、国内においても同様の傾向が確認されることを筆者自身の分析で示した。

　また、教員の就業環境についての分析結果は明白であり、少人数学級の導入によって教員配置数が増加すれば、教員一人あたり生徒数が減少し、勤務時間やストレスの減少につながることが確認されていることを論じた。これらの結果を総合すれば、少人数学級の導入・推進は児童生徒および教員に多少なりとも望ましい効果をもたらすと判断することに異論は少ないであろう。

他方、少人数学級化を実現するためには、当然であるがさまざまな追加的な資源投入が必要となる。教員の増員は不可欠であるし、少人数学級化によって学級数が増えれば、その分だけ追加の教室も必要となる。空き教室の活用で足りなければ、校舎の増築や改修といった工事が必要となるであろう。

こうした追加的な資源投入には当然、相応の追加的な費用がかかることになる。増員した教員の人件費はその主たるものである。したがって問われるべきは、少人数学級の実現によってもたらされる便益の大きさが、そのために追加的に必要となる費用に見合うのか、という点である。

仮に、便益はそれなりに大きいけれども、その便益を遥かに上回る費用が必要ということになれば、いかに少人数学級化の推進が子どもたちや教員に望ましい効果をもたらすとしても、政策的には実現が難しくなることは想像に難くない。効果があることだけを根拠に少人数学級化を推進することは現実的ではないのである。

こうした議論は、いわゆる「コスパ」の問題と言い換えることができよう。コスパとはコスト・パフォーマンスの省略語であり、支払った費用（コスト）とそれにより得られる便益（パフォーマンス）を比較するものである。支払ったコストと比較して遥かに高いパフォーマンスを得られるような商品やサービスは「コスパがよい」というように表現される。これまでの研究では、少人数学級政策は必ずしもコスパのよい政策とは評価されず、どちらかといえばコスパの悪い政策に分類されてきたといえる。果たして少人数学級政策のコスパは本当によくないのだろうか。

本章では、前章までの議論を踏まえながら、少人数学級政策のコスト・パフォーマンスについて議論する。あらかじめ断っておくが、こうした議論の必要性は多くの研究者が認識しているものの、それほど多くの研究例があるわけではない。言い換えれば、少人数学級政策の費用と便益の分析はそれほど簡単な作業ではないということである。そのため、以下の議論においては、先行研究の分析例を参考としながら、さまざまな前提・仮定をおいた上で少人数学級政策の金銭的な費用と便益を簡便に推計するというアプローチを採用している。国内外の研究例・実践例をもとにした試論としてお読みいただきたい。

2　少人数学級政策のコスト

(1)　コストの種類

少人数学級化の推進に伴って発生するコストとして真っ先に思い浮かぶのは、追加的に配置される教員の人件費である。少人数学級化は必然的に学級数の増加をもたらすため、増加した学級に担任教員を配置する必要が生じるからである。ほかにも、学級数の増加に対応するためには追加の教室が必要になるため、空き教室を活用したり、他の用途に用いられていた部屋を教室として活用するといったかたちで追加的な資源投入が必要となる(1)。

こうした物理的な資源投入にも当然ながらコストは発生する。空き教室の活用程度であればそれほどの費用はかからないと考えられるが、仮に大規模な校舎の増改築や新築が必要となれば相応のコスト要因となろう。とはいえ、少子化の進展に伴って児童生徒数が減少している今日においては、校舎の増改築や新築を必要とするほど空き教室が不足しているケースはそれほど多くないとも考えられるため、以下では教員の人件費を主なコストとして検討することとする(2)。

さて、少人数学級政策の実施に伴う教員人件費の増加はどの程度となるのだろうか。この問いについて考えるため、以下では、極めて単純なケースから検討を始めることとしよう。

まず、総生徒数がN人で、Nが30と40の公倍数であると仮定しよう。すべての学級が40人で編制されているとすると、編制される学級の数はN／40となる。次に、少人数学級政策の実施によってすべての学級が30人で編制されるようになったと想定すると、編制される学級数はN／30となる。編制された学級数を比較すると、この少人数学級政策によって学級数はおよそ33％増加しているので、増加した学級に新たな教員を配置するとすれば、教員数も33％増やさなければならないということになる。したがって単純に考えれば、教員人件費も33％増加する、という結論が導かれる。

もちろんこれは極めて単純化した検討である。実際にはすべての学級が40人で編制されているということはあり得ない。学級編制の標準が1学級40人であったとしても、実際には30名程度の学級が編成されているケースは少なくない。たとえば1学年60人の学年であれば、30人の学級が2クラス編制されることになるし、小規模な学校であれば1学年の人数が30人に達しないようなケースもあろう。

また、前者の例では、少人数学級が導入されて学級編制の標準が40人から30人に縮小されたとしても、導入前とまったく同様に30人の学級が2クラス編制されることになる。したがって、学級編制の標準を縮小するかたちで少人数学級が導入されたとしても、導入前と比較して学級数に変化が生じないようなケースも数多く想定されるため、新たに配置が必要となる教員の数が大幅に増加するとは必ずしも言えないのである。前述の33％という数字は、この例における教員増加率の、いわば上限と解釈されるものなのである。

(2)　理論的検討

前項で検討したように、学級編制の標準が縮小されたとしても、それに伴ってすべての学級が少人数化するわけではない。たとえば、学級編制の標準が40人から30人に縮小されたとしても、もともと1学年の児童数が少なく、縮小された標準の人数（30人）を下回っているようなケース（たとえば、1学年の児童数が20人のような場合）では、学級編制標準の変更の影響を受けることはないし、複数の学級が編制されている場合であっても、児童生徒数によっては標準の変更の影響が発生しないような状況は想定され得る。

では、学級編制の標準が縮小されたときに、実際にどの程度の学校が影響を受けると想定されるのであろうか。以下では、若干の理論的な検討を試みることとしよう。

複数の学年をまたいで学級を編制する複式学級を除けば、学級は各学校で学年ごとに編制されるものと考えられるので、学級編制の標準の変更が学級数にもたらす影響を検討する際に着目するのは、各学校における各学年の児童数ということになる。そして、学級編制の標準の変更（縮小）がどの程度の割合の学級に影響を及ぼすかを推計するためには、各学校における学年ごとの児童数（学年児童数）の分布を知る必要がある。学年児童数の分布がおおよそでも特定できれば、学級編制の

図５－１　学校単位の学年児童数の分布

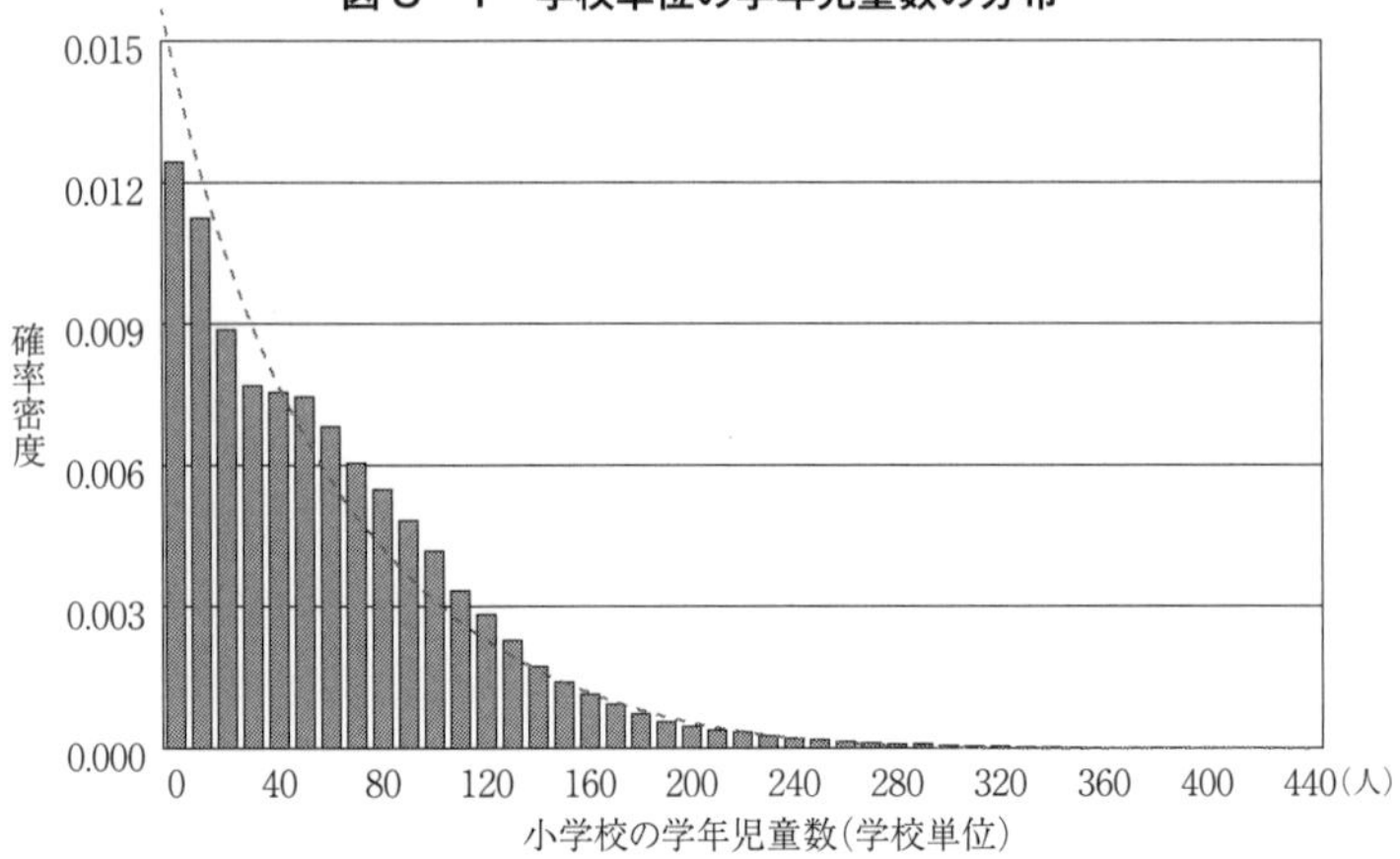

出所：株式会社ガッコム提供のデータより筆者作成

標準の変更によって影響を受ける学級の割合を統計的に推測することが可能となる。

　では、各学校における学年ごとの児童数の分布はどのような形状をしており、どのような統計分布で近似できるのであろうか。残念ながら、学校単位の学年児童数の分布を知ることのできる公的な統計資料は公表されていない。

　そこで筆者は、株式会社ガッコム（https://www.gaccom.jp/）が研究・分析用に提供している「全国公立小学校（児童数・学級数）」のデータを申請・入手した。このデータ（２０２０年５月時点）をもとに、各小学校における各学年の児童数の分布を示したものが図５－１のヒストグラム（棒グラフ）である。おおよそではあるが、極めて児童数の少ない学校の比率が大きく、なだらかに右下がりの形状となっている。

　なお、学校単位の学年児童数の算術平均値はおよそ64名である。そして、図５－１に描かれてい

表5－1　学級編制標準の変更が学級数に及ぼす影響

学年児童数(人)	学級数の変化
36～40	1 → 2
71～80	2 → 3
106～120	3 → 4
141～160	4 → 5
176～200	5 → 6
211～240	6 → 7
246～280	7 → 8

る曲線は、母数（scale）を64とする指数分布（exponential distribution）の確率密度関数を示したものである。[3] 二つのグラフを見比べれば、学校単位の学年児童数の分布を指数分布の確率密度関数である程度近似できることが確認されるだろう。そこで以下では、学校単位の学年児童数が母数を64とする指数分布の確率密度関数で近似されると仮定して議論を進めることとする。

学級編制の標準の変更がどの程度の割合の学校に影響を及ぼすかを推計するためには、標準がどのように変更されるかを具体的に設定する必要がある。そこで以下ではまず、学級編制の標準が40人から35人に縮小されたケースを想定することとしよう。

この場合に、学級編制の標準の変更によって影響を受ける学校をまとめたものが表５－１である。同表からわかるように、学級編制の標準が40人から35人となることで影響を受けるのは、nを自然

図5－2　標準の変更によって影響を受ける学校

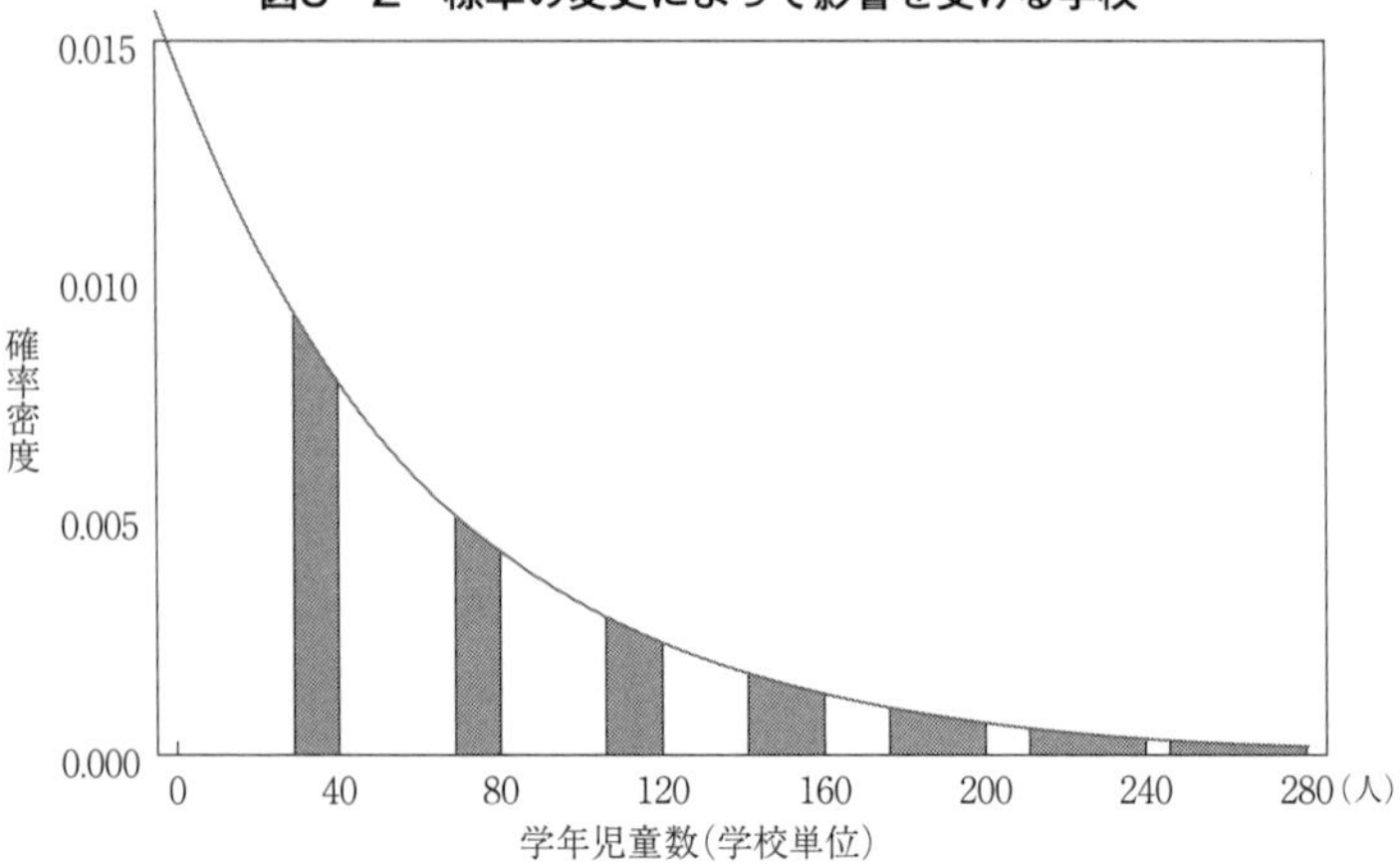

注：網カケ部分は影響を受ける学校を示す。

数として、学年児童数が35ｎ＋1から40ｎの範囲にある学校（1≦ｎ≦7）および、学年児童数が280名を超える大規模校である。大規模校では、場合によっては標準の縮小によって2学級増加するようなケースも想定されるが、学校基本調査によれば、実際にはそのような大規模校はほとんど存在していない。

図5－2は、学級編制の標準が40人から35人となることで影響を受ける範囲をグレーで示したものである。学校単位の学年児童数の分布は指数関数の確率密度関数で近似されているので、確率密度関数のグラフとｘ軸およびｙ軸で囲まれた領域の面積は定義によって1となる。そして、グレーで示された領域の面積は、学級編制の標準が40人から35人となることで影響を受ける確率を示していると解釈できる。

図5－2をもとにグレーで示された領域の面積を算出したところ、およそ0・19であった。すな

表5−2　学級編制標準の変更がもたらす影響

	学級編制の標準		
	40人	35人	30人
学級数が増加する学校	−	約19%	約40%
学級数の増加率	−	10.3%	24.1%
学級の平均規模	25.6	23.3	20.8

わち、学校単位の学年児童数が母数を64とする指数分布の確率密度関数で近似できると仮定すると、学級編制の標準が40人から35人となることで学級数の増加というかたちで影響を受ける学校の割合は、全体の19％程度と推計されるのである。

しかしながら、全体の19％の学校で学級数の増加という影響を受けるということは、学級数そのものが19％増加することを意味するわけではない。詳しい計算過程は省略するが、図５−２のグレーで示された学年児童数の学校で学級数が１増加し、その他の学校で学級数が不変であったと仮定して学級数の増加率を計算すると、おおよそ10・３％という数値が得られる。これは、学級編制の標準の縮小率である12・５％（［40−35］／40）をやや下回る数値といえる。

また、編制される学級の平均規模は、標準が40人のとき約25・6人、標準が35人のときは約23・３人となり、学級規模の縮小幅は平均で２・３人、縮小率は９％程度という計算結果となる。これらの計算結果は表５−２にまとめられている。

表５−２には、学級編制の標準が40人から30人に縮小されたと仮定して同様の計算を行った結果も示されている。この場合、学

級数が増加する学校の割合は全体のおよそ40％、学級数の増加率はおおよそ24・1％程度と算出される。この24・1％という増加率も、学級編制の標準の縮小率である25％（［40－30］／40）を若干下回る数値となっていると考えられる。また、平均学級規模は25・6人から20・8人に縮小し、縮小幅は平均4・8人、縮小率は約18・8％となる。

(3) 山形県の事例

以上は理論的な検討であったが、では少人数学級の導入は、実際にはどの程度の学級数の増加をもたらすのであろうか。本項では、全国に先駆けて公立小中学校の少人数学級化を推進した山形県の事例から、この問いへのアプローチを試みたい。

公立の小中学校における学級編制および教職員定数の標準は「公立義務教育諸学校の学級編制及び教職員定数の標準に関する法律」において定められている。平成13年の同法の改正では、それまで「1学級40人」とされていた公立小中学校の学級編制の標準について、「ただし、都道府県の教育委員会は、当該都道府県における児童又は生徒の実態を考慮して特に必要があると認める場合については、この項本文の規定により定める数を下回る数を、当該場合に係る一学級の児童又は生徒の数の基準として定めることができる」（第3条2項）とのただし書きが追加され、都道府県の実情に応じて40人以下の学級編制が認められることとなった。この法改正を受け、全国に先駆けて40人以下の少人数学級編制の導入に踏み切ったのが山形県であった。

同県では、少人数学級の導入を公約に掲げて平成13年の県知事選挙で当選した高橋和雄知事（当時）の発案により、平成14年度から「教育山形さんさんプラン」（以下「さんさんプラン」と表記）と名づけられた少人数学級編制が導入された。同プランは「きめ細かな指導のもと、基礎・基本を徹底するとともに、いじめ・不登校など今日的な教育課題の解決をはかることを目的として、多人数学級（34人以上）を解消する」ことを趣旨としている。

より具体的には、34人以上の多人数学級を解消し、学級規模を21～33人とする学級編制を行う、というものであった。[4] 平成14年度は小学校１学年から３学年、平成15年度には５学年まで対象を拡大し、平成16年度に小学校全学年を対象とした導入が実現した。

では、こうした「さんさんプラン」の導入によって、学級数は実際にどの程度増加したのであろうか。同プランを紹介している吉田（[2006] 表２）によれば、プラン導入初年度の平成14年度に少人数化の対象となった学級は52校90学級、平成15年度は66校１７１学級、平成16年度は69校２０９学級にとどまっている。なお、同プランの実施にあたって必要となる教員の採用とその財源については県独自の財源によるとされている。

同プラン実施のために県が独自に採用した教員数は、平成14年度が96人（常勤56人、非常勤40人）、平成15年度が１６３人（常勤１４８人、非常勤15人）、平成16年度が１４５人（常勤70人、非常勤75人）であったことが示されており（吉田［2006］表３）、平成16年度を除けば、増加した学級数におおむね相当する教員が新たに採用されていることがわかる。

なお、平成16年度には２０９学級が少人数化の対象となったにもかかわらず、県独自の教員採用数は１４５人にとどまっている。この理由について吉田（2006）は、「平成16年度から義務教育費国

表5－3　山形県の児童数等の推移

西暦（年度）	和暦（年度）	A. 児童数（人）	B. 学級数	C. 教員数（人）	D. 平均学級規模（A/B）	E. 仮想学級数
1997	平成9	82533	3334	5174	24.8	
1998	平成10	80484	3287	5107	24.5	
1999	平成11	77934	3234	5064	24.1	
2000	平成12	76009	3200	5020	23.8	
2001	平成13	74095	3155	4950	23.5	
2002	平成14	72452	3204	4977	22.6	3277
2003	平成15	71273	3245	4984	22.0	3373
2004	平成16	69643	3230	4861	21.6	3436
2005	平成17	68287	3200	4786	21.3	3472
2006	平成18	67068	3156	4715	21.3	3487

出所：総務省統計局「社会･人口統計体系」

庫負担金の総額裁量制が導入され、従来認められていなかった少人数指導の加配教員の学級担任への振り替えが認められたことに起因している」（137ページ）と指摘している。

以上で示した「さんさんプラン」の概要を念頭に置きつつ、同プランの導入によって実現した少人数学級化の影響について検討していきたい。

表5－3は、同プラン導入前後の時期における山形県内公立小学校の児童数、学級数、教員数等を示したものである。まず全体的な傾向として、児童数が年々減少しており、それに伴い学級数や教員数も年々減少してきたことを読みとることができる。「さんさんプラン」導入初年度の2002年度は、児童数が前年度と比べ1643人減少しているが、第1学年から第3学年まで同プランの導入によって少人数学級が編制された結果、前年度と比べ学級数は49学級増加し、教員数も27名の増加に転じていることがわかる。

D列には児童数（A列）と学級数（B列）から機械的に算出した「平均学級規模」（A列／B列）が示されている。やや大雑把な指標ではあるが、大まかな傾向をつかむためにはこのような数値でも代用可能であると判断して算出している。

「平均学級規模」は１９９０年代を通して縮小傾向にあり、さんさんプラン導入前年度の２００１年度には23・5であった。同プラン導入初年度の２００２年度に第１学年から第３学年を対象として少人数学級が編制されたことにより同数値は22・6に低下し、第５学年まで対象が拡大された翌年度には22まで低下した。その後もこの数値は低下傾向にあり、同表には示されていないが、最新の数値は20を下回っている。

表５－３に示されている通り、「さんさんプラン」導入前後の時期においては、プランの導入による学級数の増加と、児童数の減少に伴う学級数の減少が同時に発生しているため、単純に時系列の比較をしても同プランがもたらした影響を読みとることはできない。そこで、児童数がプラン導入前年度の２００１年から不変であると仮定したうえで、D列の「平均学級規模」に基づいて仮想的な学級数を算出したものがE列に示されている。

たとえば、児童数が２００１年と同等の水準であったと仮定した場合、プラン導入初年度である２００２年には３２７７の学級が編制されたであろうと想定される、と解釈していただきたい。２００１年度の学級数が３１５５なので、差し引き１２２学級の純増がもたらされたと考えるのである。

このように同表を見ていくと、児童数の減少がなければ、同プランの対象が小学校全学年に拡大された２００４年度には３４３６学級が編制され、プラン導入前年度と比べて２８１学級の増加がもたらされたであろうということになる。同プランが小学校全学年を対象として実施された２００４〜２００６年の仮想学級数の平均値は３４６５である。これは２００１年度と比較して３１０学級の増加であり、比率で表すとおおよそ10％の学級数の増加に相当している。

前述の通り、「さんさんプラン」は「34人以上の多人数学級を解消し、学級規模を21〜33人とする学級編制を行う」という県独自の政策であり、21人という下限が定められているとはいえ、実質的には学級編制の標準を40から33に縮小するものであると解釈できる。このように考えると、学級編制の標準の縮小率は17・5％（［40―33］／40）となるので、前節の理論的検討に基づけば、学級数の増加率は標準の縮小率をやや下回る水準になることが予想されるが、実際には17・5％を大きく下回る10％程度の学級数の増加しか発生しなかったということになる。

学級数の増加が理論予測を下回った原因としては、山形県内において小規模学校が数多く存在していたことが影響していると考えられる。学年の児童数が同プランの上限である33人を下回る学校ではプラン導入の影響を受けないものと想定されるが、山形県ではそうした学校が全体の６割以上を占めている。理論予測で児童数分布の近似として活用した母数を64とする指数分布の確率密度関数は、日本全体の学年児童数分布についてはかなりの程度近似できていたと考えられるが、山形県のように小規模校が多数を占めるような状況をうまく近似できていないため、学級数の増加を多く見積もってしまったのである。

そこで、山形県の実態に合わせた理論予測を実施した。具体的には、山形県の学校単位の学年児

図５－３　学校単位の児童数（小学校6年、山形県）の分布

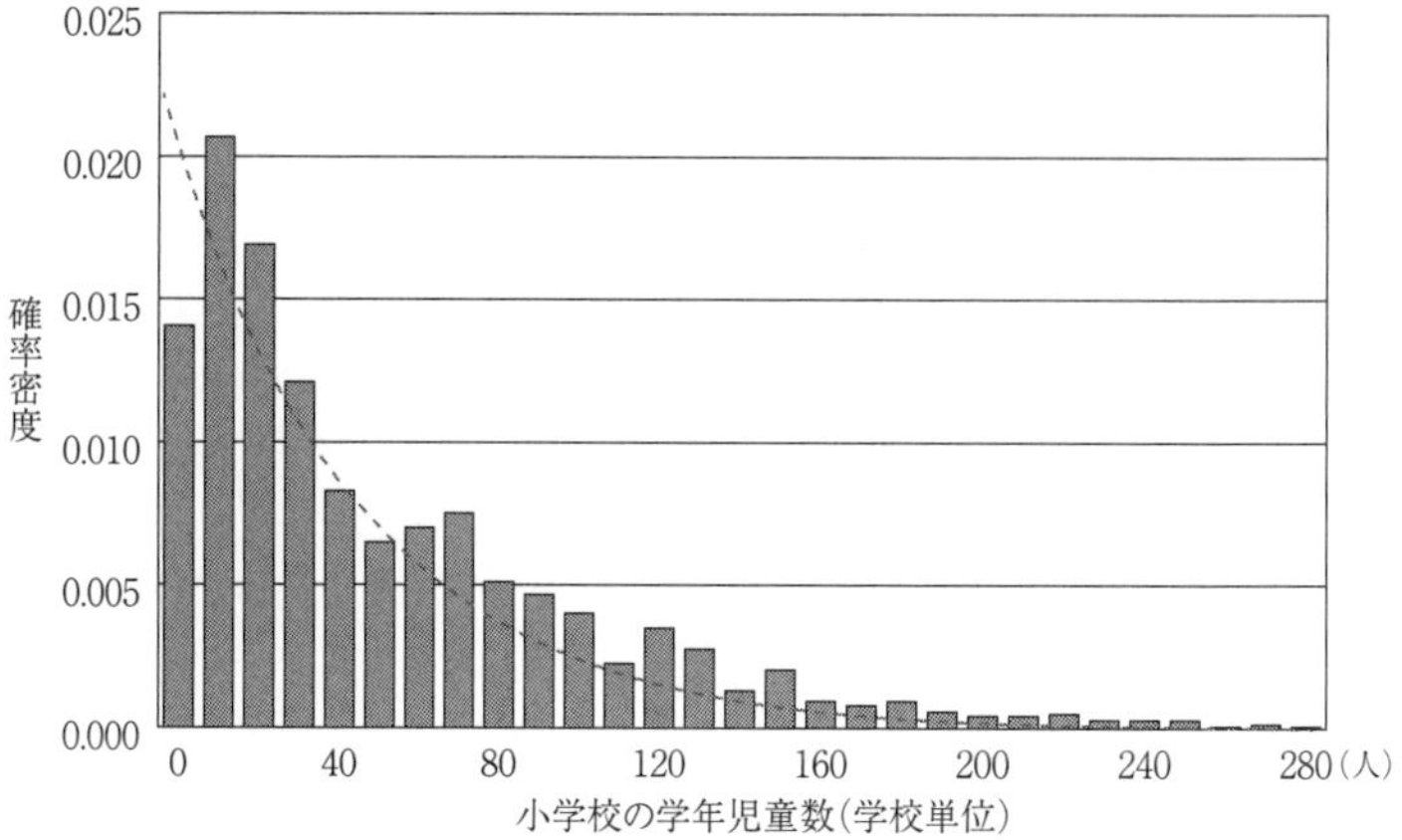

出所：図5–1に同じ

童数の算術平均値がおよそ45名であることから、児童数の分布を母数45の指数分布の確率密度関数で近似して学級数の増加を算出した（図５－３）。その結果、学級編制の標準を33人に縮小することによって影響を受ける学校の比率は約19％、学級数の増加率は約13％との結果が得られた。仮想学級数の増加率がおよそ10％と算出されているので、理論予測の精度は大幅に改善したといえよう。

「さんさんプラン」の費用については、山形県教育庁次長（当時）の長南博昭氏が対談の中で「今年（筆者注：２００３年度）でこのプランに導入している予算というのは約七億円です」と明らかにしている（野口・小林・長南［2004］33ページ）。他方で、吉田（［2006］表4）は、山形県教育庁義務教育課作成資料に基づき、プラン初年度の２００２年度が約4億円、２００３年度が約8億２０００万円の予算額であったことを示しており、両者の数値にはやや開きがある。なお、２００２年度は小学校1学年から3学年、2003年度は小学校1学年から5学年までがプランの対象となっていた。文部科学省「学校基本調査」によれば、2002年度の山形県の公立小学校1～3学年の児童数は3万5261人、2003年度の山形県の公立小学校1～5学年の児童数は5万8691人となっているので、吉田（2006）が報告している数値に基づいて単純に計算すると、同プランの予算は児童一人あたり約1万1000円（4億円／3万5261人）～1万4000円（8・2億円／5万8691人）と算出される。

また、同プラン導入のための教員配置数が2002年度96人、2003年度163人とされているので、新規教員一人あたりに換算すると約417万円（4億円／96人）～503万円（8・2億円／163人）となる。2002年度は96人のうち非常勤が40人を占めていたために、やや低い金額になっているものと考えられる。

(4) 学級規模縮小のコスト

さて、先の理論的検討および山形県の事例を踏まえて、学級規模縮小政策のコストについて検討しよう。なお、以下の検討では議論が複雑になることを避けるため、児童数は毎年一定で、教員一人あたり人件費も一定であると仮定することとする。また、この政策によって発生する費用は教員の人件費のみと想定する。

まず、学級編制の標準を40人から35人に縮小する政策について考えよう。理論的検討の際に用いた表5－2によれば、この縮小政策によって学級数が10・3％増加すると予測されるので、増加した学級に新たな教員を採用・配置するとすれば、教員数を最大で10・３％増加させる必要がある。[5]これは単純に考えて教員人件費を10・３％上昇させることを意味するので、児童一人あたりの教員人件費も10・３％増加することとなる。

文部科学省が実施している「地方教育費調査」の結果によれば、小学校において、教員人件費は教育費総額の40～45％程度を占めているので、仮に高めに見積もって45％と想定すると、教員人件費が10・３％増加した場合、教育費総額はおよそ４・６％（[0.45×1.103+0.55]×100）増加すると考えられる。

また、同調査によれば、小学校における児童一人あたり教育費は約99万円（２０１９年度）と報告されているので、簡略化のためこれを１００万円と想定しよう。そうすると、学級編制の標準を40人から35人に縮小する政策によって増加する費用は、教育費総額の４・６％、児童一人あたりに換算すると約４万６０００円と算出される。この数値は、教員人件費の増加分をやや多めに見積もった場合の金額として解釈すべきものである。

なお、学級編制の標準を40人から30人に縮小すると想定して同様の計算を行うと、学級数および教員数の増加率は24・１％、教育費総額および児童一人あたりの教育費の増加率は10・８％、児童一人あたりの増加額は約10万８０００円と算出される。また、山形県の「さんさんプラン」を想定して同様の計算を行うと、学級数及び教員数の増加率は13％、教育費総額および一人あたりの教育費の増加率は５・９％、児童一人あたり費用の増加額は約５万９０００円と算出される。

先に紹介した山形県の例では、「さんさんプラン」の導入初年度に96人、２年目に１６３人の教員が新たに採用・配置されたことを紹介したが、同プラン導入前後の時期には児童数の減少が同時に発生していたため、仮に児童数の減少がなければ、より多くの学級が同プランの対象となり、それに応じてより多くの教員を新規に採用・配置する必要があったものと想定される。

そこで、前節で算出した、児童数の減少がなかったと仮定した場合の「仮想学級数」を用いて考えてみよう。児童数がプラン導入前年の2001年の水準で一定であったと仮定すると、仮想学級数は理論予測に近い310学級（約10％）の増加になることが見込まれていた。同プランの予算額から算出された教員一人あたり費用は約417～503万円であったので、これを500万円と仮定すると、増加したであろう310学級に新たな教員を採用・配置した場合、増加する人件費の総額は約15億5000万円と算出される。この金額を2001年の児童数（7万4847人）で児童一人あたりの金額に換算すると、およそ2万700円となる。

この金額は、「さんさんプラン」を想定して理論的に算出された児童一人あたり費用5万9000円の半分にも満たない。その要因の一つは、新規採用教員一人あたり費用を500万円と少なめに見積もっていることにある。そこで、2001年度の同県の教員給与の平均値である約708万円を用いて計算を行うと、児童一人あたり費用の増加分はおよそ2万9300円に上昇する[6]。

他方、先の理論的な検討では、教員人件費が教育費総額の45％を占めると想定して計算を行っている。仮に、この比率を40％と想定して計算を行うと（実際、文部科学省「地方教育費調査」によれば、山形県の教育費総額に占める教員人件費の比率は約40％である）、児童一人あたりの費用の増加分は5万2000円となり、両者の差はやや縮小するが、それでも2万円以上の開きがある。したがって、前述の理論的検討は現実と比べて費用を高めに算定していると考えられる。

3　少人数学級政策のパフォーマンス

前節で少人数学級政策のコストについて検討したので、次に本節では同政策がもたらすパフォーマンス、すなわち便益について検討していきたい。少人数学級政策によって期待される便益に関しては、児童生徒の学力および非認知能力の向上、学校教員の労働時間や業務ストレスの軽減などについて本書で議論してきた。また、山形県の「さんさんプラン」を検証した結果によれば、同プランの導入後、学力の向上だけでなく、不登校児童の出現率の低下や平均欠席日数の減少など、生活面においても効果が見られたことが報告されている（野口・小林・長南［2004］；吉田［2006］）。

このような学業面・生活面の両面における少人数学級政策の効果が、前節で議論した同政策のコストに見合うものであるかを議論するためには、これらの効果がもたらす便益を金銭的に評価する必要がある。

しかしながら、こうした効果は基本的に児童生徒が在学中に観察されるものである。仮に、少人数学級政策によって学力が大きく向上したとしても、その学力の向上がどれほどの金銭的な便益をもたらすかを評価するためには、何らかの方法で、在学中に発生した学力の向上という効果が卒業後の児童生徒にもたらす便益を測定しなければならない。たとえば、学力の向上でいえば、在学中にもたらされた学力向上によって児童生徒の認知能力が高まり、その高まった認知能力が、学校卒業後の将来に彼ら／彼女らが労働市場に参入したときに高い賃金というかたちで評価される、といったようなストーリーを考えなければならない、ということである。

(1) 米国での政策実験のその後

第1章で紹介した、1980年代に米国テネシー州で実施された少人数学級の政策実験であるスタープロジェクトは、就学前（K学年）から第3学年の生徒を対象とした実験であったが、その後も第8学年（日本の中学2年次に相当）まで追跡調査を実施するだけでなく、実験対象者が学校を卒業した後も追跡して調査を行い、少人数学級政策が生徒にもたらした長期的な効果を検証できるようになっている。

以下ではその追跡調査結果を分析したクルーガーらの分析結果（Krueger and Whitmore [2001]; Heckman and Krueger ［2005］）を紹介しよう。

クルーガーらの分析結果（Heckman and Krueger ［2005］ Table 1.3）によれば、実験期間中（K～第3学年）の学力向上効果（少人数学級に割り当てられた生徒と通常規模学級に割り当てられた生徒の平均学力差）は0・2標準偏差程度（日本の偏差値に換算すると2に相当）であったが、この学力向上効果は、大きさはほぼ半減しつつも、第4学年以降も持続していたことが示されている。そして、実験対象者が高校を卒業した後に、米国の大学入学に必要な二種類の試験（ACTあるいはSAT）を受験する確率を比較すると、少人数学級に割り当てられた生徒群のほうが7％ポイント高く、ACTまたはSATのスコアも約0・11標準偏差（偏差値に換算すると1・1）高くなっ

ていたことが示されている。(7)

クルーガーらの分析結果は、少人数学級政策によってもたらされた学力向上の効果が学校卒業後も継続し、学力の向上が大学への進学意欲を高め、大学入学に必要な試験においても高い得点を獲得し、より上位の大学へ進学する可能性が高まる、といったストーリーを想起させるものである。そして、結果として大学進学の確率が高まり、より上位の大学へ進学するといった効果がもたらされるとすれば、大学卒業後に労働市場に参入したときに、高学歴獲得者として高い賃金を得られる職に就く可能性が高まること、すなわち金銭的な便益が発生することが期待されると考えられるのである。

クルーガーは別の論文において、こうしたストーリーに基づいて少人数学級実験がもたらした金銭的な便益の大きさを推計しているので、次項で紹介しよう。

(2)　少人数学級がもたらす金銭的な便益：米国での事例

クルーガーは、複数の先行研究の結果を参考にしつつ、在学中の学力と学校卒業後の収入の関係を検討している（Krueger［2003］）。

まず、米国の High School and Beyond survey のデータを用いたマーナンらの分析結果は、高校在学中の１９８０年に受験した数学の試験（basic mathematics achievement test）において得点が1標準偏差高かった人が、その6年後に7・7％高い収入を得ていたことを示している（Murnane *et al.*［1995］）。また、カリーらは英国のデータを用いて7歳時点の読解および算数のテストスコアと33歳時点の収入の関係を分析している。

その分析結果によれば、読解のスコアが1標準偏差高くなると33歳時点の収入が8・0％、算数のスコアが1標準偏差高くなると33歳時点の収入が7・6％、それぞれ高くなることが示されている（Currie and Thomas［1999］）。

こうした先行研究の分析結果に基づき、小学校在学中の算数あるいは読解の試験における1標準偏差分のスコアの上昇は、学校卒業後の収入を約8％増加させると仮定するのが妥当であろう、とクルーガーは結論づけている。なお、試験における1標準偏差分のスコアの上昇は、日本でなじみのある偏差値に換算すれば10に相当する。したがってクルーガーの想定を日本流に表現すれば、小学校時代の算数（あるいは国語）の偏差値が10高くなると学校卒業後の収入が約8％高くなる、ということになる。

次にクルーガーは、米国における年齢・収入プロファイルをもとに、各年齢時点の平均収入を求めている。年齢・収入プロファイルとは、調査時点における就業者について、各年齢の就業者の平均収入を示したグラフのことである。クルーガーは、以下のような仮定を置いたうえで、各年齢時点における収入の増加分を算出して合計し、スター・プロジェクトの少人数学級実験において観察された成績上昇がもたらす金銭的な便益を求めている。

- 生徒は学校卒業後、18歳から65歳まで働く
- 小学校における1標準偏差分の成績上昇は各年齢時点の収入を8％上昇させる

● スター・プロジェクトにおいて少人数学級に割り当てられた生徒は、通常規模学級に割り当てられた生徒と比較して、算数、読解ともに0・2標準偏差分成績が上昇した

なお、詳細については後述するが、小学校における成績上昇がもたらす収入の増加は、生徒が学校を卒業した後の将来の時点で発生するものであるので、収入の増加額の合計を算出する際には、一定の割引率を想定して現在の価値に割り引いた金額が用いられている。

クルーガーの分析結果（Krueger［2003］Table 5）によれば、標準的な想定（割引率4％、実質賃金の年成長率1％）のもとで、スター・プロジェクトの少人数学級実験がもたらした収入増加額の合計は、生徒一人あたり1万5180ドルと推計されている。

(3) 日本における金銭的な便益を算出する

さて、クルーガーが行ったような金銭的な便益の算出は、日本でも可能なのであろうか。そのためにはまず、在学中の学力と学校卒業後の収入の間にどのような関係があるかを特定する必要がある。幸いにも、大阪大学が実施している「くらしの好みと満足度についてのアンケート」という調査（以下「阪大パネル調査」と表記）において、在学中の学力と学校卒業後の収入を結びつけるために必要な項目が調査されているので、以下ではこの調査から得られたデータを用いて分析を進めていくこととする。

阪大パネル調査は、2003年に調査が開始されて以降、同一個人に対する追跡調査の形式で現

在も継続して調査が行われているものであり、人々の経済活動に影響を及ぼし得るような要因（時間選好率、危険回避度、習慣形成、外部性）や回答者の経済活動（就労、消費など）、基本属性等が詳細に調査されている。なお、同調査のデータを用いた研究論文が英文の学術雑誌に数多く掲載されていることは、調査の信頼性の高さを裏づけるものであるといえる[8]。

この阪大パネル調査の２００７年調査には、「中学3年生の頃、あなたの成績は学年の中でどれくらいだったと思われますか」という設問があり、回答者は成績全般、国語、算数のそれぞれについて5段階（下のほう、やや下のほう、真ん中あたり、やや上のほう、上のほう）で回答する形式となっている。この設問は、中学3年生時点の実際の成績ではなく、あくまで自己回顧による評価という点でやや不十分ではあるものの、義務教育期間中の学業成績を示すデータとして活用することのできる、国内では数少ないものであるといえる。

同調査では、回答者の就労状態や収入についても調査しているので、就業している回答者について時間あたり賃金率を算出した。時間あたり賃金率については、同じ調査を使用している安井・佐野（2009）を参考に算出した。具体的には、時給を記入している回答者についてはその値を、月収や年収を記入している回答者については労働時間で除した値を、それ以外の回答者で範囲を持つ年収の選択肢で回答している回答者については、各階級の中央値を労働時間で除した値を、それぞれ時間あたり賃金率として採用した。また、安井・佐野（2009）と同様に、極端な値の影響を避けるため、時間あたり賃金率が３５０円未満および3万円を超える回答者はサンプルから除外した。

以上のように作成したデータを用いて、回答者の時間あたり賃金率と中学3年生時点の成績の関係を以下のような回帰分析モデルを用いて推定した。

被説明変数：時間あたり賃金の自然対数

説明変数：

◆　中学３年生時点の成績ダミー（基準カテゴリ＝下のほう）

◆　15歳のころの生活水準ダミー（11段階）

◆　15歳のころの身長ダミー（かなり低いほう〜かなり高いほうの５段階）

◆　父親および母親の最終学歴

◆　性別ダミー、年齢、勤続年数、勤続年数の二乗、地域ダミー、都市規模ダミー

15歳のころの生活水準や身長、父母の最終学歴の変数は、当時の家庭環境の影響を統制するために含まれている。また、標準的な賃金関数の推定において使用される年齢や勤続年数、居住地等の変数も統制している。推定方法は最小二乗法（ＯＬＳ）、欠損値を除いたサンプルサイズは１３６８である。

回帰分析の結果は表５－４にまとめられている。紙幅の都合上、中学３年生時点の成績および基本属性以外の説明変数については省略している。

成績全般についてみると、当時の成績が「上のほう」であったと回答した人は、「下のほう」と回答した人に比べて、時間あたり賃金率が29％高くなっている。同様に、国語については23・７％、数

表5－4　中学3年生時点の成績が収入に及ぼす影響

		全般	国語	数学
中学3年生時点の成績				
	やや下のほう	−0.079	−0.012	−0.021
	真ん中あたり	−0.013	−0.019	0.029
	やや上のほう	0.129 *	0.046	0.131 **
	上のほう	0.290 ***	0.237 ***	0.280 ***
女性ダミー		−0.349 ***	−0.373 ***	−0.336 ***
年齢		0.003	0.004 **	0.003 *
勤続年数		0.032 ***	0.034 ***	0.032 ***
勤続年数/100		−0.052 ***	−0.055 ***	−0.051 ***
サンプルサイズ		1368	1368	1368

注：***、**、* はそれぞれ有意水準1%、5%、10%で統計的に有意であることを示す。
出所：大阪大学「くらしの好みと満足度についてのアンケート」データを用いて筆者が推計

学については28%、それぞれ時間あたり賃金率が高くなっていることが確認される。

ここで、15歳時点の学力が正規分布に従っていると仮定すると、成績が「上のほう」（学力上位20%）と回答した人の平均学力は、成績が「下のほう」（学力下位20%）と回答した人の平均学力をおよそ2・8標準偏差上回ると考えることができるので、表5－4の推定結果は、国語の学力が1標準偏差上昇すると8・5%、数学の学力が1標準偏差上昇すると10%、それぞれ賃金が高くなっていると解釈することができる。クルーガーは7・6%～8%の賃金上昇を想定していたので、この分析結果はクルーガーの想定をやや上回る賃金上昇を示していると考えられる。

以上の結果から、義務教育期間中の学力が1標準偏差分上昇したときの賃金の上昇率は8%～10%と想定するのが妥当であると考えられる。

以上の分析で義務教育期間中の学力と卒業後の

図５−４　年齢・収入プロファイル

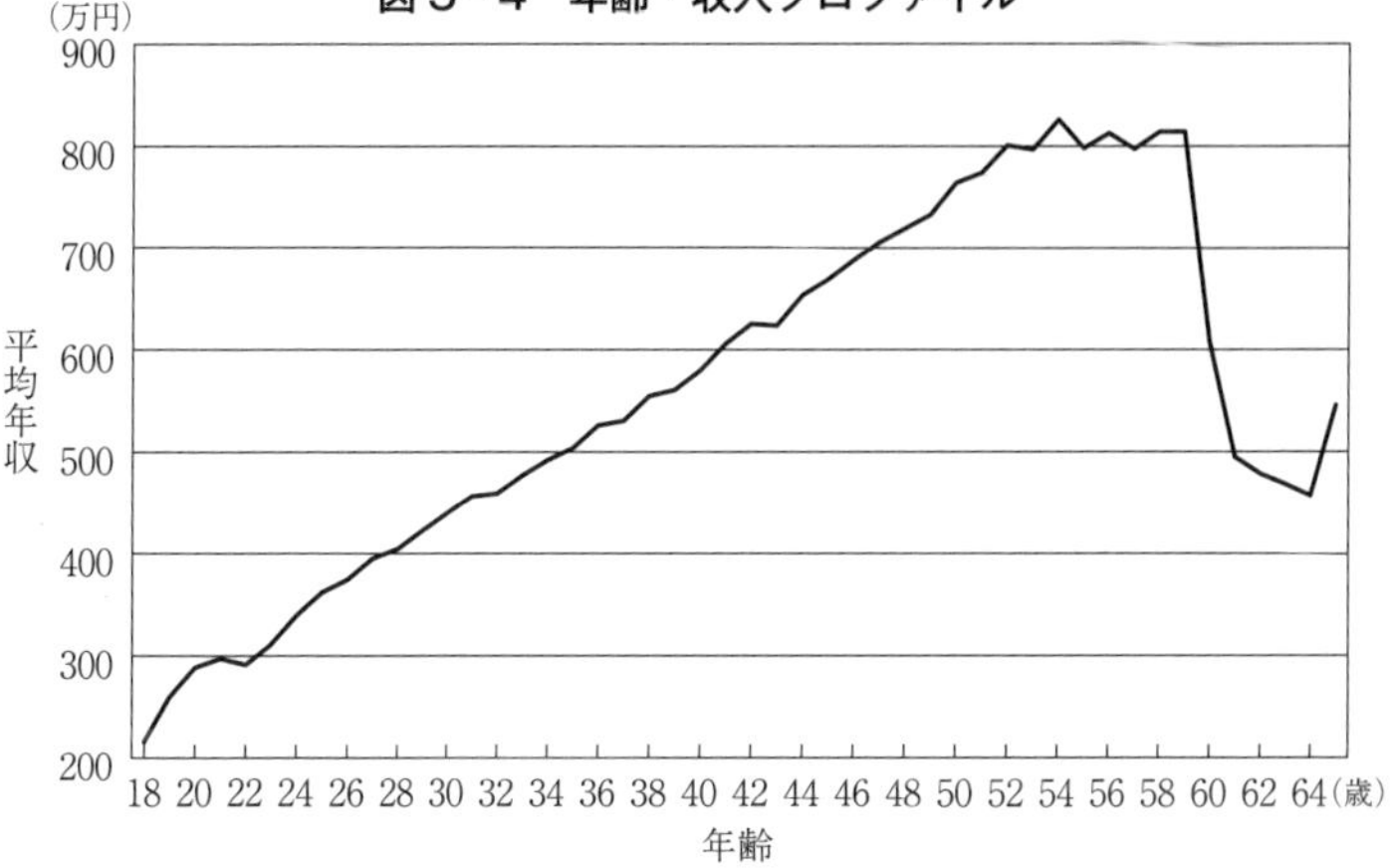

出所：厚生労働省「賃金構造基本統計調査」(令和３年) より筆者作成

収入の関係について一定の結果が得られたので、次に、年齢・収入プロファイルを用いて各年齢時点における収入の増加分を算出しよう。

図５－４は、厚生労働省が実施している令和３年「賃金構造基本統計調査」の調査結果から、年齢各歳における標準労働者の平均年収をグラフに描いたものである。同調査における標準労働者は「学校卒業後直ちに企業に就職し、同一企業に継続勤務しているとみなされる労働者」と定義されている。図５－４で示した平均年収は「所定内給与額」(12カ月分) と「年間賞与その他特別給与額」を合計して求めている。

なお、同調査の結果は男女別・企業規模別・学歴別に示されているため、図５－４で示した平均年収は、男女計、企業規模計の数値を採用したうえで、高校卒および大学卒の単純平均値として算出している。少人数学級政策がもたらす学力の上昇が前述の分析のような賃金上昇につながると仮定すれば、図5－4で示された平均年収が各年齢時点において上昇すると想定されるため、その上昇分の合計が少人数学級政策の金銭的な便益と考えられる。

なお、図5－4で示した年齢・収入プロファイルは、あくまで2021年時点のものである。他方、学校卒業後に就労を開始して収入を得るのは将来時点のことである。したがって、図5－4で示したプロファイルの形状が将来にわたって変化しないと仮定すれば、このプロファイルに基づいて将来の収入の増加分を算出することができる。この点についてクルーガーは、将来の経済成長に伴って年齢・収入プロファイルが毎年上方へシフトすることも想定したうえで、便益の算出を行っている。

4 少人数学級政策のコスト・パフォーマンス

(1) 費用と便益の算出

さて、ここまでの分析結果を踏まえて、少人数学級政策のコスト・パフォーマンスを具体的に検討しよう。以下では、次のような想定の下で試算を進めることとする。

- 小学校入学時点（$t=1$）において学級編制の標準が40人から30人に縮小され、児童はその後6年間を過ごす。この政策に必要な毎年の児童一人あたり費用をC_tとする。
- この少人数学級政策によってもたらされる学力の上昇分（標準偏差単位）をλ_sで表す。ここでｓは教科を表しており、国語（Ｊ）および算数（Ｍ）の２教科を想定する。

● 児童は学校卒業後、18歳から65歳まで働いて収入E_tを得る。学力が１標準偏差分上昇することによってもたらされる賃金の上昇分をβで表す

少人数学級政策の費用C_tは$t=1\sim6$の６年間、毎年発生することとなる。また、少人数学級政策による学力上昇がもたらす金銭的な便益は、$t=13\sim60$までの48年間、こちらも毎年発生することとなる。これらの費用および便益は将来の時点で発生するものを含んでいるため、小学校入学時点の現在価値に割り引いたうえで合計して比較する必要がある。ここで割引率をrとすると、費用および便益の割引現在価値はそれぞれ次のような数式で表すことができる。

費用の割引現在価値 $=\sum_{t=1}^{6}C_t/(1+r)^{t-1}$ ①

便益の割引現在価値 $=\sum_{t=13}^{60}E_t\times\beta(\delta_J+\delta_M)/(1+r)^{t-1}$ ②

本書のここまでの分析で得られた分析結果は、以下のようにまとめられる。

1　小学校において学級編制の標準を40人から30人に縮小すると、平均学級規模は約４・８人縮小（25・６人→20・８人）し、児童一人あたりの費用は年間約10万８０００円となる

2　学級規模が10人縮小すると、国語の学力が０・14標準偏差分、算数の学力が０・18標準偏差分、それぞれ上昇する（表１－６）

3　義務教育期間中の学力が1標準偏差分上昇したときの賃金の上昇率は8％～10％（β ＝0.08～0.1）と考えられる

ここで注意が必要なのは、学級編制の標準の縮小幅と、標準の縮小によってもたらされる平均学級規模の縮小幅が異なるという点である。分析結果1でいえば、学級編制の標準は10人縮小されているが、平均学級規模は約4・8人しか縮小しないのである。これは、標準の変更の影響を受けないケースが少なくないからである。

そこで以下では、学級編制の標準が40人から30人に縮小され、平均学級規模が少なく見積もって4人縮小すると想定して議論を進めよう。そうすると、分析結果2から、学級規模が4人縮小することにより、国語の学力は0・056標準偏差分（δ_J ＝0.014×4＝0.056）、算数（数学）の学力は0・072標準偏差分（δ_M ＝0.018×4＝0.072）、それぞれ上昇すると考えられる。

これらの結果を①および②式に当てはめ、年齢・収入プロファイルが将来にわたって図5－4で示された形状で変化しないと想定して費用および便益の割引現在価値を算出した結果が表5－5にまとめられている。なお、学級編制の標準が40人から35人に縮小されたケースを想定して同様の計算を行った結果は表5－6に示されている。

表5－5の結果の見方は次のとおりである。たとえば、割引率を3％（r ＝0.03）、義務教育期間中の学力が1標準偏差分上昇したときの賃金の上昇率を低めに見積もって8％（β ＝0.03）と想定すると、児童一人あたり費用の割引現在価値は60万2608円、収入の増加分の割引現在価値はお

表5−5　少人数学級政策の生徒一人あたり費用と便益（40人→30人）

割引率(r)	6年間の費用(円)	収入の増加分(円)		
		β=0.08	β=0.09	β=0.1
0.01	632,171	1,867,380	2,100,803	2,334,225
0.02	617,054	1,304,665	1,467,748	1,630,831
0.03	602,608	929,060	1,045,193	1,161,325
0.04	588,797	673,972	758,218	842,464
0.05	575,583	497,701	559,913	622,126
内部収益率		0.045	0.049	0.053

表5−6　少人数学級政策の生徒一人あたり費用と便益（40人→35人）

割引率(r)	6年間の費用(円)	収入の増加分(円)		
		β=0.08	β=0.09	β=0.1
0.01	269,258	933,690	1,050,401	1,167,113
0.02	262,819	652,332	733,874	815,416
0.03	256,667	464,530	522,596	580,663
0.04	250,784	336,986	379,109	421,232
0.05	245,156	248,850	279,957	311,063
内部収益率		0.051	0.055	0.059

よそ92万9060円と推計され、収入の増加分が費用を大きく上回るという結果になっている。このように見ていくと、最も高い割引率（$r=0.05$）と低い収入上昇率（$\beta=0.08$ または $\beta=0.09$）を想定したケース以外のすべてのケースで収入が費用を上回っていることが確認されよう。なお、同表の最下段に示されている内部収益率 r^* とは、左の③式のように、費用の割引現在価値と便益の割引現在価値を等しくするような割引率のことである。

$$\Sigma_{t=1}^{6} C_t/(1+r^*)^{t-1} = \Sigma_{t=13}^{60} E_t \times \beta(\delta_J+\delta_M)/(1+r^*)^{t-1} \quad ③$$

内部収益率は、少人数学級政策を「投資」として考えたときの投資収益率と考えることができる。内部収益率は4・5%から5・3%と推計されている。近年の日本において銀行の普通預金金利が0・001%、リスクの低い定期預金の金利も高くて0・3%程度であることを踏まえれば、5%前後という内部収益率の高さをイメージすることができよう。

なお、学級編制の標準を40人から35人に縮小した場合の結果（表5－6）もほぼ同様の計算結果となっており、内部収益率の推計値は5・1%から5・9%となっている。

(2) いくつかの注意事項

本章で行った費用便益分析は、さまざまな仮定・想定に基づいて算出されたものである。また、計算過程で考慮していない要因もある。以下、これらの中で重要な点について指摘しておきたい。

● 本章の分析では、少人数学級政策によって学力が上昇することだけを想定している。第2章で議論したように、学級規模の縮小は児童生徒の学力だけでなく、非認知能力に影響を及ぼす可能性が高い。仮に、少人数学級政策によって児童生徒の非認知能力が向上し、それが将来の収入の上昇に寄与するとすれば、収益率はより高い値になり得る。近年、日本でも非認知能力が収入に影響を及ぼすことを示す研究が発表されている（Lee and Ohtake［2018］；安井・佐野・久米・鶴［2020］）。

● 本章の分析では、将来にわたって年齢・収入プロファイルが不変であると想定している。近年の日本では賃金が停滞しているが、数十年後の将来までそうであるという確証はない。将来、経済成長に伴って賃金が上昇し、年齢・収入プロファイルが上方へシフトすると想定すれば、収益率はより高い値となる。

● 本章の分析では、収入の増加のみに注目しており、収入以外の面、たとえば福利厚生の側面については捨象している。収入の上昇に伴って福利厚生面も手厚くなると考えれば、収益率は実質的にはより高くなると考えられる。

● 少人数学級政策を実施するにあたっては教員の増員が不可欠である。本章の分析では、現在と同等の賃金で、現在と同等の質の教員を新規に採用できることを暗黙に想定しているが、この想定は現実的ではない可能性がある。教員の質を確保しつつ量を増やすためには、より高い給与を支払わなければならないかもしれず、その場合は費用が増加し、収益率は低下すると考えられる。実際、山形県の「さんさんプラン」は当初、小学校全学年一斉導入を検討していたが、財源や教員の質、教室確保などの観点から段階的な導入になったとされている（吉田［2006］）。

● 少人数学級の効果には異質性があり、社会経済的に不利な立場にある児童生徒ほど学級規模縮小の恩恵が大きくなることが知られているが（本書第1章4節）、本章の分析ではこの点を捨象している。社会経済的に不利な立場にある児童生徒ほど学力の上昇が大きく、それに伴って収入の上昇も大きくなるとすれば、少人数学級政策は将来の社会全体の所得分配にも影響を与えることとなる。

5 少人数学級政策のコスパは決して悪くはない

本章では、少人数学級政策のコスト・パフォーマンスを検討するため、米国の研究例を参考にしながら費用便益分析を行った結果を紹介した。少人数学級政策について、日本のデータを用いた本格的な費用便益分析は、筆者の知る限り本章の分析が初めてのものであると思われる。お気づきの方もおいでかもしれないが、本章の分析における大きな発見は、学校単位の学年児童数を指数分布の確率密度関数である程度近似できるということであった。この発見がなければ、本章の分析は不可能であったといっても過言ではない。

日本における少人数学級政策は、学級編制の標準の縮小というかたちで実施されると想定されるため、本章の分析もその形式に沿って行われている。「40人学級を35人学級にして少人数学級を実現します」と言われると、多くの人は学級規模が５人小さくなるようなイメージを持つものと思われるが、実際には学級規模はそこまで小さくはならない。学級編制の標準を40人から35人に縮小しても、平均学級規模は約２人小さくなるだけである。そうした点を考慮に入れつつ、学級編制の標準を縮小したときの費用と便益を計算した結果、以下の点が明らかとなった。

- 学級規模の標準を40人から35人に縮小した場合、教員人件費は児童一人あたり年間約４万６０００円増加する。また、40人から30人に縮小した場合の教員人件費の増加額は児童一人あたり年間約10万８０００円となる。
- 義務教育期間中の学力が１標準偏差分上昇したときの将来の収入の上昇率は、おおよそ８％から10％程度と考えられる。
- 教員人件費の増加分と児童の将来収入の増加分を比較すると、ほぼすべてのケースで将来収入の増加分が教員人件費の増加分を上回る。少人数学級政策を一種の「投資」としてみた場合の内部収益率は５％前後と推計される。
- 将来の経済成長に伴う賃金上昇や学級規模の縮小による非認知能力の向上といった側面を考慮すれば、少人数学級政策の収益率はより高くなると推測される。他方で、少人数学級政策の実施には教員の量と質の確保という課題があり、質の高い教員を確保するために教員給与を上げる必要があるとすれば、費用が増大し、収益率は低下する可能性がある。

少人数学級政策は、他の教育政策と比較して「コスパが悪い」と指摘されてきたといっても過言ではない。たしかに、学級編制の標準を少し縮小するだけでも膨大な教員人件費の増加が見込まれ、しかもその人件費が毎年必要となることを考えれば、細かな計算をしなくても「コストに見合った成果が得られないのではないか」という想像が成り立ってしまうのも無理はないのかもしれない。しかしながら、本章の分析結果によれば、学級編制の標準を縮小するかたちの少人数学級政策は、教員人件費の増加分を上回る収益が期待できるという意味で、決してコスパが悪いわけではないことを示している。しかもその収益は、学級規模の縮小によって学力が上昇することだけを想定して推計されたものであり、非認知能力の上昇がもたらす効果まで含めれば、期待される収益はさらに増大すると考えられるのである。

本章の冒頭でも触れたが、学級規模に関する研究は、少人数学級の効果そのものを検証するものは数多く行われているものの、その効果が費用に見合っているのかを検証する研究については、その必要性は認識されつつも、少なくとも国内においてはほとんど進展してこなかったといえる。その意味で、本章において本格的な費用便益分析を行うことができたことは、学級規模研究の分野における一つの貢献であると考えている[9]。

【第5章 注】

（1） 教室数を増加させるために、たとえばこれまで別用途に用いられていた部屋を教室として活用したとすれば、その部屋がそれまでの用途で活用されていた場合に発生していた便益は失われることとなる。経済学的には、この失われた便益は費用（機会費用）として計上されるべきものであるが、単なる空き教室の活用であれば機会費用はほぼゼロとして考えることもできよう。少人数学級政策に限らず、どのような政策的介入においても、他の目的に利用可能な資源が使用される。これらの資源をある政策に利用すれば、他に有用な使い道があったとしても、そちらで利用することはできなくなる。つまり、限りある資源をある目的に使用することで、他の目的のために利用した場合に発生したであろう便益を犠牲にしていると考えられるのである。この犠牲となった便益、とりわけ、その資源を最も有用な使い道に使用した場合に発生したであろう便益が機会費用と呼ばれるものである。

（２）　例外としては、子育て世帯をターゲットとした大型集合住宅が建設され、児童生徒数が急激に増加した地域の学校が挙げられる。こうした学校では空き教室がほとんど存在しないことが想定されるが、全国的に見ればこうした事例は数少ないと考えて差し支えないであろう。

（３）　指数分布の確率密度関数は、母数$\lambda>0$に対して$f(x)=\lambda e^{-\lambda x}$で与えられる。

（４）　同プランの実施にあたっては、山形県と文部科学省との間で相当な調整がなされたようである。当初、文部科学省からは、同プランのように「21～33人」という具体的な数値基準を設けた学級編制は一律の学級編制であり、改正法ただし書きの「児童又は生徒の実態を考慮して特に必要があると認める場合」に該当しないため法律違反と言わざるを得ない、との指摘を受けたようである。その後も何度も説明を繰り返し、最終的に「ぎりぎりセーフ」との判断を受け、同プランはスタートしたとされている（野口・小林・長南［2004］）。

（５）　当然、教員の中には担任学級をもたない者も存在するので、現実的には、仮に学級数が10・３％増加したとしても、教員の増加率は10・３％を下回ることが予想される。したがって、10・３％という数値は教員増加率を多く見積もったケースと考えることができる。

（６）　文部科学省「地方教育費調査」（２００１年度）によれば、山形県における小学校の教育費総額は８６６億円弱、教員給与総額は３５０億円強となっている。また、総務省統計局「社会・人口統計体系」によれば、２００１年度の同県の小学校教員数は４９５０人である。したがって、教員人件費比率は約40％、教員一人あたり人件費は約７０８万円となる。

（７）　クルーガーらは、こうした少人数学級実験の効果について、白人よりも黒人において効果が大きいことを強調している（Krueger and Whitmore［2001］）。また、少人数学級実験の長期的な効果として、大学進学試験以外の成果についても分析を行っており、少人数学級に割り当てられた生徒は十代で妊娠する確率が低下することを報告している。

（8）阪大パネル調査のデータを用いた研究論文のリストは以下のＵＲＬで公開されている。https://www.iser.osaka-u.ac.jp/survey_data/papers.html

（9）義務教育期間中の成績と卒業後の収入を結びつけることのできる貴重なデータを収集していた「阪大パネル」の存在がなければ、本章の分析は実現不可能であった。また、株式会社ガッコムから提供された各学校の学年別児童数のデータがなければ、学年ごとの児童数が指数分布の確率密度関数で近似できることを確認することは困難であった。データの提供に快く応じていただいた関係者の方々に、この場を借りて御礼申し上げたい。

第6章　教員を確保できるか──教員採用の経済学

1　少人数学級政策に不可欠な教員採用

ここまで本書では、学級規模の縮小が児童生徒の学力や非認知能力、学校教員の就業環境や勤務時間にどのような影響をもたらすのか、そして、学級規模の縮小を企図した少人数学級政策のコスト・パフォーマンスについて論じてきた。第1章でも紹介した市川（1995）は、定数改善を伴う少人数学級化が進展しなかった背景として、①財源の捻出が難しい、②巨額の財政負担を要する割には学級規模縮小の効果が定かではない、③学級規模は必ずしも小さければ小さいほどよいというものではないという現場の声、④仮に財源を確保できたとしても、質の高い教員を新たに大量に増員できるか疑わしい、の四点を指摘しているが、このうち①から③については、すでに第5章までで議論してきたので、残された論点は④ということになる。

学級編制の標準の縮小にせよ弾力的な学級編制にせよ、学級規模を縮小すれば編制される学級数は必然的に増加するため（増加しないケースもあるが、全体としてみれば必ず増加する）、増加した学級に教員を配置するためには新たな教員を採用しなければならなくなる。学級規模の縮小が児童生徒に好ましい影響をもたらし、コスト・パフォーマンスで評価しても決して悪くないとしても、それはあくまで必要な教員を確保できた場合の話である。仮に、必要な教員を確保できないのであれば、少人数学級政策を推進することは現実的には困難となるし、教員の「量」を確保できても「質」を確保できなければ、教員の質の低下による負の効果と少人数学級の正の効果が相殺され、少人数学級政策は期待されるほどの効果をもたらさないかもしれない。

このように考えると、質と量の両側面で必要な教員を確保することは、少人数学級政策の実現可能性だけでなく、その効果の大きさをも左右する重要な課題なのである。

第5章で紹介した山形県の「さんさんプラン」は、「34人以上の多人数学級を解消し、学級規模を21～33人とする学級編制を行う」というものであり、当初は小学校全学年で一斉導入することを検討していたが、実際には3カ年をかけて段階的に導入されることとなった。その背景には、財源や教室確保の問題に加えて、教員の質の確保が考慮されたとされている（吉田［2006］）。実際に山形県では、同プラン実施のため、導入初年度の平成14年度に96人（常勤56人、非常勤40人）、平成15年度に163人（常勤148人、非常勤15人）、平成16年度に145人（常勤70人、非常勤75人）もの教員を採用している。常勤教員だけで見ても3年間でのべ274人もの大量採用である。ちなみに、国立の山形大学には教員養成を目的とする学部は存在せず、県内に教員養成単科大学も存在しない[1]。一定の質を確保しながらこれだけの人数の教員を採用することがいかに困難であったか、読者の方々も想像に難くないであろう。

本章では、少人数学級政策の実現に不可欠な教員採用の問題について議論する。次節では、教員採用と教員不足の現状について、公的なデータをもとにこれまでの推移と現状を把握する。続く3節では、教員採用試験について経済学の観点から議論し、近年の倍率低下の背景を検証する。教員採用は経済学、とりわけ労働経済学の分野で研究が蓄積されており、景気変動や女性の労働参加の観点からこの問題にアプローチすることが可能である。

4節では、学校教員のウェルビーイングに着目し、他の職業従事者と比較して学校教員が幸福なのか不幸なのか、仕事や生活に対してどの程度満足しているかを検証する。

これらの議論を踏まえつつ、最後の5節では、学校教員の処遇や労働条件について検討したうえで、教員確保に向けた方策を議論する。

本章の内容は、公的な調査データに基づいた適切な実態把握に重点を置いている。メディアやインターネット上で語られる学校教員のイメージは実態を反映したものであるのか、本章で落ち着いて確認していきたい。

2　教員採用および教員不足の現状

(1)　厳しい教員採用環境

本節ではまず、公立学校の教員採用試験のこれまでの推移と現状について、文部科学省が毎年実施している調査（文部科学省「公立学校教員採用選考試験の実施状況」）に基づいて確認しておきたい。この調査は、67都道府県・指定都市教育委員会および大阪府豊能地区教職員人事協議会（計68）が実施した公立学校教員採用選考試験を対象として、受験者数、採用者数等採用選考の実施状況を調査しているものである。

図6－1は公立小学校教員、図6－2は公立中学校教員の採用試験の長期的な推移（1980年以降）をそれぞれ示したものである。受験者数については、小中学校ともに1980年代を通して減少を続け、90年代初頭には1980年度の半分以下の受験者数となった。その後、2010年代初頭にかけて増加傾向に転じているが、2010年代半ば以降は再び減少傾向となり、直近では90年代初頭の水準近くまで落ち込んでいることが示されている。

採用者数も増減を繰り返している。小学校教員については、1990年前後に若干の増加に転じた時期があるものの、長期的には1980年代以降は減少傾向にあり、2000年前後に最少の採用者数を記録している。その後は増加傾向に転じ、直近の採用者数は80年代初頭の水準にまで回復してきている。中学校教員についてもほぼ同様であり、80年代初頭から90年代を通して減少した後、2000年を境に増加傾向に転じている。

受験者数と採用者数の推移から以下の四点を指摘することができる。一点目は、80年代初頭から90年代初頭までの時期においては、受験者数、採用者数ともに減少傾向にあったため、折れ線グラフで示されている競争倍率は比較的安定していたということである。

二点目は、受験者数が90年代初頭に底を打って以降は増加に転じたのに対し、採用者数は2000年前後まで減少を続けたため、90年代を通して競争倍率が急上昇したということである。後の節で詳しく論じるが、競争倍率がピークとなった2000年の競争倍率は、小学校教員が12・5倍、中学校教員は17・9倍に達し、相当な狭き門となっていたことがうかがわれる。学校教員になりたくてもなかなかなれない、そのような時期であったと推察される。

図6－1　教員採用試験（小学校）受験者数等の推移

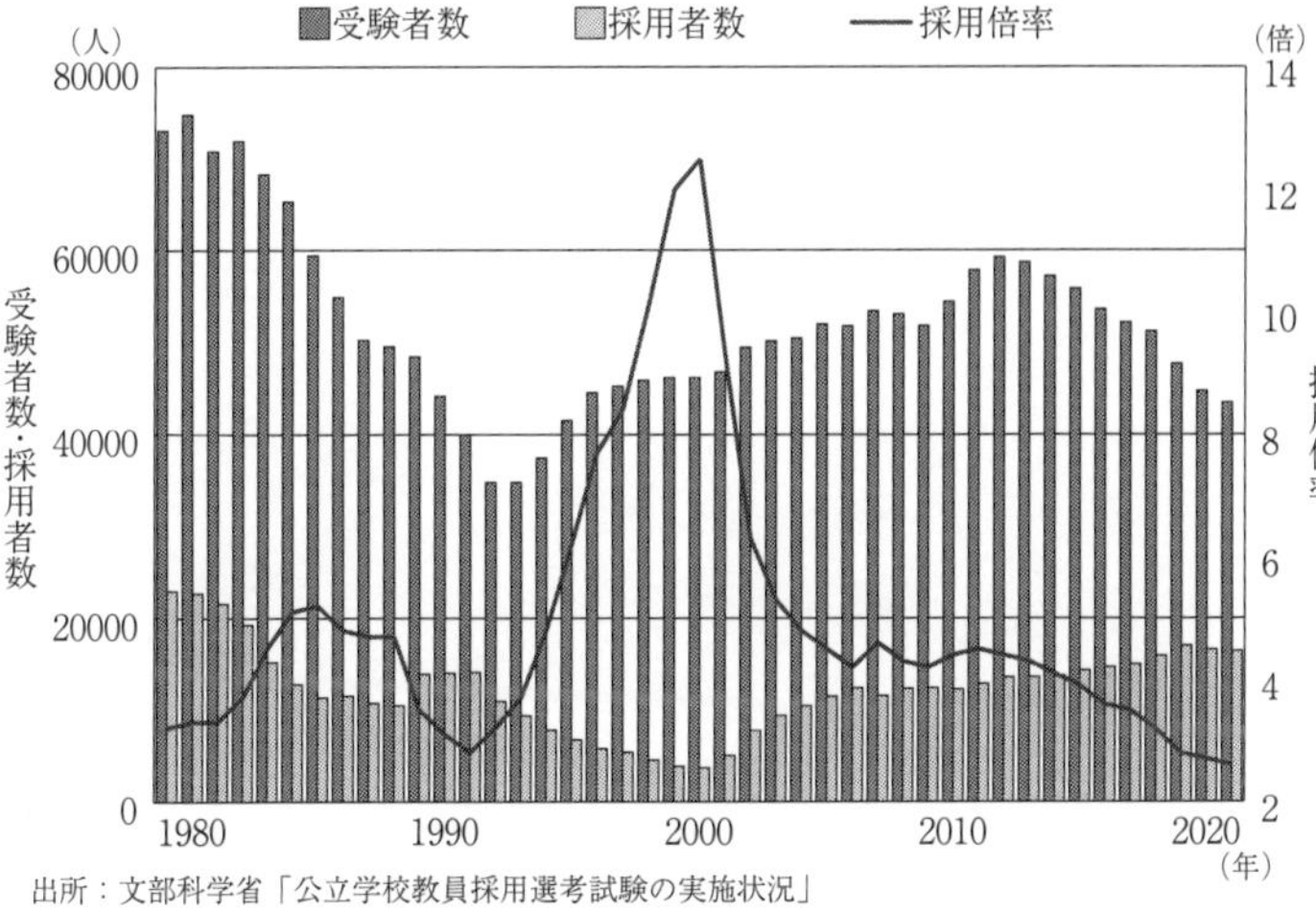

出所：文部科学省「公立学校教員採用選考試験の実施状況」

図6－2　教員採用試験（中学校）受験者数等の推移

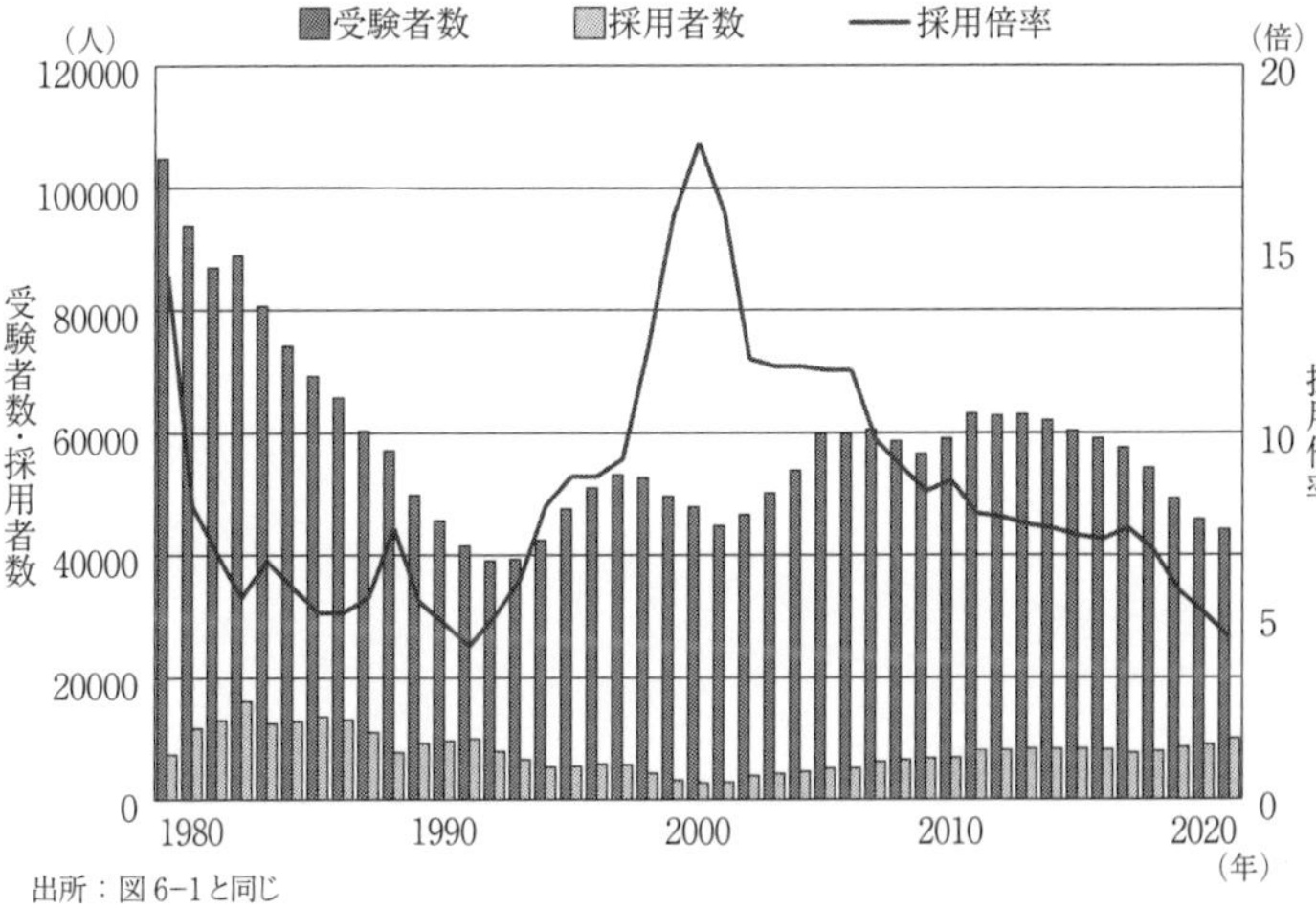

出所：図 6−1と同じ

図6−3　小学校教員の競争倍率(2021年度)

出所：文部科学省「令和３年度（令和２年度実施）公立学校教員採用選考試験の実施状況について」

三点目は、２０００年代以降、採用者数が増加に転じたことにより競争倍率が急落し、２０１０年前後には80年代の水準近くにまで戻っていることである。

そして四点目は、２０１０年代以降、受験者数が減少に転じたにもかかわらず採用者数は微増傾向が継続したことにより、競争倍率がさらに低下していることである。直近（２０２１年）の競争倍率は小学校教員が２・６倍、中学校教員が４・４倍となっている。これは、小中学校ともに競争倍率が最も低かった１９９１年とほぼ同程度の水準である。

図６－３は、直近の２０２１年度における都道府県ごとの小学校教員の競争倍率を示したものである。なお、独自に選考を実施している政令市等は除いている。同図は濃い色ほど競争倍率が高いことを示しており、近畿地方とその周辺および沖縄県で競争倍率が高くなっているものの、全体の

7割弱の道府県で3倍以下、約3割の県では2倍以下という低い水準となっていることがわかる。一部の都道府県を除いて、小学校教員の競争倍率は歴史的な低水準となっているのである。

こうした状況に対し、「競争倍率が低いため質の高い教員を確保できなくなっている」といった指摘がなされる場合があるが、受験者数の減少によって生じる競争倍率の低下は採用される教員の質の低下を必ずしも意味するわけではない。採用予定数に対して受験者数が相対的に減少したとしても、教員への熱意や適性の高い人がこぞって受験しているのであれば、選考によって質の高い教員を確保することは可能と考えられるからである。

他方で、受験者の教員としての適性が受験者数にかかわらず一定の分布に従っているような場合は、競争倍率の低下によって選考を通じて予定していた採用数を確保できない、いわば「定員割れ」のような事態が発生することも想定され得る。学校現場には「受験倍率が3倍を切ると優秀な教員の割合が一気に低くなり、2倍を切ると教員全体の質に問題が出てくる」という一種の「定説」があるようである（『日本経済新聞』2019年8月27日付）。実際に、平成30年度教員採用試験の競争倍率が2・2倍だった広島県（広島市と合同で試験を実施）では、採用基準を下げず質の維持を優先した結果、470人の採用計画に対し420人しか採用できない事態が発生したことが報じられている。(2)

(2)　教員不足の実態

小学校全学年の「35人学級」が2025（令和7）年度までに実現する運びとなったことを踏ま

表6－1 「教師不足」に関する調査の結果概要

	全体の学校数(A)	教師不足が生じている学校数(B)	教師不足が生じている学校の割合(B/A)	学校に配当されている定数(C)	不足人数(D)	不足率(D/C)
小学校	18,991	937	4.9%	379,345	1,218	0.32%
	18,991	794	4.2%	380,198	979	0.26%
中学校	9,324	649	7.0%	218,641	868	0.40%
	9,324	556	6.0%	219,123	722	0.33%
高等学校	3,502	169	4.8%	159,576	217	0.14%
	3,502	121	3.5%	159,837	159	0.10%
特別支援学校	1,086	142	13.1%	78,517	255	0.32%
	1,086	120	11.0%	78,632	205	0.26%

注：上段は2021年始業日時点、下段は2021年5月1日時点の数値である。「学校に配当されている定数」は、義務標準法等に基づき算定される教職員定数ではなく、各都道府県・指定都市等の教育委員会において学校に配置することとしている教師の数を指す。
出所：文部科学省「『教師不足』に関する実態調査」令和4年1月

え、文部科学省は2021年5月に「教員不足」に関する初の全国的な実態調査を実施し、その結果を翌年1月に公表した。調査対象は、67の都道府県および指定都市教育委員会および大阪府豊能地区教職員人事協議会、調査時点は2021年度の始業日および5月1日の二時点、調査の対象となる学校種は公立の小学校、中学校、高等学校、および特別支援学校である。

この調査における「教師不足」とは「臨時的任用教員等の講師の確保ができず、実際に学校に配置されている教師の数が、各都道府県・指定都市等の教育委員会において学校に配置することとしている教師の数（配当数）を満たしておらず欠員が生じる状態」と定義されている。なお、この定義における「学校に配置することとしている教師の数（配当数）」は、法令に基づき算定される教職員定数のことではなく、各都道府県・指定都市等の教育委員会において学校に配置することとして

表6－2　小学校学級担任の不足状況

	2021年度始業日時点	2021年5月1日時点
学級担任の総数	268,099	268,201
本来の学級担任の不足人数	462	474
①指導方法工夫改善など	154	143
②児童生徒支援など	33	37
③主幹教諭･指導教諭･教務主任	202	205
④校長･副校長･教頭	45	53
⑤その他	28	36

注：①は少人数指導、習熟度別指導などの指導方法改善のための教師を指す。②はいじめ、不登校や問題行動への対応などのための教師を指す。
出所：表6−1と同じ

いる教師の数のことを指している。

この調査の結果概要は表６－１にまとめられている。全体で見ると、公立小学校の４・９％（９３７校）、公立中学校の７％（６４９校）で２０２１年度始業日の時点（上段の数値）で教師不足が発生しており、不足人数は小学校で１２１８人（０・32％）、中学校で８６８人（０・４％）となっている。５月１日時点（下段）の数値を見ると、始業日と比べて若干の改善がみられるものの、教師不足の完全な解消には至っていないことが示されている。

表６－２は、小学校の学級担任の不足状況をまとめたものである。始業日時点で学級担任が不足しているケースが４６２件、５月１日時点で４７４件生じていたことが示されている。こうしたケースでは、学級担任が不在となる事態を避けるために、指導方法の工夫改善や児童生徒支援といった職務、すなわち本来は担任ではない職務のため

に配置された教師や、校長や教頭などの管理職が学級担任を代替している実態が明らかとなっている。

2021年度は「35人学級」が導入された初年度であり、小学校第2学年の35人学級が開始した年度である。2022年度以降、学年進行とともに順次35人学級が導入されていくことが予定されているが、すでに導入初年度の時点でこれだけの教師不足が発生していたのである[3]。

では、こうした教師不足が発生した背景には何があったのだろうか。同調査では、教師不足の発生要因として各教育委員会が認識している事項についてもアンケート調査を実施している。その結果をまとめたものが図6-4である。アンケート結果について文部科学省は以下の二点を指摘している。一点目は、必要な教師数が「見込み以上」に増加したという理由である。産休・育休取得者数、特別支援学級数、病休者数などが「見込み以上」に増加したことによって想定以上に必要教師数が増加した結果、教師不足が発生したと指摘しているのである。

二点目は、臨時的任用教員等のなり手不足という理由である。各自治体は臨時採用候補者の登録名簿（人材バンク）を運用しており、教員採用試験の不合格者など潜在的な教員志願者が登録している。これまでも教師の欠員が生じること自体は珍しいことではなかったが、従来はそのつど、名簿登録者の中から臨時採用することで欠員を埋めてきた。臨時採用はいわば「調整弁」の役割を果たしてきたのである。ところが近年、正規教員の採用増加によって従来の登録者の正規採用化が進んだ結果、名簿登録者が減少し、欠員を埋めることが難しくなってきたことが背景として指摘されている。

以上のアンケート結果をまとめれば、必要教師数が見込み以上に増加したにもかかわらず、臨時採用人材のプールが枯渇しつつあることが原因で従来の「調整弁」が機能不全を起こし教師不足を発生させた、ということになろう。

前述のアンケート結果をより深く理解するためには、教員採用の大きな流れを確認しておく必要がある。もう一度図6－1をご覧いただきたい。今般の教員不足を引き起こした根本的な背景として、教員の大量退職がある。団塊ジュニア世代（1971～74年生まれ）の進学に対応するため、小学校は1980年前後、中学校は80年代前半に大量の教員を採用した結果、当時採用された教員が2010年代後半以降一斉に退職時期を迎え、短期間に大量の教員が学校を離れるという事態を引き起こしているのである。

そして、ベテラン教員が大量退職していく一方で、前述のアンケートに示されているように産休・育休取得者数が「見込み以上」に増加したとされるが、これも採用者数が回復した2000年代半ば以降に数多く採用された若い教員が一斉に出産・育児の時期を迎えたことが背景にあると考えられる。つまり、今般の教員不足の歴史的な背景として、時期によって新規採用者数の増減を繰り返してきた結果生じた教員の年齢構成の偏りを無視することはできないのである。

また、2000年代以降、新規採用者数は増加基調が継続しており、多くの教員志望者が正規教員として採用されたものと想定される。その結果、臨時採用候補者（人材バンク登録者）が長期的に減少し、これまでの「調整弁」としての機能が失われつつあるものと考えられる。

図６−４　教師不足の発生要因

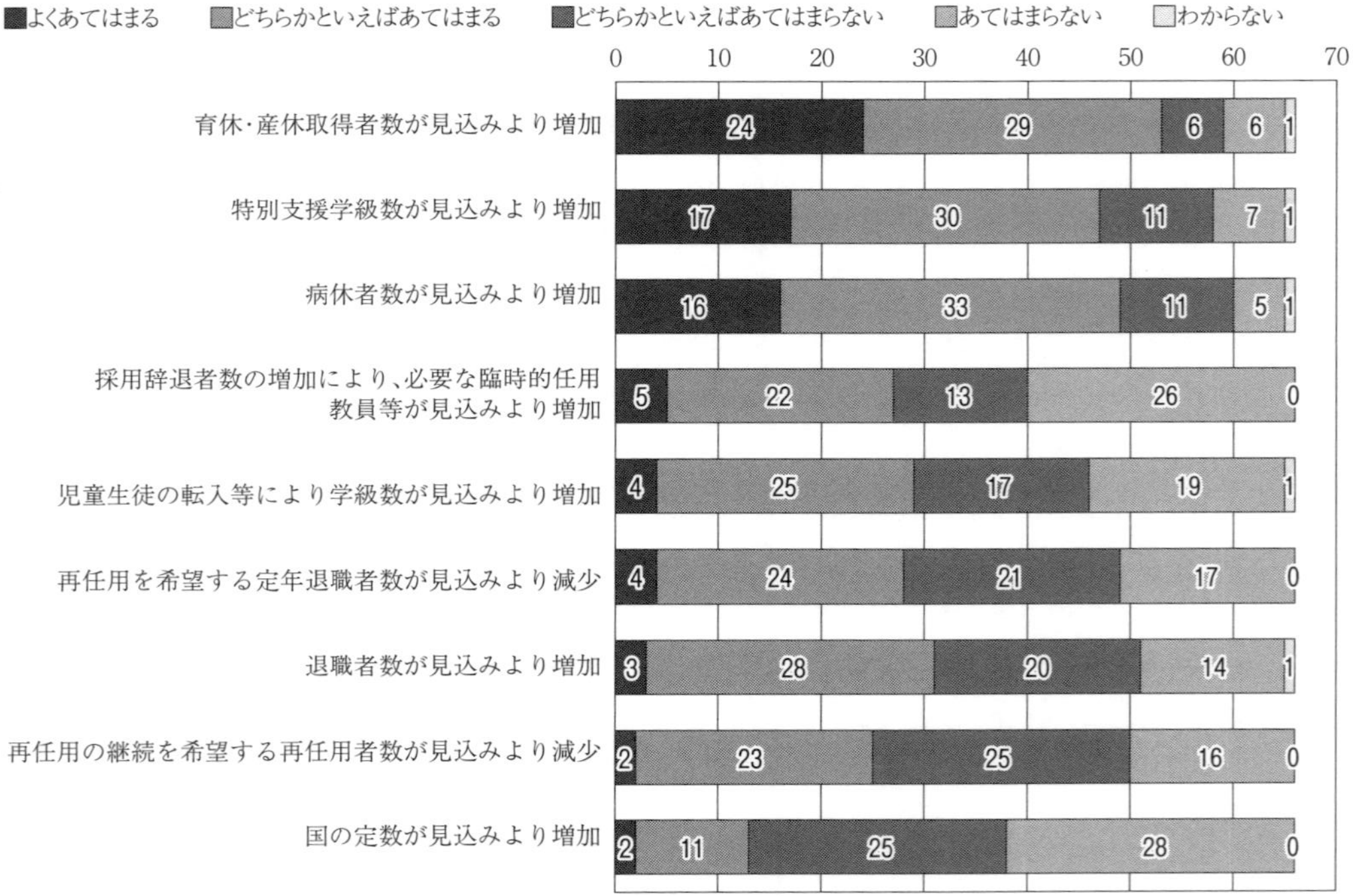

よくあてはまる
どちらかといえばあてはまる
どちらかといえばあてはまらない
あてはまらない
わからない
0
10
20
30
40
50
60
70
育休・産休取得者数が見込みより増加
24
29
6
6
1
特別支援学級数が見込みより増加
17
30
11
7
1
病休者数が見込みより増加
16
33
11
5
1
採用辞退者数の増加により、必要な臨時的任用教員等が見込みより増加
5
22
13
26
0
児童生徒の転入等により学級数が見込みより増加
4
25
17
19
1
再任用を希望する定年退職者数が見込みより減少
4
24
21
17
0
退職者数が見込みより増加
3
28
20
14
1
再任用の継続を希望する再任用者数が見込みより減少
2
23
25
16
0
国の定数が見込みより増加
2
11
25
28
0

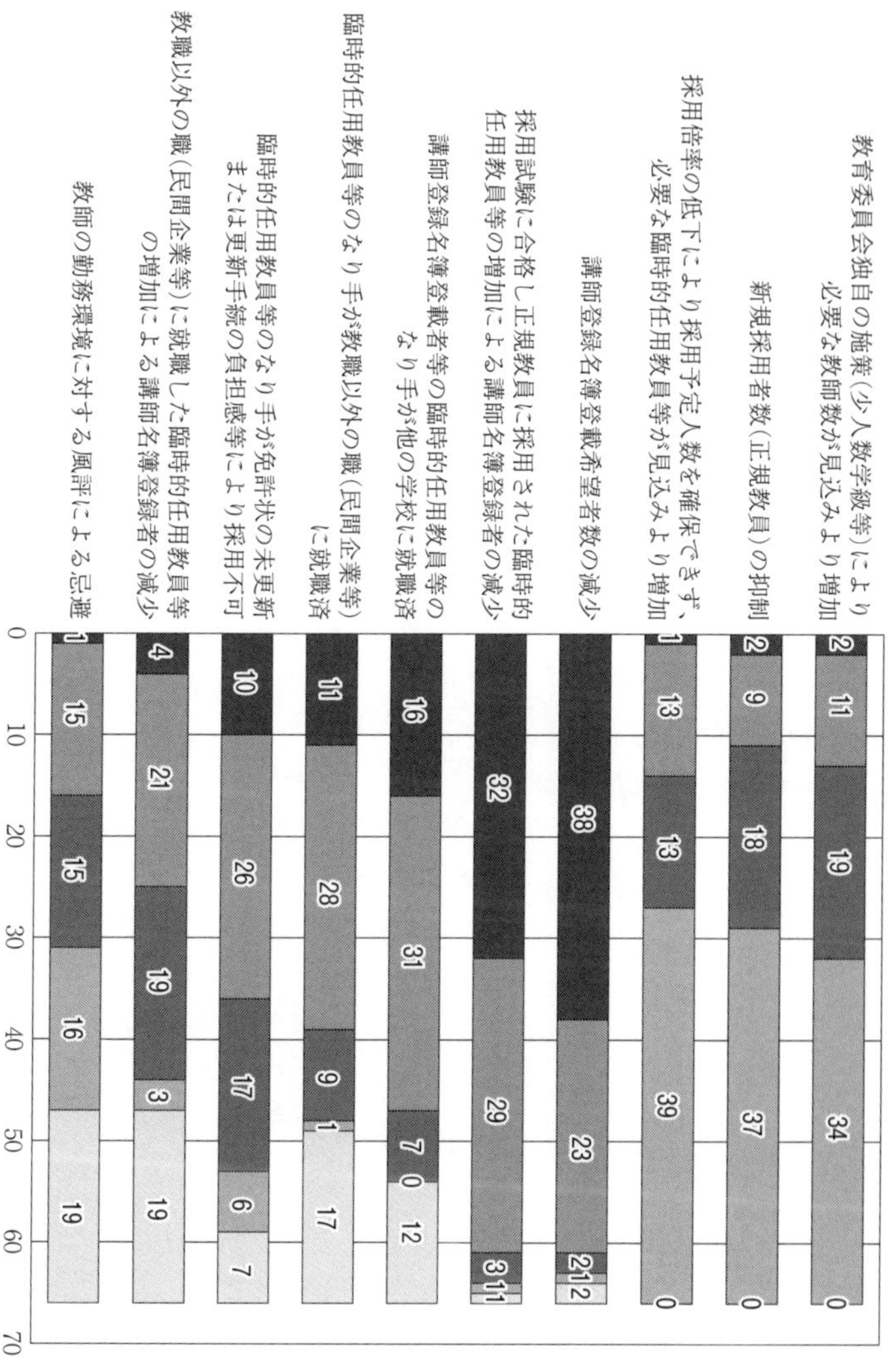
教育委員会独自の施策（少人数学級等）により必要な教師数が見込みより増加
2 11 19 34 0
新規採用者数（正規教員）の抑制
2 9 18 37 0
採用倍率の低下により採用予定人数を確保できず、必要な臨時的任用教員等が見込みより増加
1 13 13 39 0
講師登録名簿登載希望者数の減少
38 23 2 1 2
採用試験に合格し正規教員に採用された臨時的任用教員等の増加による講師名簿登録者の減少
32 29 3 1 1
講師登録名簿登載者等の臨時的任用教員等のなり手が他の学校に就職済
16 31 7 0 12
臨時的任用教員等のなり手が教職以外の職（民間企業等）に就職済
11 28 9 1 17
臨時的任用教員等のなり手が免許状の未更新または更新手続の負担感等により採用不可
10 26 17 6 7
教職以外の職（民間企業等）に就職した臨時的任用教員等の増加による講師名簿登録者の減少
4 21 19 3 19
教師の勤務環境に対する風評による忌避
1 15 15 16 19
0
10
20
30
40
50
60
70

出所：表6−1と同じ

3　教員採用の経済学

(1)　労働市場とは

　ここまで公立学校の教員採用を中心に議論してきたが、本節では教員採用を経済学の観点から論じることとしよう。経済学における市場《しじょう》とは、商品やサービスを売り買いする場のことであり、多くの場合、商品やサービスと貨幣を交換することによって取引が行われる。身近な例を挙げると、豊洲市場は主に青果・魚介類を取引する市場であり、東京外国為替市場は各国の通貨を取引する市場である（ただし、こちらは「豊洲」のように特定の取引所の建物があるわけではない）。

　市場では、取引される商品やサービスの需要と供給によって取引価格が決定される。需要が供給を上回れば取引価格は上昇し、逆に供給が需要を上回ると取引価格は下落する。農産物や魚介類を思い浮かべるとわかりやすい。一定の需要の下で、豊作や豊漁のときには取引価格が下がり、凶作や不漁になると取引価格は上昇する。こうした価格調整を通じて需要と供給を均衡させるのが市場の役割である。

　労働市場とは、労働力の取引がなされる市場である。労働市場では、労働者は労働力（労働サービス）を提供し、企業はその対価として賃金を支払う、という交換が行われる。需要と供給という言葉を使えば、労働者は労働を供給する側、企業は労働を需要する側にそれぞれ相当する。そして賃金は、労働市場で決定される労働サービスの取引価格と位置づけられる。

　ただし、労働市場については、一般的な商品を取引する市場とはやや性格が異なることも経済学ではよく知られている。たとえば野菜や果物の市場では、取引価格が大幅に変動することも少なくなく、そうした価格調整を通じて、いわゆる「売れ残り」が解消されたりするが、労働市場では取引価格（＝賃金）が大きく変動することは稀であり、とりわけ取引価格が下がるという方向の調整はなかなか発生しない。そのため、労働力の供給が需要を上回ると売れ残り、すなわち「失業」が発生することになる。

また、一般的な商品であれば、取引の際に買い手が商品の品質や性能についてある程度正確な情報を得ることが可能である場合が多いが、労働力の取引では買い手が十分な情報を得られないことも想定される。労働力の買い手である企業からすれば、書類選考や面接だけで一人ひとりの採用候補者がどのような労働者であるかを見極めることは難しいので、商品を買うときと同じように簡単に労働者を採用することはできない。つまり、労働市場における売り手と買い手の間の「情報の非対称性」も失業の発生原因となるのである。

加えて、日本の労働市場は正規雇用と非正規雇用で分断され、それぞれ別々の労働市場となっていることも指摘されている。第4章でも紹介したように、日本の正規雇用は①無期雇用、②直接雇用、③フルタイム雇用、の三つの条件をすべて満たす雇用形態を指しており、三つの条件のいずれかを満たさない雇用形態は非正規雇用と呼ばれている。

正規雇用と非正規雇用では、職務内容はもとより、賃金の決め方や福利厚生面でも処遇が大きく異なるケースが多い。また、正規雇用として労働者を採用する場合は①無期雇用が条件となり、なおかついったん雇い入れた労働者を解雇することは簡単ではないため、企業側からすると正規雇用の採用には一層慎重にならざるを得ない。

他方、①無期雇用の条件を満たさない非正規雇用の場合は、契約期間の終了というかたちで「解雇」することが可能となるため、企業側からすれば正規雇用と比べて気軽に採用することができるといえる。また、景気の変動に伴う雇用の「調整弁」として非正規雇用を活用している側面もある。

(2) 景気変動と教員採用試験

公立学校の教員採用試験は、最も大きい教員労働市場である。教員労働市場には、教員を採用したい買い手（都道府県および指定都市教育委員会など）と、売り手である教員志望者が参加している。とはいえ、労働力の売り手である教員志望者は、必ずしも教員労働市場のみに参加しているわけではない。学校教員以外には目もくれない、という志望者も少なくないかもしれないが、教員以外によい仕事が見つかればそちらに就職してもよい、と考えている教員志望者も数多く存在している。

そうした教員志望者にとって教職は、他の就職先と同列に比較されるものであり、いくつかある就職先候補の中の一つとして位置づけられることになる。したがって、教員以外の労働市場の状況が、教員労働市場にも影響を与えることになるのである。

労働経済学においてよく知られているのは、景気変動と教員採用試験の連動である。

図6－5は公立学校教員採用試験の競争倍率（小学校）と有効求人倍率（年度平均、実数）の推移を示したものである。１９８０年代以降、両者はおおむね逆方向の動きとなっていることが明確

図6－5　教員採用試験の競争倍率（小学校）と有効求人倍率

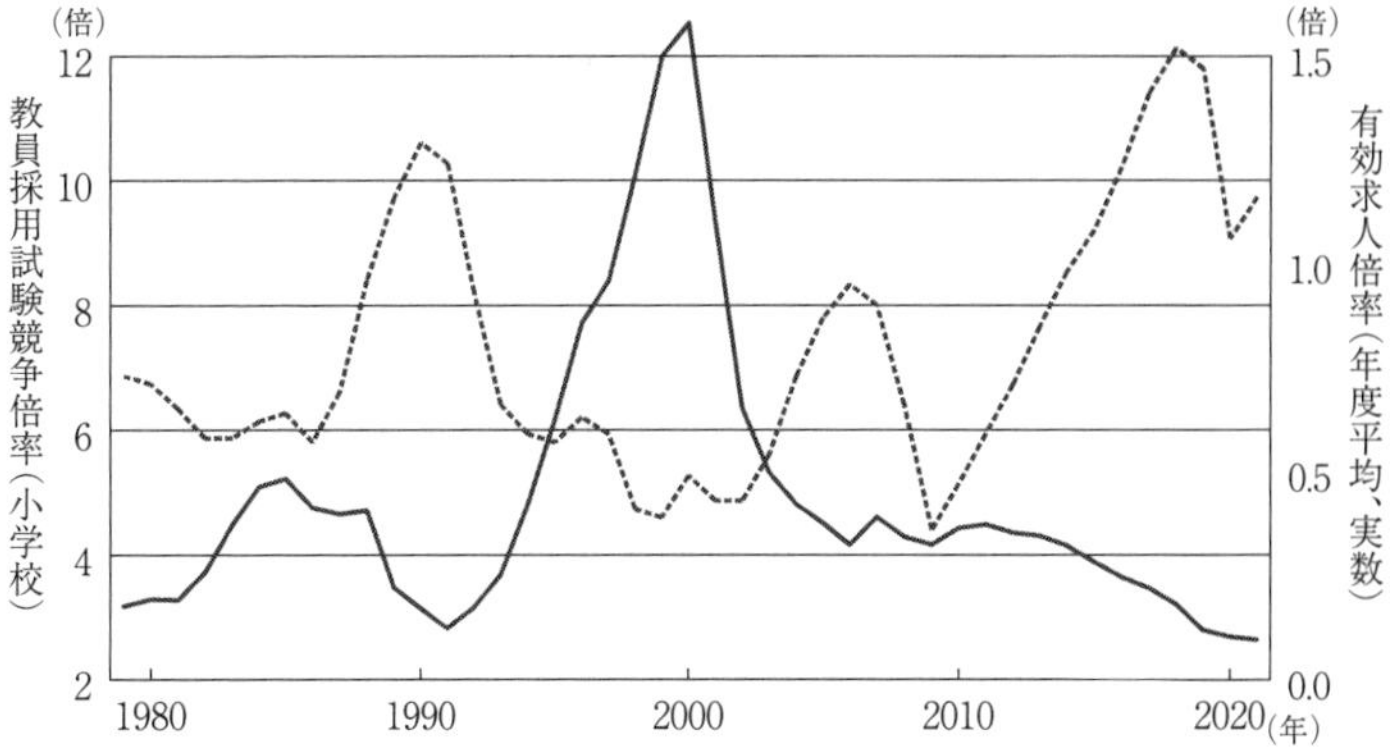

出所：厚生労働省「一般職業紹介状況」，文部科学省「公立学校教員採用選考試験の実施状況」

に示されている。

日本がバブル景気に沸いた80年代半ば以降、教員採用試験の競争倍率は低下して過去最低水準を記録したが、その一方で有効求人倍率は急上昇していた。バブル崩壊後は１９９０年を境に有効求人倍率が急速に低下し、いわゆる就職氷河期を迎えることとなるが、同時期に教員採用試験の競争倍率は急上昇し、２０００年には12・５倍と過去最高水準を記録するに至った。２０００年代半ば以降は緩やかな景気回復が続く中で団塊世代の大量退職が重なり、有効求人倍率は回復基調となるが、教員採用試験の競争倍率は低下傾向が続いた。リーマン・ショックに端を発した２００８年のグローバル金融危機以降は、有効求人倍率が引き続き上昇基調にある一方で、教員採用試験の競争倍率は緩やかな低下を続けている。

図６－５に示されているように、教員以外の労働市場で需給が逼迫している時期には、教員志望

者が教職以外によい就職先を見つけることができる可能性が高まるため、結果として教員採用試験の競争倍率は低下しやすくなる。実際に筆者が指導した学生の中にも、教員免許状を取得したにもかかわらず最終的に地元の優良企業に就職した例を見てきたが、彼らの学年は総じて景気が比較的堅調な時期に就職活動を行っていた。他方で、実際に教員に採用された学生は、景気が悪化し民間企業の採用意欲が低い時期に就職活動を余儀なくされた学年に多かったと記憶している。

筆者が指導している学生は経済学部の学生であるから、もともと教職への志望度はそれほど高くなく、教員免許を取れるなら少し頑張って取っておこう、ぐらいの志望度である。そういった学生は、いざ就職活動の時期になったときにたまたま労働市場の状況がよければ、比較的簡単に就職先を民間企業にスイッチする傾向にあると考えることができよう。

このように見ていくと、近年の教員不足や教員採用試験の競争倍率の低下の背景には、比較的堅調な労働需要があったと考えられる。新型コロナウィルスの世界的パンデミックが発生する前の時期は、第二次安倍晋三政権の積極的な経済政策が一定の成果をあげる一方で、各企業内においては従業員の年齢構成の偏り（バブル期に大量採用した世代が50代に差し掛かる、いわゆる「2020年問題」）を是正する動きが強まるとともに、出生率に回復の兆しが見られないことで将来の労働力不足が懸念されるようになり、総じて企業の若年層に対する求人意欲は比較的高い水準で推移したといえる。

また、東京オリンピック・パラリンピックに向けた盛り上がりもあったかもしれない。いずれにせよ、少なくともコロナ以前の時期は、若者にとって就職活動をしやすい時期だったのである。そうした時期に教員採用試験の受験者が減少し競争倍率が低下したのは、これまでの歴史を振り返ればむしろ当然であったと考えられるのである。

他方で、民間企業への就職が難しい時期には教員採用試験の受験者が増加すると考えられるが、教員需要は受験者数の増加ほどは変動しない（児童生徒数や在職教員数等に基づいて決定される）ため、結果として大量の不合格者を生み出すこととなる。就職氷河期の真っただ中の2000年前後の時期には、教員になりたくてもなれない教員志望者が大量に発生したであろうことは先に見たとおりである。

こうした教員志望者の中には臨時採用候補者のリスト（人材バンク）に登録し、非常勤教員として勤務しながら次の教員採用試験での合格を目指す者も少なくなかったであろうし、実際に彼らが各学校で欠員が発生した場合の、いわゆる「調整弁」として機能してきた側面を無視することはできない[4]。2節2項で指摘したように、近年の教員不足の要因の一つとして、これまで調整弁として機能してきた臨時採用の人材プールが正規採用の増加によって枯渇しつつあり、欠員を埋めることが難しくなっていることが挙げられているが、この人材プールは容易には回復しない。いったん正規採用された教員は人材プールに戻ってこないからである。

(3)　男女間賃金格差

日本では1985年に男女雇用機会均等法（以下、均等法）が成立し、翌年に施行された。1986年の施行時には、募集・採用・配置・昇進において女性を差別しないことが努力義務とされたが、これと前後する時期に大企業を中心に導入されたのがコース別人事管理制度である。均等法では採用において男女を差別的に扱うことはできないことになっているため、企業は採用の入り口として「総合職」と「一般職」の二つの選択肢を設け、入社希望者が自らコースを選択できるようにしたのである。

総合職は基幹的な仕事に従事するコース、一般職は補助的な仕事に従事するコースであり、入社後はそれぞれ別々の人事管理の下に置かれる。こうした仕組みを導入することにより、企業は均等法を遵守できるだけでなく、総合職コースを選択した入社希望者については男女を問わず、長期勤続の意欲が高い者と識別することが可能となり、人材活用の効率性を高めることができたと考えられている。

その後、1997年と2006年の改正を経て、女性の社会進出の度合いは年々高まっている。施行から30年以上が経過した今日においても、採用や労働条件、待遇面で男女間の格差が完全に解消されたとは言い難いのが現状ではあるが、労働市場における男女間の処遇格差はこの間着実に縮小してきたといえる。

均等法以前の時期から、女性が男性と同等に働ける職業として認識されていたのが教員と公務員である。その理由としては、いずれも他の職業と比べて女性労働者の割合が高かったこと、育児休暇等が充実しており結婚・出産後の職場復帰が容易であったこと、などが挙げられる。

また、均等法前後の時期に導入された総合職、一般職といった区別はなく、男性も女性も同一の給料表に基づいて給与が定められるため、賃金の格差も生じにくい。したがって、キャリア志向が

図6−6　教員採用試験の受験者に占める女性の割合の推移

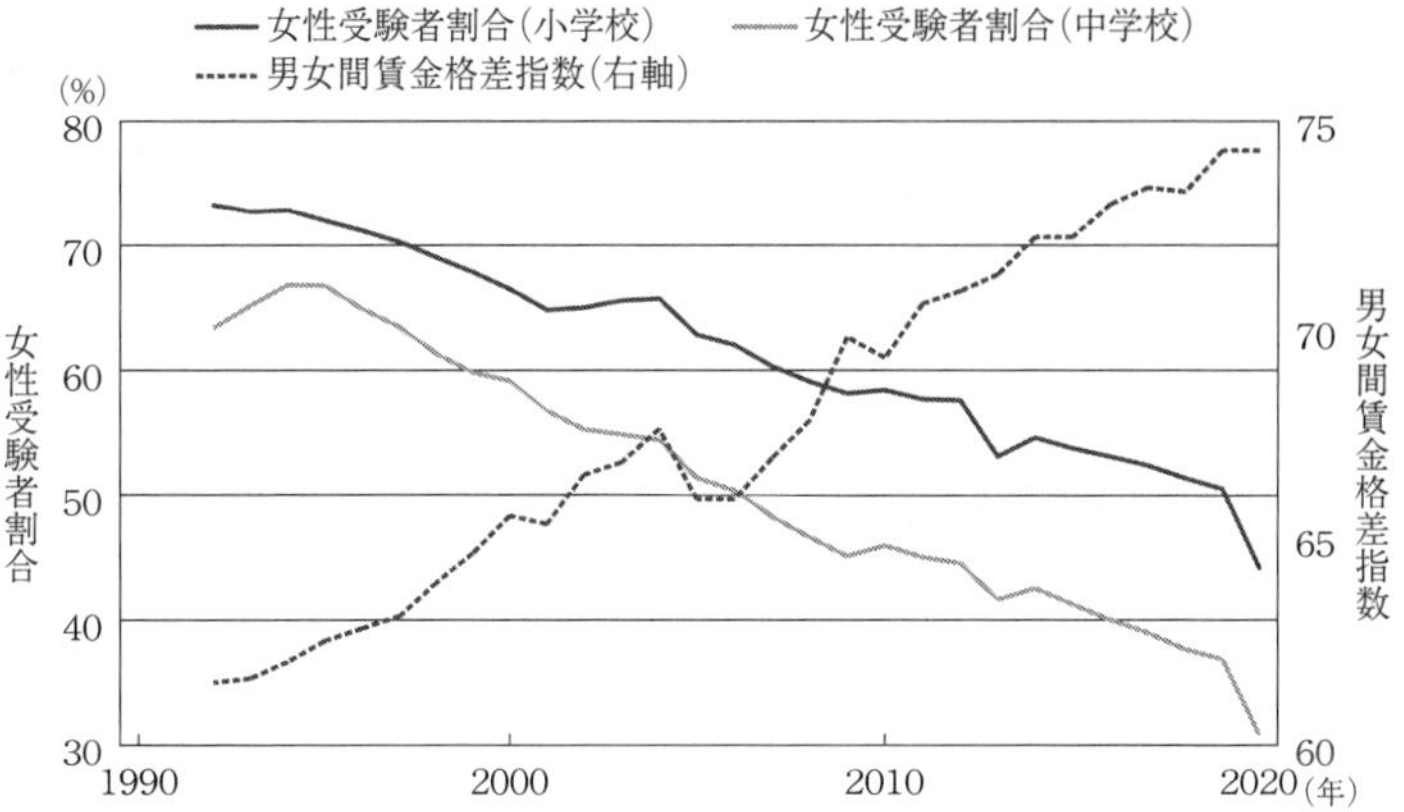

出所：文部科学省「公立学校教員採用選考試験の実施状況」，労働政策研究・研修機構「ユースフル労働統計 2021」

強く、就業継続の意欲が高い女性にとって、教員は民間企業に比べて相対的に魅力の高い職業であったと考えられる。そして、均等法の施行以降、民間企業における男女間の待遇格差が徐々にとはいえ縮小し、育児休業等の取得率も向上してゆく過程で、女性にとって教員という職業の相対的な魅力は徐々に薄れ、民間企業との魅力差が縮小していったのではないか、という仮説を考えることができるのである。

図6－6は、小学校および中学校の公立学校教員採用試験の受験者に占める女性の割合と、男女間賃金格差指数の推移を示したものである。入手できるデータの制約により、1992年以降の推移を示している。

驚くべきことに、小学校も中学校も、教員採用試験受験者に占める女性の割合はほぼ一貫して低下傾向にあり、1990年代前半から約30％ポイントの低下となっている。直近の2020年には、小中学校ともに女性受験者の割合は50％を割り込んでおり、中学校に至っては約3割にまで落ち込んでいる。

他方、男女間賃金格差指数（男性労働者の所定内給与額の平均を100とした場合の女性労働者の所定内給与額の平均）はこの間上昇を続け、直近では74・3となっている。この図は、前述の仮説を明確に支持するものである。すなわち、民間企業における男女間賃金格差が縮小していく中で、もともと男女間格差の小さかった教員という職業の相対的な魅力が薄れ、長期勤続できる職業として教員を選択する女性が減少したと考えられるのである。

以上を踏まえると、近年の教員採用試験における競争倍率低下の一因は、女性受験者の減少にあると考えることができる。かつては受験者の7割以上（小学校）を占めていた女性受験者は、直近では5割を切るまでに減少した。教員という職業の（絶対的な）魅力が不変、あるいはある程度高まったとしても、他の職業の魅力がそれ以上に高まれば、教員という職業の相対的な魅力は失われていく。性別に基づく待遇格差が是正されていくことは社会全体にとって望ましいことであり、徐々にではあるが日本社会はその方向に進んできた。皮肉にもその進歩が、今日の教員不足の遠因となったと考えられるのである。

(4) 構造改革の影響：国立大学準拠制の廃止

2001年に誕生した小泉純一郎内閣は「改革なくして成長なし」とのスローガンを掲げて、郵政民営化をはじめとする数多くの構造改革を実行した。その中で、教員の給与や勤務条件に大きな影響を与えたのが2004年に実現した国立大学の独立行政法人化である。(5) 従来、公立学校教員の給与は国立学校教員を基準として定める「国立学校準拠制」が採用されていたが、国立大学の独法化にともなって準拠する国立学校教員が消滅したことにより国立学校準拠制は廃止され、公立学校教員の給与は都道府県（のちに政令市にも拡大）がそれぞれ条例で定めることとなったのである。

国立大学の法人化以前、国立学校教員の給与は、他の国家公務員と同様に「一般職の職員の給与に関する法律」で定められ、国立学校教員を対象とする「教育職俸給表」が存在していた。国家公務員法に「職員の給与は、その官職の職務と責任に応じてこれをなす」と定められているように、公務員の給与決定は「職務給」が原則とされる。したがって、国立学校教員の俸給表は、勤務する学校の種類や役職に応じたものが作成されていた。

法人化以前に長く採用されてきたのは「4本建」および「4等級」の俸給表である。「4本建」とは、大学教員を対象とする「俸給表（一）」、高等学校教員を対象とする「俸給表（二）」、小中学校教員を対象とする「俸給表（三）」、高等専門学校教員を対象とする「俸給表（四）」の四種類を指している。

また「4等級」とは、小中学校および高等学校教員を対象とする俸給表における等級制のことを指しており、校長＝特1級、教頭＝1級、教諭＝2級、助教諭・講師等＝3級、がそれぞれ該当していた。こうした国立学校教員の「4本建」「4等級」の俸給表は、国立学校準拠制のもとで公立学校教員の俸給表のモデルとなり、公立学校教員にも長く準用されてきたのである。

2004年の国立大学の独立行政法人化により、長く運用されてきた国立大学準拠制は廃止され、公立学校教員の給与は都道府県（のちに政令市にも拡大）が定める条例に基づいて決定されることとなった。公立学校教員の給与決定に際して、自治体の裁量が大幅に拡充されたのである。中でも東京都は、全国に先駆けて公立学校教員の給与制度改革を実施し、その後の議論にも大きな影響を与えたとされる。

以下では髙橋（2022）を参考にしながら、国立大学準拠制が廃止された後の東京都において公立学校教員の給与がどのように変化したのかを見ていくこととする。

髙橋（2022）によれば、東京都における教員給与制度改革は、①諸手当等の支給方式の変更、②給料表の改訂、③主幹教諭・主任教諭の導入、の三点に整理することができる。

まず、①諸手当等の支給方式の変更についてである。従来、教育公務員については発生した時間外勤務等に対して超過勤務手当を支給しない代わりに、俸給月額の４％が「教職調整額」として支給されるという特殊なルール（国立及び公立の義務教育諸学校等の教育職員の給与等に関する特別措置法、１９７１年5月制定）が定められていた。

また、教育職員には「教職調整額」以外にも「義務教育教員特別手当」が支給されており、義務教育諸学校の教員給与は一般の公務員より優遇されてきた。国立大学法人化前は東京都でも同等の手当が公立学校教員に支給されていたが、国立学校準拠制の廃止に伴う教員給与制度改革により、これらの手当は減額、あるいは勤務成績と連動する方式に変更された。髙橋（2022）の試算によれば、旧規則と２００９年改正規則を比較すると、４年制大学新卒者が38年間在職した場合の特別手当額の生涯減額幅は約１６８万円に達するとされている。

次に、②給料表の改訂、および③主幹教諭・主任教諭の導入、についてである。国立学校準拠制にもとでは、国立学校教員を対象とした「4本建」および「4等級」に応じた給料表が公立学校教員にも準用されていたが、東京都では、国立学校準拠制の廃止に先立つ2003年に「主幹教諭」が導入されたことに伴い、小中学校教員と高等学校教員の給料表に「特2級」が新設されて「5等級」に再編された。

さらに2008年には新たに「主任教諭」が新設され、2009年に給料表は「6等級」に改訂された。具体的には、1級＝助教諭、講師等、2級＝教諭、3級＝主任教諭、4級＝主幹教諭、5級＝副校長、教頭、6級＝校長等、がそれぞれ該当している。

こうした給料表の改訂により、教員の大多数を占める「教諭」の給与は大幅に引き下げられることとなった。髙橋（2022）の試算によれば、2004年の旧給料表（国立大学準拠）と2009年の給料表を比較した場合、4年制大学新卒者が38年間教諭として在職した場合の生涯給与の減少額は約1271万円に上っている。これに前述の手当の減額を加えると、生涯給与の減少額は1400万円を超える金額となっている。

このように、2004年の国立大学の独立行政法人化に伴う国立学校準拠制の廃止は、かつて教育職公務員の給与を優遇してきた手当の削減や給料表の改訂等を通じて、公立学校教員の給与を引き下げる方向に作用したと考えられる。教員給与の引き下げは、教職と他の職業との間で進路選択に直面する教員志望者にとって、教職の魅力低下を意味することは言うまでもない。一見すると無関係に見える国立大学の独立行政法人化も、2000年代以降の教職の魅力低下を招いた一因だったのである。

4　教員は幸せか——ウェルビーイングの観点からの検証

(1)　ウェルビーイングとは

本章ではここまで、教員不足の現状とその背景について、教員採用試験の受験動向や労働経済学の観点から議論し、近年の教員不足を招いた要因として①時期によって新規採用者数の増減を繰り返してきた結果、教員の年齢構成に偏りが生じ、退職者や産休・育休取得者が集中的に発生した、②男女間賃金格差の縮小や育児休業制度の浸透など、教員以外の職業において女性労働者の処遇が改善されたことにより、女性にとって教員という職業の相対的な魅力が低下し教員採用試験受験者が減少した、③国立学校準拠制の廃止によって公立学校教員の給与が結果的に引き下げられた、の三点を指摘した。このうち少なくとも①と②については、学校現場や教育委員会の問題というよりは、人口動態や景気変動、男女共同参画社会の進展といった社会経済的要因の影響が大きいことを指摘するものである。

他方で、近年の教員不足に関する議論においては、教員の過酷な就業環境（いわゆる「ブラック化」）が知られるようになり、若者を中心に教職が忌避されるようになったことを要因として指摘する声も多い。過去に比べて教員の多忙化が進み、教員という職業それ自体の魅力が低下して教員志望者が減少してしまったことが今日の教員不足を招いている、という主張である。国際的に見た場合に、たしかに日本の学校教員は世界で最も長時間労働に従事しており、自己効力感や現在の学校における仕事の成果への満足度が低くなっていることは第4章で確認したとおりである。

また、平成28年度の文部科学省「教員勤務実態調査」によれば、中学校教員の約6割、小学校教員の約3割が過労死ライン（月80時間の時間外労働）を超える勤務時間となっている。仮に、こうした勤務時間の数値が示すように、日本の学校という職場が深刻な就業環境に陥っているのであれば、そこで働く現役教員の仕事満足度や生活満足度は他の職業従事者に比べて低くなっていること、すなわち学校教員のwell-being（ウェルビーイング）が低くなっていることが推測される。そこで本節では、いわゆる教職の「ブラック化」について、国内の他の職業従事者とのウェルビーイングの比較の観点から検証を試みることとしたい。

そのまえにまず、ウェルビーイングについて簡単に紹介しておく。ウェルビーイングという言葉には分野によってさまざまな訳語が充てられており、「幸福度」や「心身の良好な状態」、「満足度」といった日本語に訳されることが多いが、それらの訳語の意味（定義）や解釈は人や立場、文脈によって異なる。本節ではウェルビーイングを人々の主観的な「幸福度」や「生活満足度」という意味合いで使用する。

幸福度は主観的幸福感とも呼ばれ、調査によって計測して尺度化することが可能であることが知られている。幸福度に関する研究の歴史は長く、たとえば経済学の分野では、一国内で見ると所得の高い人ほど幸福度が高くなるが、異なる国を比較すると国の豊かさ（所得水準）と国民の幸福度には相関がないことを示した「イースタリン・パラドックス」が有名である（Easterlin［1974］）。ア

図6－7　幸福度の調査

あなたは、現在幸せですか。

幸せ　　　　　　　　　　　　　　　　不幸せ

1　　　2　　　3　　　4　　　5

ンケート調査において、幸福度は図6－7で示されるような設問によって調査される。

図6－7では、最も幸せな場合を1、最も不幸せな場合を5とする5段階で計測しているが、調査によっては10段階で計測しているケースもある。いずれにせよ、このような計測方法で本当に人々の幸福度を測ることができるのか、と疑問をもたれる方もいるかもしれない。こうした方法で計測された主観的幸福度の尺度は各分野の研究で使用されているだけでなく、各国の政策立案にも活用されており、妥当性、信頼性が高いことが知られている。なお、生活満足度や仕事満足度についても同様の設問を用いて調査が行われることが多い。

(2)　ウェルビーイングの計測

ウェルビーイングの一つとして考えられる「仕事の満足度」については、本書第4章で若干ではあるが議論した。表4－5は、ＯＥＣＤが実施している「ＯＥＣＤ国際教員指導環境調査」（ＴＡＬＩＳ）の２０１８年調査結果を用いて、日本及び調査参加国の学校教員が職場環境についてどのように評価しているかをまとめたものであった。同表において、現在の学校での自分の仕事の「成果」に対する満足度（設問「現在の学校での自分の仕事の成果に満足している」への回答）については、日本の学校教員は他の参加国の学校教員よりも明らかに低くなっていることを指摘したが、他方で、全体としてみたときの仕事への満足度（設問「全体としてみれば、この仕事に満足している」への回答）は他の参加国と比べて若干低くなっている程度であり、全般的な仕事満足度については他国と比べても遜色がないといえる結果となっていることを確認した。

第４章の分析は学校教員の仕事満足度を国際比較したものであり、日本の学校教員と国内の他の職業従事者を比較するものではない。そこで以下では、日本国内で実施された調査結果を用いて、学校教員と他の職業従事者のウェルビーイングを比較する。分析には「日本版総合的社会調査（Japanese General Social Surveys：ＪＧＳＳ）」のデータを利用する[6]。

ＪＧＳＳは、米国で１９７２年に開始されたＧＳＳ（General Social Survey）の日本版として２０００年に調査を開始した大規模な社会調査であり、毎年、数千人規模の調査が実施されている。収集されたデータは研究者向けに公開されているため、社会科学をはじめとする様々な分野の研究に数多く使用されている。ＪＧＳＳは日本を代表する社会調査といっても過言ではなく、調査の信頼性は高い。

本項の分析で使用するのは、ＪＧＳＳの２０１７年および２０１８年調査の統合データ（JGSS-2017/2018）である。この統合データには２６６０人の回答が含まれている。人々のウェルビーイングを測る尺度の一つ目は「幸福度」である。図６－７の設問に対する回答から「幸福度」を計測する。

図6－7 （再掲）幸福度の調査

あなたは、現在幸せですか。

幸せ				不幸せ
1	2	3	4	5

←――――――――――→

図6－8 満足度

あなたは、現在の生活全般に
満足していますか。

非常に満足				非常に不満
1	2	3	4	5

←――――――――――→

次に、同様の設問（図６－８）に対する回答から「全般的な生活満足度」を計測する。

以下の七つの生活面における満足度も同様に五段階で計測する。

A　住んでいる地域
B　余暇の過ごし方
C　家庭生活
D　現在の家計の状態
E　友人関係
F　健康状態
G　配偶者（夫や妻）との関係

最後に、現在の仕事に対する「仕事満足度」を以下の設問から計測する。なお、「６　わからない」については除外して集計する。

現在の仕事にどのくらい満足していますか。この中から選んでください。

1　満足している

2　どちらかといえば満足している
3　どちらともいえない
4　どちらかといえば不満である
5　不満である
6　わからない

回答者は自身の職業（仕事の内容）について具体的に回答しているので、自身の仕事の内容を「小学校教員」「中学校教員」「高等学校教員」「盲・ろう・養護学校教員」と回答している回答者（31人）を学校教員として取り扱い、それ以外の就業者（1638人）と職業に就いていない回答者（990人）の三種類に区分した。無回答者（1人）は分析サンプルから除外した。なお、次項で報告する幸福度や仕事満足度、生活満足度の尺度については、解釈を容易なものとするために大きい値ほど「幸せ」および「満足」となるように変換している（1が最も不幸・不満、5が最も幸せ・満足を示す）ので注意されたい。

(3)　学校教員は不幸なのか

近年の教員志望者減少の背景として、学校という職場が教員にとって過酷な就業環境であることが広く知られるようになったことで教職を忌避する若者が増加した、と指摘する議論があることは先に指摘した。仮に、学校という職場が就業先の候補として忌避されるほどに過酷な就業環境となっているのであれば、現職の学校教員の「仕事満足度」は他の職業従事者と比べて低くなっているはずであり、ひいては現職教員の「幸福度」や「生活満足度」にも悪影響を及ぼしていることが予想される。現職の学校教員は他の職業従事者や非就業の人と比べて不満や不幸を多く感じているのであろうか。

図６－９は、学校教員、学校教員以外の就業者、非就業者のそれぞれについて、幸福度や仕事満足度、生活満足度の尺度（大きい値ほど、幸せ・満足を表す）の平均値をグラフで示したものである。学校教員の幸福度の平均値は３・９、他の職業従事者の平均値は３・78、非就業者の平均値は３・75となっており、学校教員が最も高い値となっている。なお、平均値の差は統計的に有意ではないので、三つの区分間に幸福度の差はないという解釈になる。全般的な生活満足度についても同様であり、学校教員の平均値は他の職業従事者や非就業者よりも高くなっているが、区分間の差は統計的に有意ではない。

七つの生活面における満足度についても、学校教員はおおむね他の職業従事者および非就業者と同等か高い満足度となっており、中でも家計状態および配偶者との関係に対する満足度の差は統計的に有意である。唯一の例外は余暇利用面における満足度であり、この項目のみ学校教員が最も低い平均値となっているが、平均値の差は統計的には有意ではない。

注目すべきは現在の仕事に対する満足度の比較である。学校教員の平均４・29に対して他の職業従事者の平均は３・96となっており（平均値の差は4.29－3.96＝0.33）、現職教員の仕事満足度は他の職業従事者よりも高くなっていることが示されている。なお、学校教員と他の職業従事者の仕事

図6−9　幸福度、仕事満足度、生活満足度の比較（2010年代後半）

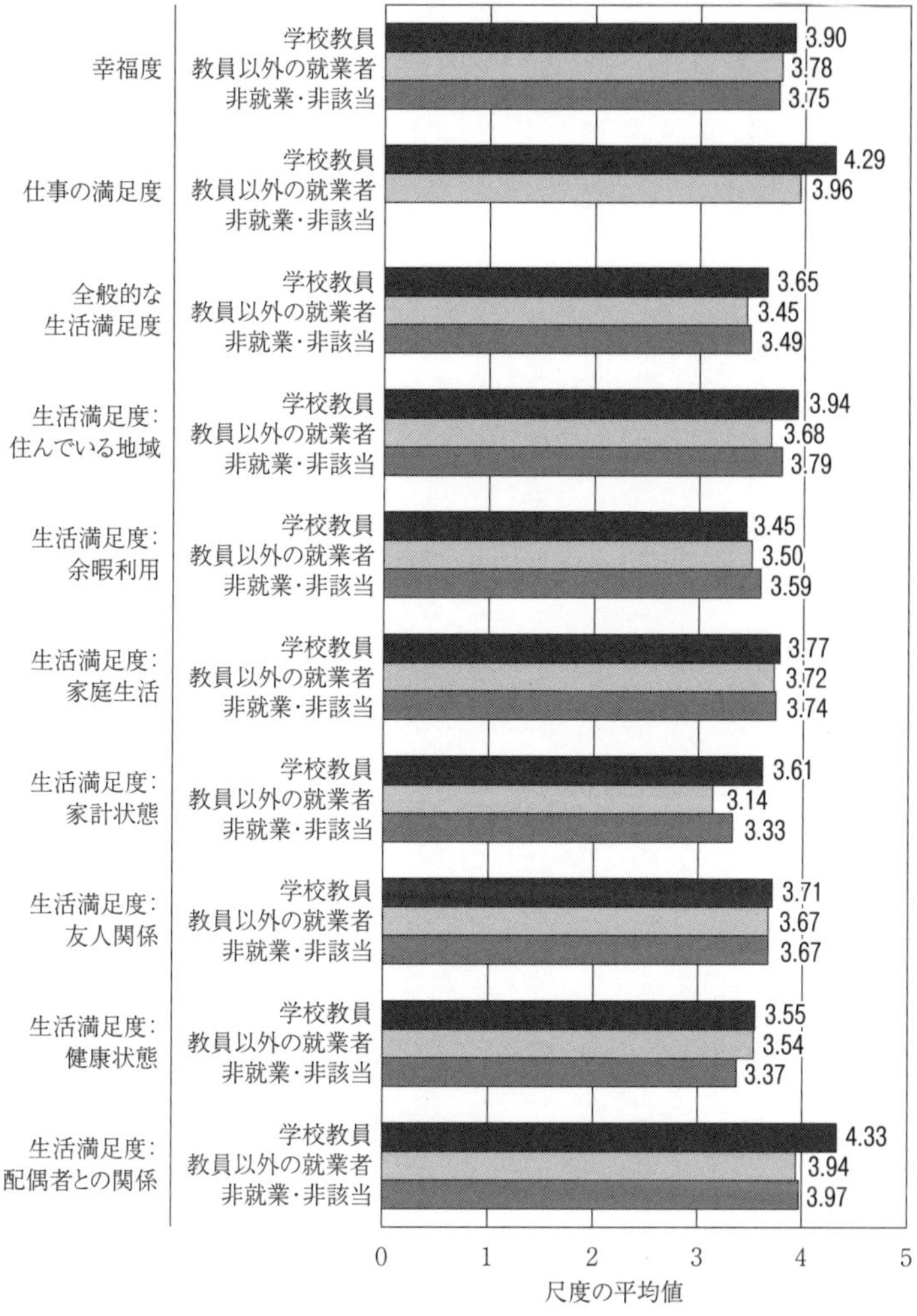

出所：JGSS-2017/2018統合データより筆者作成

満足度の平均値の差は有意水準5％で統計的に有意である。つまりこの結果は、現職の学校教員は他の職業従事者よりも現在の仕事に対する満足度が高いことを意味している。学校教員の仕事満足度は他の職業従事者よりも低いどころか、統計的に有意に高いのである。

他方で、学校教員の余暇利用に対する満足度がやや低い値となっていることは、長時間労働の影響が反映されているとみることができる（第4章2節参照）。とはいえ、繰り返しとなるが、余暇利用以外の側面においては学校教員の満足度が劣っているものは皆無であり、むしろ学校教員のほうが高い満足度となっている項目もある。図6－9に示された分析結果から、平均的に見て学校教員は他の職業従事者や非就業者と比べて不幸ではないし、仕事や生活に対する不満も大きくはない、と結論づけることができよう。つまり、少なくとも本項の分析結果からは、学校という職場が就職先の候補として忌避されるほど劣悪な就業環境にはなっていないと判断せざるを得ないのである。

とはいえ、こうした統計的な分析結果はあくまで平均的な教員の姿を示すものであり、すべての教員が他の職業従事者と同程度あるいはそれ以上に幸福・満足であることを意味するわけではない。平均値としてみれば他の職業従事者と同程度であっても、一部の教員が不幸・不満を感じている可能性を否定するものではない。

また、学校教員という職業への不満が本当に高くなってしまった人は教員をやめてしまっている可能性もある。つまり、調査時点で教員という職業に就いている人は、調査時点あるいはそれ以前の期間に比較的「ホワイト」な学校に勤めていた人に限られるために、結果として幸福度も生活・仕事満足度も高い人だけが教員として分析対象に含まれた、ということである。

こうした現象を統計学では「セレクション・バイアス」と呼ぶが、本項の分析結果にもセレクション・バイアスが影響している可能性がある。すなわち、本項の分析結果と、少なからぬ学校教員が長時間労働に従事し学校という職場が「ブラック化」しているという教員の切実な声の存在を整合的に解釈するとすれば、そうした声は、過酷な就業環境に身を置きつつも何らかの理由（たとえば、教職への適性や使命感）によって自身の職業生活には一定の満足を得ている教員によるものか、あるいは、教員をやめてしまうほどに「ブラック化」した学校に勤務していた元教員によるもの、ということになろう。

(4) 学校教員は不幸になったのか

平均的にみて学校教員は他の職業従事者や非就業者と比べて不幸ではなく、仕事や生活に対する不満も大きくはない、という前項の分析結果は、2010年代後半（2017年と2018年）の調査データから得られたものであった。では、より以前のデータで同様の分析を行うと、どのような結果が得られるのであろうか。民間企業における男女間賃金格差の縮小や国立学校準拠制の廃止等によって教員という職業の魅力が他の職業と比べて相対的に低下してきたという本章3節(3)項および(4)項の議論が妥当性を持つものであれば、より過去の学校教員の幸福度や仕事満足度は他の職業従事者よりも高くなっていたと推測される。果たして、以前の学校教員は現在より幸福だったのだろうか。

図6-10は、JGSSの2000年~2003年のデータを用いて、学校教員（116人）、学校

図６－10　幸福度、仕事満足度、生活満足度の比較（2000 年代前半）

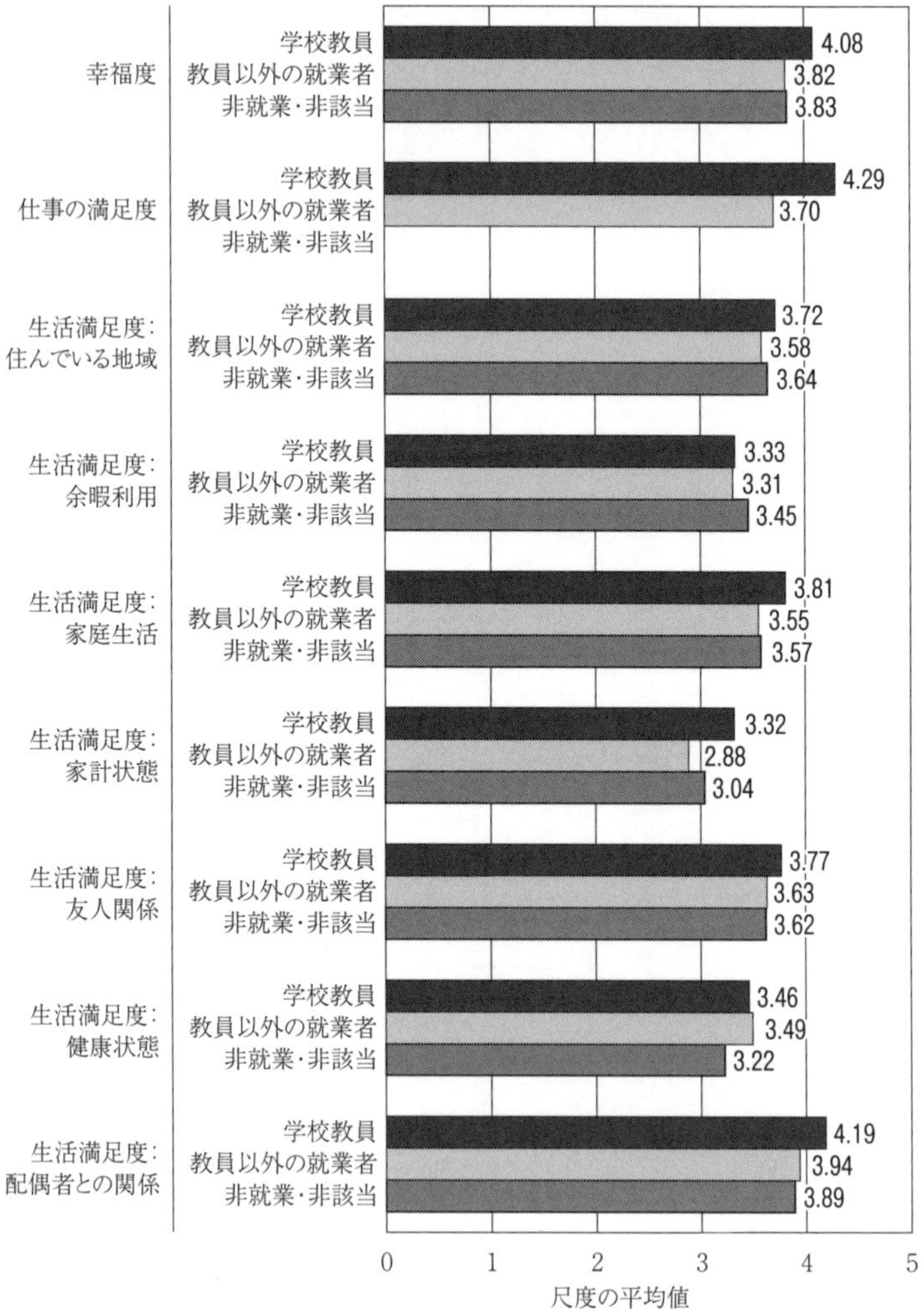

出所：JGSS-2000 ～ 2003 統合データより筆者作成

教員以外の就業者（7354人）、非就業者（4779人）のそれぞれについて、幸福度、仕事満足度、生活満足度の尺度の平均値をグラフで示したものである。[7] 図6－9と同様に、大きい値ほど幸福・満足を示している。なお、図6－9で示した項目のうち「全般的な生活満足度」については設問自体が存在しないため除外している。

幸福度についてみると、学校教員の平均値は4・08、学校教員以外の就業者の平均値は3・82となっており、両者の差（4.08－3.82＝0.26）は2010年代後半よりも大きく、有意水準1％で統計的に有意となっている。仕事の満足度については、学校教員の平均値が4・29、学校教員以外の平均値が3・70となっており、この差（4.29－3.70＝0.59）も2010年代後半より大きく、有意水準1％で統計的に有意となっている。つまり、2000年代初頭の時期には、学校教員の幸福度は他の職業従事者よりも統計的に有意に高く、仕事の満足度の差も大きかったのである。[8]

図6－9で示したように、2010年代後半の時期においては学校教員と他の職業従事者の幸福度の差は統計的に有意ではないので、この十数年の間に学校教員と他の職業従事者の間の幸福度や仕事満足度の差は縮小したと考えられる。この分析結果は、教員という職業の魅力が他の職業と比べて相対的に低下してきたという本章3節⑶項および⑷項の議論を支持するものであるといえよう。

5　教員志願者確保に向けた方策の検討

(1)　参入障壁を低くする施策

本章では、教員不足の現状や教員採用試験の実施状況の推移を踏まえながら、少人数学級の実現に不可欠な教員採用の問題について議論してきた。そして、近年の教員不足の背景として、人口動態に対応するために生じた教員年齢構成の偏りや比較的堅調に推移してきた労働市場、均等法以降徐々に男女間賃金格差が縮小する中で女性にとって教職の相対的な魅力が低下したこと、そして国立学校準拠制の廃止に伴い教員給与が低下したこと、を指摘した。

こうした社会経済的要因の中には、学校現場や教育委員会の外部の要因も含まれており、それらについては致し方のない側面は否定できない。とはいえ、たとえば景気が悪化すれば教員採用試験の受験者が増えるのではないか、とか、昔のように男女間賃金格差が大きい社会に戻れば女性の教員志願者が増えるのではないか、などというのはあまりにも無茶な期待であり、そのような考えに賛同する人は多くないであろう。

近年、文部科学省や各都道府県はさまざまな教員確保策を講じている。たとえば文部科学省は、2019年1月、一定の要件を満たすことを条件として、教員免許状未更新者に臨時免許状を授与して教員として採用することができるとの通知を出した。そして2022年7月には、教員免許更新制そのものが廃止された。教員免許更新制は、最新の知識や技術の習得によって教員の能力を維持することを目的として2009年に導入された制度であったが、受講時間の確保や費用の面で教員の負担が大きいことが指摘されていた。

筆者自身も講師として講習を受け持ったことがあり、講習に参加していた現職教員と意見交換をする中で彼らの高い向学心・探究心に触れることができたが、他方で、自身の講習内容が貴重な現職教員の時間を奪うほどの価値があるのか、参加者の今後の職務に生かされることはあるのだろうかと疑問を感じていたことは否めない。

実際、離島の学校に勤務する教員は泊りがけで講習を受講しに来ていた。結局同制度は、多忙な教員に時間的・金銭的負担を強いており、人材確保に悪影響を与えて教員不足の要因になっていることが問題視され、2022年5月の改正教育職員免許法の成立により、同年7月1日から発展的に解消されることとなったのである。

公立学校における働き方改革の一環として、部活動の地域移行に関する議論も進んでいる。部活動は学校教育の一環として学習指導要領に位置づけられる活動である一方で、部活動の設置・運営は法令上の義務ではなく、必ずしも教員が担う必要のない業務であると位置づけられており、これまでは教員の献身的な勤務に支えられてきたといえる。

部活動は主に平日の授業時間後や休日に活動するものであるため、部活動の顧問となった教員にとっては長時間労働や休日労働の要因となる。中でも指導経験のない教師にとっては、部活動の運営自体が大きな負担となっていることが問題視され、人材確保に悪影響を及ぼしていると指摘されてきた。文部科学省は2020年9月、休日の部活動の運営主体を段階的に学校から地域の外部団体に移す改革案をまとめ、教員の負担軽減に向けた第一歩を踏み出した。また、２０２２年6月にはスポーツ庁の有識者会議（運動部活動の地域移行に関する検討会議）が提言をまとめ、将来的に平日部活動の地域移行も見据えた議論が進められている。

各自治体も教員人材確保のための対策を講じている。文部科学省「令和3年度（令和2年度実施）公立学校教員採用選考試験の実施方法」によると、同年度の採用選考では新たに8県・市において受験年齢制限の緩和が実施され、「年齢制限なし」と回答した自治体は合わせて47県市のぼっている。また、英語の資格やスポーツ・芸術の技能を評価して一部試験の免除や加点を行う「特別の選考」も数多くの自治体で実施されている。音楽や体育の実技試験を免除する自治体も増えつつある。たとえば、２０１７年度に小学校教員の採用倍率が全国最低（１・８倍）となった新潟県では、２０１９年度から音楽と体育の実技試験を免除するなどの取り組みを行った結果、２０１９年度の応募者数が前年度比３００人増と4年ぶりに増加したことが報じられている（『日本経済新聞』２０１９年8月27日付）。

こうした取り組みのうち、教員免許更新制度の廃止や受験制限・受験要件の緩和といった対策は、経済学的にいえば、学校教員という職業への参入障壁を低くするものと考えることができる。こうした施策は、教員の潜在的なり手を増やすという観点でいえば一定の効果が期待されるといえよう。

また、部活動の地域移行の議論は、特に中学校において部活動の運営が長時間労働の要因となっている（表４－９）ことを踏まえれば、教員の就業環境の改善につながり、ひいては教員志願者の増加にも寄与する可能性があると考えられる（教員という職業に興味はあるが部活動の顧問はやりたくない、という人がいるかもしれない）。

しかしながら、学校教員という職業への参入障壁が低くなったとしても、教員という職業それ自体の魅力が高まるわけではない。前項までで議論したように、他の職業と比べて教員という職業の相対的な魅力が低下したことが採用倍率の低下をもたらしているのであれば、抜本的な対策は参入障壁を取り除くことではない。次項で論じるように、教員という職業それ自体の魅力を高める対策を講じることが不可欠なのである。

(2)　教職の魅力向上へ向けて：あるべき「待遇」の議論を

本章では、教員不足の現状および教員採用の問題について論じてきた。まず、昨今の教員不足をもたらした背景として、時期によって新規採用者数の増減を繰り返してきた結果生じた教員の年齢構成の偏りの問題を指摘した。そして、２０００年代以降の教員採用試験の競争倍率低下の要因として、労働需要が堅調に推移したことで他の優良な職業への就職が比較的容易な状況が続いたこと、民間企業における男女間の処遇格差が改善されたことにより、女性にとって教職の相対的な魅力が低下したこと、そして、小泉政権の構造改革の中で実施された国立大学の独立行政法人化に伴って公立学校教員給与の国立学校準拠制が廃止されたことで給与水準が引き下げられたこと、を指摘した。

これらの要因はいずれも、他の職業と比較して教職の相対的な魅力が低下したことを意味している。すなわち裏を返せば、昨今の教員不足問題の根本的な解決には、教員という職業の相対的な魅力を回復するような施策が必要であるということになる。

教育基本法第9条2項は「教員については、その使命と職責の重要性にかんがみ、その身分は尊重され、待遇の適正が期せられるとともに、養成と研修の充実が図られなければならない」としている。ここでいう「待遇」には、給与水準や給与の決定方式が含まれるものと考えられる。

国立大学の独立行政法人化以前は、人事院勧告を通して国立学校教員の給与を引き上げ、それを国立学校準拠制のもとで公立学校教員にも準用するという特殊な形式で、公立学校教員の給与面の「待遇の適正」が多少なりとも図られていたと考えられる。しかしながら、国立学校準拠制の廃止により、こうした特殊な形式による待遇管理のメカニズムすら失われ、教員人件費の削減につながる動きが各自治体で加速していったものと考えられる。つまり現状は、かろうじて教員の「待遇の適正」を図ってきた仕組みすら機能していない状態にあるといえる。

とはいえ、国立大学が消滅して20年近くが経過した現在において、国立学校準拠制を復活させるなどというのは現実的ではない。必要なのは、全国で発生している教員不足の実情を踏まえたうえで、現代の学校教員の職務や勤務実態に応じた「待遇の適正」についての議論を進めることである。また、「待遇の適正」には、給与以外の側面も含まれるものと考えられる。中でも、教員の多忙化が問題視される現代において重要なのは、教員の勤務における「裁量」あるいは「自由」という観点であろう。本書第4章で議論したように、小学校教員の約3割、中学校教員の約6割が厚生労働省の定める過労死ラインを超える勤務時間となっており、勤務時間中の休憩時間は1日わずか数分という極めて多忙な勤務実態となっている。

こうした状況では、創意工夫が必要な教材研究をしたり、個別の児童生徒に対応したり、あるいは自発的に能力開発に取り組んだりといった時間的余裕は極めて限られていると考えられる。髙橋（[2022] 19ページ）が指摘するように、教師の「教育の自由」を成り立たせる労働条件は、子どもの学習権保障に不可欠な要素である。すなわち、個々の教員が自身の裁量で自由に使える時間を確保することは、教員の「待遇の適正」につながるだけでなく、子どもの学習権を保証する観点からも重要であると考えられるのである。

就業中にある程度の「裁量」や「自由」が認められる時間が存在する場合、その時間を労働時間として取り扱うか否かという問題が発生する。給特法（公立の義務教育諸学校等の教育職員の給与等に関する特別措置法）が教育職員の職務と勤務態様の特殊性に鑑み、教員の時間外勤務等について労働基準法とは異なる特殊なルール（発生した時間外勤務等に対して超勤手当を支給せず、代わりに給料月額の４％相当を「教職調整額」として支給するルール）を定めているのはこのためでもある[9]。

しかしながら、４％相当の教職調整額が定められた際に参照されたのは、第4章2節で紹介した１９６６（昭和41）年実施の「教職員の勤務状況調査」である。表４－２に示されているように、教員の勤務時間は昭和41年当時よりはるかに長時間化しており、当時の教員の勤務時間に基づいて設定された４％という目安は、現代においては実態から乖離していると言わざるを得ないであろう。仮に、現行の特殊ルールの枠組みを今後も維持するのであれば、少なくとも４％を超える教職調整額が設定されるべきであると考えられる。

他方で、こうした特殊ルールは、教員の「勤務の特殊性」、すなわち、勤務時間中に教員自身の裁量で自由に使える時間（放課後など授業時間以外の時間や夏休み等の長期休業期間）が存在すること、を前提として設定されたものである。そうであるならば、勤務時間中の休憩時間がわずか1日わずか数分という現状（第4章2節参照）は、特殊ルールの前提となる教員の「勤務の特殊性」という条件自体が成立していないと判断せざるを得ない。

現行の特殊ルールが現代の教員の勤務実態に適応していないのであれば、特殊ルールの枠組み自体を見直さなければならないであろう。幸い、永岡桂子文部科学大臣は衆議院予算委員会（2022年10月17日）において「本年度の勤務実態調査の結果を踏まえて、法制的な枠組みを検討する」と答弁し、特殊ルールを定めている給特法の見直しに向けた議論が進む見通しとなった。現代の学校教員の職務や勤務実態を反映した「待遇の適正」について国民的な議論が高まることを期待したい。

【第6章　注】

（1）平成21年4月に山形大学教職大学院（山形大学大学院教育実践研究科専門職学位課程教職実践専攻）が開設されている。入学定員は1学年20人（収容定員40人）である。

（2）『読売新聞』2019年5月14日付。

（3）東京都では、2022年度の始業日時点で、都内の公立小学校のうち約50校で欠員が生じ、担任不在を避けるために加配教員を担任に充てるなどの措置をとっていたことが報じられている（『日本経済新聞』２０２２年４月22日付）。入学する児童が見込みより多いことなどが原因で教員が不足することは珍しいことではないが、例年は１週間程度で補充できていた教員の確保が難航していることが併せて報じられている。

（4）非常勤教員の厳しい勤務実態については佐藤（2022）が詳しく議論している。

（5）国立大学の法人化以外にも、義務標準法の改正（２００１年）や義務教育国庫負担金の「総額裁量制」の導入（２００４年）および国庫負担割合の削減（２００６年）など、小泉政権の構造改革は教育分野に大きな変化をもたらした。これらの改革は総じて非正規教員の拡大をもたらしたと指摘されている。

（6）日本版General Social Surveys（ＪＧＳＳ）は、大阪商業大学ＪＧＳＳ研究センター（文部科学大臣認定日本版総合的社会調査共同研究拠点）が、大阪商業大学の支援を得て実施している研究プロジェクトである。JGSS-2017/2018は、文部科学省「特色ある共同研究拠点の整備の推進事業 機能強化支援」とＪＳＰＳ科研費JP17H01007の助成を受け、京都大学大学院教育学研究科教育社会学講座の協力を得て実施した。データの整備は、ＪＳＰＳ人文学・社会科学データインフラストラクチャー構築推進事業JPJS00218077184の支援を得た。二次分析にあたり、ＪＧＳＳデータダウンロードシステムで個票データの提供を受けた。

（7）日本版General Social Surveys（ＪＧＳＳ）は，大阪商業大学ＪＧＳＳ研究センター（文部科学大臣認定日本版総合的社会調査共同研究拠点）が、大阪商業大学の支援を得て実施している研究プロジェクトである。JGSS-2000～2003は，学術フロンティア推進拠点の助成を受け，東京大学社会科学研究所と共同で実施した（研究代表：谷岡一郎・仁田道夫、代表幹事：佐藤博樹・岩井紀子、事務局長：大澤美苗）。二次分析にあたり，東京大学社会科学研究所附属社会調査・データアーカイブ研究センターＳＳＪデータアーカイブから個票データの提供を受けた。

（8）２０００年代初頭のデータを用いた分析において幸福度の差が統計的に有意となった一因にサンプルサイズの増加がある。一般にサンプルサイズが大きくなれば検出力は高まる。他方で、学校教員と他の職業従事者の幸福度の平均値の差は２０００年代初頭が０・26、２０１０年代後半は０・12であり、両者の差は２０００年代初頭のほうが大きい値となっている。仕事の満足度についても同様であり、両者の差は２０００年代初頭のほうが大きい。

（9）日本では、２０１９年４月に改正労働基準法が施行されるまで、時間外労働に対する上限規制は存在していなかった。そのため、労働基準法第36条に基づく労使協定（36協定）を締結したうえであれば、使用者は雇用する従業員に対して所定の割増賃金を支払うことでほぼ無制限に勤務を命令することが可能であった（濱口［2013］）。とはいえ、時間外勤務が過度に増加すれば賃金支払いもそれに応じて増大するため、使用者は過度な超過勤務を抑制すると考えられる。すなわち、割増賃金という賃金規制が過度な時間外勤務を抑制するという意味で労働時間規制としても機能することが想定されているのである。このように考えると、時間外勤務の量にかかわらず一定の「教職調整額」を支払うという特殊ルールは、賃金規制による労働時間規制という機能すら持たないことは明白である。

終章　少人数学級政策のあり方とＥＢＰＭ

本章では、前章までの分析の結果や議論を踏まえ、今後の少人数学級政策のあり方について論じる。本書を執筆している現在、小学校における35人学級化（学級規模の標準を40人から35人とする政策）が段階的に進行中であり、２０２５（令和７）年度に小学校全学年の35人学級化が実現する予定となっている。周知の通り、この小学校における35人学級政策は、新型コロナウィルス感染症のパンデミックという混乱の最中で、いわゆる「３密」対策という教育政策外部の要因の影響を強く受けて導入されたものであるため、小学校全学年の35人学級が完成した後の展開については現時点では不透明であるといわざるを得ない。本章の議論は、小学校全学年の35人学級化が完了した後の、願わくはパンデミックが収束し平時となっている時期を見据えた議論である。

1　ＥＢＰＭの考え方

(1)　ＥＢＰＭの現状

ＥＢＰＭ（Evidence-Based Policy Making：エビデンス・ベースド・ポリシー・メイキング）は、

「根拠に基づく政策形成」などと訳され、日本では2010年代の半ば以降、政策立案の場を中心にその重要性が強く認識されるようになってきた考え方である。高度経済成長期の日本のように、人口が増加し、経済が順調に成長していれば、成長によって拡大したパイの配分について深く吟味する必要性は小さかったかもしれない。

しかしながら、高齢化の進展や人口減少を背景としてパイが縮小し、配分どころか誰からパイを取り上げるかを検討しなければならないのが今日の日本である。国・地方を問わず、財政状況は逼迫している。限られた資源を有効に活用し、有権者の納得を得るためには、政策を立案する段階で、政策がもたらす効果の有無や効果の大きさを根拠に基づいて確認・検証しなければならない、といった一種の危機感が、今日のＥＢＰＭ隆盛の根底にあるものと考えられる。

ところで、ＥＢＰＭについては、その重要性への認識は関係者の間で共通しているものの、他方でそもそもＥＢＰＭとは何かという点については、確固とした共通認識が形成されていないように見受けられる。酒井（[2020] 284ページ）はＥＢＰＭをとりまく現状について「何をもって『エビデンス』とするかのコンセンサスがない同床異夢の状態」と表現している。そこで以下では、少人数学級政策を念頭に置きながらＥＢＰＭそのものについて検討し、共通認識の土台となる議論を提供したい。

その前の準備として、ＥＢＰＭと深く関連する因果推論について簡単に説明しておこう。因果推論とは物事の間の因果関係を特定する統計分析のことである。図Ｓ－1をご覧いただきたい。ＸとＹという二つの現象があり、連動して変化しているとしよう。パネルＡは、Ｘの変動が原因となっ

図S−1　因果関係と相関関係

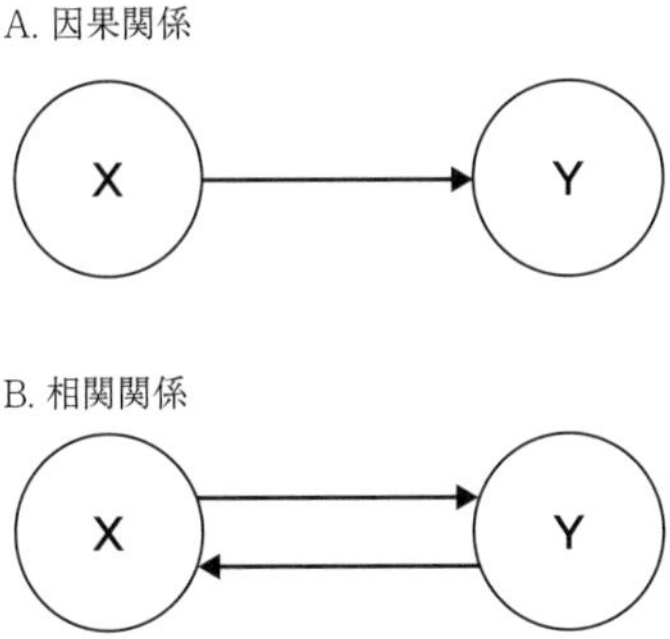

てＹの変動という結果をもたらしていることを意味している。これが因果関係であり、原因Ｘの変動が結果Ｙに与える効果を因果効果と呼ぶ。他方パネルＢは、ＸとＹが連動しているものの、一方が原因でもう一方が結果という関係性にないことを示している。これは相関関係と呼ばれる。ＥＢＰＭにおいては、ある政策の実施がどのような効果をもたらすかに焦点があてられるため、エビデンスとしては相関よりも因果効果が重視されることになる。因果効果を識別するためには、原因であるＸに変動が起こったグループと起こらなかったグループを特定したうえで、結果変数であるＹにグループ間でどのようなちがいが発生したかを検証する必要がある。次項で説明する複数の分析手法は、原因Ｘに変動が起こったグループと起こらなかったグループの特定方法のちがいを反映したものであるといえる。

(2)「エビデンス」とは

最初に、ＥＢＰＭのＥである「エビデンス」について

図S−2　エビデンスの階層

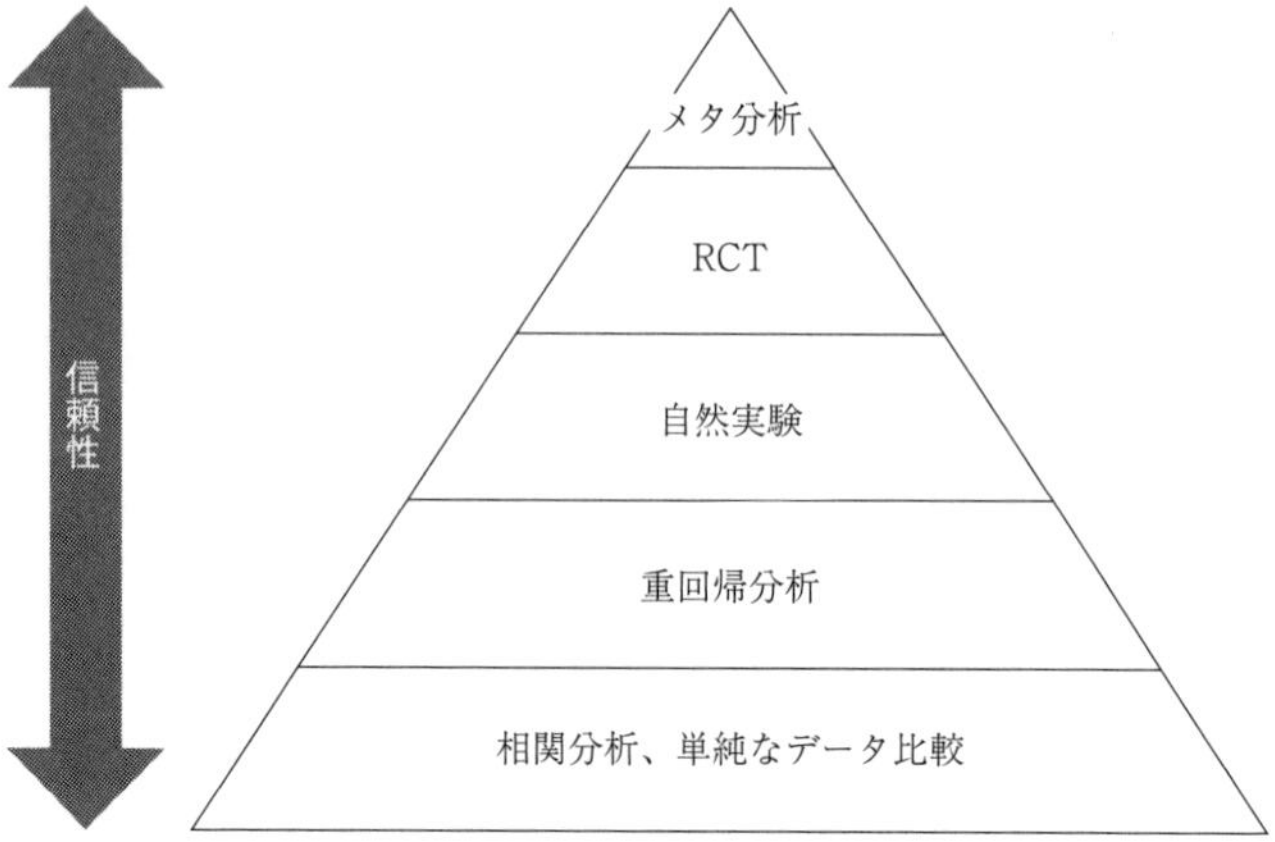

出所：中室・津川（2017、図表1-12）を参考に筆者作成

検討しよう。ＥＢＰＭにおける「エビデンス」という単語は、日本語では単に「根拠」や「証拠」と訳される場合もあるが、頭に言葉を足して「客観的な根拠」や「科学的な根拠」と訳される場合もある。根拠や証拠といった言葉に「客観的な」とか「科学的な」といった修飾をわざわざ付け加えることに大した意味はないと思われる方は多いだろうし、客観的・科学的でないものをそもそも根拠や証拠とは呼ばない、という立場もあるだろう。

他方で、こうした言葉の使い方のちがいには、何をもってエビデンスとするかという点についての認識の相違が反映されているとも考えられるし、筆者もそのように考えている一人である。ＥＢＰＭにおける「エビデンス」にはさまざまな種類があることが知られており、その信頼性に応じていくつかの階層に分類される。図Ｓ－２はエビデンスの階層を図で示したものである。以下では、少人数学級政策を例にとって説明しよう。

まず、エビデンスとしてもっとも信頼度が高いとされるのがメタ分析である。メタ分析は、実際に調査をして分析を行うのではなく、過去に公表された数多くの実証分析の結果を収集し、それらを並べて比較しながら総合的に評価するという分析手法である。本書でいえば、第1章および第2章で紹介したグラスらの分析（Glass *et al.*［1982］）やクルーガーとハヌシェクの分析（Krueger and Hanushek［2000］）が該当する。

特定のトピックについて複数の（トピックによっては膨大な）分析結果が存在することは珍しいことではない。このとき、政策担当者が自分にとって都合のよい分析結果だけを無意識的に、あるいは意図的に選びとってしまう（ＥＢＰＭの文脈では「チェリー・ピッキング」と呼ばれる）危険性がある。複数の分析結果を幅広く収集して総合的に判断するメタ分析は、そうした危険性を除去できるという点で優れており、エビデンスの階層において最も信頼性が高いとされる。

しかしながら、メタ分析の結果を盲目的に信頼するのもまた危険である。スラビンが指摘したように、グラスらのメタ分析は文献を収集する段階で分析内容についての吟味が不足しており、本来メタ分析に含まれるべきでない分析結果が数多く含まれていた（第1章2節参照）。そのため、メタ分析の結果の信頼性が低くなってしまったのである。したがって、一定の条件を満たす質の高い分析結果を収集したメタ分析に限り、エビデンスの階層の最上位に位置づけることができるということになる。

メタ分析に次いで信頼性が高いとされるのがＲＣＴ（Randomized Controlled Trial：ランダム化

比較試験あるいは無作為化比較試験）である。ＲＣＴは自然科学の分野でなじみのある実験的手法であり、新薬や新しい治療法の効果や安全性を確かめるために数多く実施されているものである。最も単純な例では、実験対象者や実験動物を複数準備し、ランダムに二つのグループに分ける。ランダムにグループ分けを行うので、この時点では各グループは同質であると想定される（実際には同質であることを確認する必要がある）。そして、一方のグループ（介入群）には介入を実施し、もう一方のグループ（対照群）には介入を実施しない。図Ｓ－１に当てはめれば、原因となるＸに変動が起こったグループと起こらなかったグループを人為的に作ることを意味する。

介入群と対照群の間には介入の有無というちがいだけがあると考えられるので、両グループ間に発生した差は介入によってもたらされた因果効果であると考えることができる。本書で紹介した中では、米国テネシー州で実施されたスタープロジェクトが該当する（第1章2節参照）。スタープロジェクトは、実験対象となった生徒・教師を一つの介入群（小規模学級）と二つの対照群（通常規模学級、常勤補助教員付き通常規模学級）にランダムにグループ分けして、少人数学級という介入がもたらす因果効果を検証したものであった。

ＲＣＴの結果は、人為的に設計された実験を通して介入がもたらす因果効果を示すものであり、結果の解釈も明快でわかりやすい。そのため、適正に実施されたメタ分析に次ぐ信頼性を持つものと位置づけられるが、他方で、人間の行動を分析対象とする社会科学分野においては、実験そのものの妥当性を確保することが難しいことも指摘されている。たとえばスタープロジェクトでは、自身の子どもが対照群（通常規模学級）に配置されることとなった保護者が子どもを転校させたり、介入群である小規模学級の担当となった教員が実験前よりも熱心に働くようになったりしたことが知られている。

実験対象者の偏った脱落や行動変化は実験の結果を歪めることになり、実験そのものの正当性を失わせてしまう。その意味で、ＲＣＴの結果の信頼性は実験そのものが適正に行われたかを確認したうえで判断されるべきものであるということになる。

ＲＣＴに次いで信頼性が高いとされるのが自然実験を活用したエビデンスである。自然実験とは、ＲＣＴのように人為的な実験を行うのではなく、過去に実際に起こった出来事や制度に着目し、その出来事や制度の影響を偶然に受けたグループ（介入群）と受けなかったグループ（対照群）を特定して、あたかも実験を行ったかのようにグループ間の比較を行う分析アプローチを指す。本書でいえば、第1章で紹介したアングリストらの研究（第1章3節）や重松（1961）の研究が該当する。

アングリストらの分析デザインは、イスラエルの学級編制に適用されている制度（1学級の人数の上限を40人とすべきという古代哲学者の教え）に着目し、その制度のもとで偶然に小規模学級となったケースと通常規模学級になったケースを比較することで、少人数学級がもたらす因果効果を検証するものであった。また、重松（1961）の分析は、小学校の分割という過去の出来事に際して発生した実験的状況を活用したものであった。

こうした自然実験は、政策目的に適応した自然実験を見つけ出すことができれば質の高い有力なエビデンスを提供するものとなるが、現実の制度や出来事に依拠するという性質上、適切な自然実験を見つけ出すことができる保証がないという限界があることは致し方のないところである。とはいえ、自然実験を活用できない分野でエビデンスの蓄積が進まないというのは望ましいことではない。自然実験が存在せず、ＲＣＴのような実験を実施することも難しいような分野においては、やや信頼度の点で劣るとしても、実施可能な方法で検証を行ってエビデンスを蓄積するより他はない。

自然実験に次ぐ信頼性を持つとされるのが、重回帰分析から得られるエビデンスである。重回帰分析とは、着目している原因Ｘが結果Ｙにどの程度の影響を及ぼしているかについて、結果Ｙに影響を及ぼし得るＸ以外の要因を統制したうえで行う回帰分析を指す。

重回帰分析の結果は、結果Ｙに影響を及ぼし得る他の要因の影響を取り除いたうえでのＸとＹの関連性の強さ・大きさを示すものであるという点で、相関分析や単回帰分析よりも信頼性の点でやや優位にあると考えられるが、厳密な意味で原因Ｘ→結果Ｙという因果効果を示すものではないため、エビデンスとしての信頼性はそれほど高くないとされている。とはいえ、重回帰分析はＲＣＴや自然実験に比べれば分析ははるかに容易である。また、近年では幅広い分野でデータの蓄積が進んでおり、工夫の仕方によっては重回帰分析からある程度信頼性の高いエビデンスを導き出すことも不可能ではないと考えられる。

最も信頼性の低いエビデンスに位置づけられるのが、簡単な相関分析の結果や単なるデータの比較である。相関関係は因果関係を必ずしも意味するものではないし、観察された相関関係が見せかけの相関や逆の因果関係を意味するものである場合も少なくない（中室・津川［2017］）。また、ＲＣＴや自然実験に基づかない状況におけるグループ間のデータ比較は、誤った結論を導く危険性もある。したがって信頼性という観点でいえば、最低でも一つ上の重回帰分析から得られたエビデンスを採用すべきといえる。

以上のように、ＥＢＰＭにおけるエビデンスには信頼性に応じた階層がある。エビデンスという言葉を単に「証拠」や「根拠」とするか、あるいは「客観的な証拠」や「科学的な根拠」とするかは、想定しているエビデンスの信頼性のちがいを反映していると筆者は考えている。相関分析や単純な回帰分析の結果でもエビデンスとして活用できると想定している場合は前者、ＲＣＴや自然実験から得られる厳密な意味での因果効果やそれらを対象としたメタ分析のみをエビデンスと想定している場合は後者、ということである。

近年、労働経済学や開発経済学の分野を中心として経済学では実証研究が盛んに行われており、そこではＲＣＴや自然実験に基づく分析結果を質の高いエビデンスとして重視する姿勢が鮮明となっている。すなわち経済学（経済学者）は、エビデンスと呼ぶものに対して高い信頼性を求めているということになる。

ところで、エビデンスの対極にあるものとしてしばしば挙げられるのが「エピソード」である。たとえば、２０１７年に政府に設置された統計改革推進会議は、その最終とりまとめにおいて、「欧米諸国では、客観的な証拠に基づくエビデンス・ベースでの政策立案への取組が比較的進んできたのに比べ、我が国では、これまで、統計の最大のユーザーである政府の政策立案において、統計や業務データなどが十分には活用されず、往々にしてエピソード・ベースでの政策立案が行われているとの指摘がされてきた」と指摘している。ここでいうエピソードが具体的に何を指しているのかは明らかではないが、おそらく政治家に寄せられた有権者の声やメディア報道、あるいは最近ではインターネット上の書き込みなどが含まれているものと推察される。

こうしたエピソードを信頼性の点でエビデンスよりも下位に置く向きもあるが、筆者の立場はやや異なっている。エピソードは、特定の個人や組織の状況が反映されやすいという点で客観性に乏しいかもしれないが、問題の所在や政策課題の発見に資するものと位置づけられる。他方エビデンスは、そうした課題の確認および解決方法の模索に資するものである。つまり、両者の間に対立関係や優劣を想定するのではなく、双方が補完的な関係にあると想定するのが適切であると筆者は考えている。

(3) エビデンスに「基づく」とは

次に、EBPMのBである「ベースド」について検討しよう。エビデンスに「基づく」政策形成と言われると、エビデンスこそ重要であり、エビデンスに「基づかない」ものは不適切であるかの印象を受けるかもしれない。これについては、EBPMの原型であるEBM（Evidence-Based Medicine：エビデンスに基づく医療）の考え方が参考になるので紹介したい。

厚生労働省が公開している『「統合医療」に係る情報発信等推進事業』というウェブサイトでは、EBMを「最良の『根拠』を思慮深く活用する医療のこと」と定義したうえで、「EBMは、たんに研究結果やデータだけを頼りにするものではなく、『最善の根拠』と『医療者の経験』、そして『患者の価値観』を統合して、患者さんにとってよりよい医療を目指そうとするもの」と説明している。(1)これは、エビデンスが示す情報を重視しつつも、エビデンスは治療方針の決定においてはあくまで一要素であり、エビデンス以外の要素を決して排除するものではないことを意味している。たとえば、エビデンスに基づく治療を行えば回復が見込まれるものの、回復までに時間がかかったり高額な治療費が必要となるような場合、他の治療方針を検討することは排除されないのである。

EBPMにおいても基本的な考え方は同様であろう。政策形成に際して既存のエビデンスを参考にしたり、政策形成に必要なエビデンスを新たに蓄積したりすることが前提とされるが、エビデンス以外の要素を無視するわけではない。そもそも信頼性の高いエビデンスが存在しない場合や、何らかの事情でエビデンスが示す政策を実行不可能な場合も十分想定され得る。

また、新型コロナウィルス対策のように緊急性を要するような場合には、速報的・限定的なエビデンスしか利用できなかったのは記憶に新しいところである。エビデンスを政策形成におけるあくまで一要素と位置づけるという意味では、近年使われるようになっているEvidence-Informed Policy Makingや Evidence-Informed Policy and Practiceといった言葉のほうが適切なのかもしれない。適当な日本語訳が見つからないが、筆者の立場も同様である。

こうした点に関連して一点だけ指摘しておきたい。エビデンス・ベースドにしてもインフォームドにしても、その政策形成に直結するエビデンスが極めて少数しかないという状況は少なくない。たかだか一本や二本の学術論文の結果をもってエビデンスとするのはおかしいと思われるかもしれないが、ＥＢＰＭの重要性が声高に叫ばれる現代の日本において、一本でも二本でもれっきとした学術論文が存在し、しかもそれらが比較的信頼性が高いとされるエビデンス（ＲＣＴや自然実験に基づく分析結果）を提供するものであれば、「エビデンスに基づく」ことを重視するあまりに、それら少数の分析結果に過度に依拠してしまうケースは十分想定され得る。

そもそも研究者にとって信頼性の高いエビデンスを提供する学術論文を発表することは決して簡単ではないし、信頼性の高いエビデンスを提供する論文ほど本数は少なくなってしまう傾向にある。(2) 政策関係者は、こうした学術界の現状についても理解したうえで、少数のエビデンスに過度に依存しないよう注意する必要がある。そのためには、学術論文に示されたエビデンスの質や意義、そして限界を十分に理解している専門分野の研究者の知見を活用できる体制の構築が不可欠であることを指摘しておきたい。

(4) 「政策形成」について

専門分野の研究者の知見を活用できる体制整備の必要性を指摘したが、他方で、政策の形成過程は単純なものではなく、最終的に具体的な政策として実行されるまでにさまざまな関係者が途中のプロセスに関与することになる（酒井［2020］図7－9）。仮に、関係者間でＥＢＰＭの重要性については認識が共有されていたとしても、そうした関係者の間で「信頼性の高いエビデンスとは何か」、そして「何をもってエビデンスとするか」という点について認識が共有されている保証はない。誤解を恐れずに言えば、エビデンスの質や信頼性を適切に判断できるのは専門分野の研究者にほぼ限られる。

そうした意味において、ＥＢＰＭが重視されればされるほど、政策形成のプロセスにおいて、エビデンスそのものについての知見を有する専門分野の研究者の必要性は高まる。とはいえ、研究者はあくまでその専門的知識を提供する立場の存在であり、関係者間の利害調整や意見の集約など政策の方向性を決定するような立場にはないと考える。経済学者であり、政府の新型コロナウィルス感染症対策分科会の委員を務めた大竹文雄が「専門家の役割は、専門的知識に基づいて選択肢を提示することであり、そのオプションからどの政策を選ぶかは、国民の代表である政治家がすべきことである。政策決定が価値観を伴った意思決定であることから、専門家はその知見に基づいて提出した判断についての説明責任を負うが、政策の結果責任を負わない」と述べている通りである[3]。

政策形成のプロセスにおいて専門分野の研究者が信頼性の高いエビデンスを提供するためには、質の高いデータが利用可能となっていることが不可欠である。公的統計が収集した情報は国民全体の財産であり、調査を実施した官庁の所有物では決してない。適正な匿名化措置を施したうえでの公開が原則であることを指摘しておきたい。他方で研究者は、提供されたデータの機密保持を徹底したうえで、それらのデータを利用して実施した研究の成果がエビデンスとして政策形成に活用される際には、専門的な知見に基づいて、研究成果が提示しているエビデンスの内容や信頼性、そして限界点についての説明を行う責任があるといえるだろう。

2　少人数学級政策におけるＥＢＰＭ

ＥＢＰＭについての前節の議論を踏まえ、本節では少人数学級政策におけるＥＢＰＭについて検討することとする。現状を整理すると、本書の執筆時点において小学校の35人学級政策が進行中であり、２０２５（令和７）年度に小学校全学年の35人数学級化が完成する見込みとなっている。本書で繰り返し指摘したように、この小学校における35人学級政策は新型コロナウィルス感染症対策（いわゆる「３密」対策）として急遽実現したものであったが、実はその裏側では、エビデンスに基づく妥当性の議論も行われていた。教室における「密」を避ける必要性を主張した文部科学省は、日本のデータを用いて少人数学級の因果効果を検証しているいくつかの論文の分析結果（信頼性が高いとされるエビデンス）をもとに、35人学級政策が児童にもたらす正の効果を主張していた。

他方で財務省は、日本のデータを用いた同じく信頼性が高いとされるエビデンスを提示したうえで、少人数学級が児童の学力や非認知能力を向上させるという文部科学省の主張に懐疑的な態度を示した。結局、教室における感染症対策の必要性を支持する世論に強く押される格好で35人学級政策は実現したが、このときの両省間の議論は、この国の教育政策におけるＥＢＰＭの最前線を感じさせるものであった。いま当時の議論を振り返ると、少人数学級政策におけるＥＢＰＭの課題が浮かび上がってくる。以下では五点を指摘したい。

(1)　複数のエビデンスの問題

一つ目は、日本における少人数学級の効果に関して、信頼度が高いとされるエビデンスが複数存在する点である。主張の対立する関係者同士が、それぞれ自らの主張を裏づけるエビデンスを提示することは珍しいことではないし、場合によってはまったく同一のエビデンスを掲げながら、相異なる解釈によってそれぞれが自らの主張を正当化するケースすらある。複数のエビデンスが存在する場合に、自らの立場に都合のよいものだけを抽出して自らの主張を正当化する行為は不誠実であるといわざるを得ない。

また、存在するエビデンスについて自らに都合のよいように解釈する行為も不適切である。こうした問題を緩和する一つの方法は、前節で紹介したメタ分析的な思考を取り入れることであろう。複数存在するエビデンスを別々に取り扱うのでなく、存在するエビデンスを並べて総合的に判断するのがメタ分析である。実際に学術的なメタ分析を行うのは簡単なことではないが、メタ分析的な思考法を取り入れることは比較的容易である。自らの立場や主張、信念をいったん脇において、複数のエビデンスが存在する背景から出発して考えるのである。

少人数学級の効果に関していえば、複数の相異なるエビデンスが存在する背景として、それぞれが分析に使用しているデータが異なっているということが挙げられよう。代表的な研究で使用されているデータを列挙するだけでも、文部科学省「全国学力・学習状況調査」、国際機関が実施している国際比較調査TIMSS、匿名の関東地方A県の行政データ、匿名の中部地方B市における悉皆のパネル調査、横浜市の学校単位のデータ、といった具合である。それぞれの調査は、対象となる地域や学年が異なっているし、対象となる児童・生徒を一回だけ調査したものもあれば、複数年にわたって同一の児童・生徒を繰り返し調査しているものもある。

学力の計測方法もそれぞれ異なっている。メタ分析的な思考を取り入れれば、それぞれのエビデンスが、調査対象も調査手法も異なるデータから導き出されたものであることに容易に気がつくであろう。このことに気がつくだけでも、自身にとって都合のよいエビデンスだけを抽出することの危険性を認識できるはずである。

(2) エビデンスの解釈

少人数学級政策におけるEBPMの課題の二つ目は、エビデンスとして提示された分析結果の解釈に関するものである。たとえば、「学級規模を5人縮小することで、平均的に見て0・1標準偏差分ほど学力が上昇する」というエビデンスがあるとしよう。このエビデンスを目にしたときに、「0・1標準偏差分でも上昇するのは効果が大きい」と前向きに評価する人もいれば、「たったの0・1しか上がらないなら意味はほとんどない」と感じる人もいると思われる。そもそも「0・1標準偏差分」と言われてもピンとこない人が多いだろうし、0・1という0に近い数値を見て「かなり小さい値」というイメージを持つのも決して不自然ではない。分析から得られた効果の大小を客観的に評価できるのは、教育を専門とする研究者にほぼ限られるといっても過言ではない。

こうした課題の解決策として考えられるのが、第5章で試みた費用便益分析である。費用便益分析では、ある政策によって期待される効果の大きさを金銭的価値に換算するだけでなく、金銭的な費用との大小関係を比較するため、政策がもたらす効果の大きさを直感的に理解しやすくなるものと考えられる。費用便益分析はさまざまな前提・仮定をおいたうえで計算を行うという限界があるし、そもそも費用便益分析自体を実施することが困難なケースも少なくないが、政策がもたらす効果の大きさを可能な範囲で金銭的な便益に換算することは、解釈を容易にするための一つの有力な手段であると考えられる。

ところで、教育分野の効果検証においては、何らかの介入の効果の大きさを報告する際にいくつかの異なる表現が用いられる。一つは、本書でも使用した「○○標準偏差分」や「偏差値換算で○○」という表現である。標準偏差分という表現は一般的に用いられる表現ではないためわかりにくいかもしれないが、同等のことを表現した偏差値換算であれば、偏差値という尺度が広く浸透しているこの国では効果の大きさを具体的にイメージしやすいと思われる。

もう一つの表現方法としてしばしば用いられるのが「学習○カ月分に相当」というものである。これは、介入効果の大きさを学習時間量に換算することで直感的にイメージしやすくすることを狙った表現方法である。他にもいくつかの表現方法があるが、それらを比較した研究（Baird and Pane〔2019〕）によると、「学習○カ月分に相当」という表現が優れているのは解釈の簡単さの点のみであり、他方で換算に際しての仮定が強く、統計的な不確実性を増大するなどの点で好ましくないことが示されている。以上を踏まえれば、日本を対象とした研究における効果量の大きさの表現方法としては偏差値換算を用いるのが適切であるといえるだろう。

なお、第3章で議論したいじめの問題については、統計的な分析から得られる結果の解釈が難しい場合があると考えられる。第3章で紹介した筆者の分析でも、学級規模の縮小によってもたらされるいじめ被害の低減の程度（学級規模を10人縮小したときに「仲間はずれ」の年間被害回数が1回ほど減少）が大きいのか小さいのか、正直にいって判断するのは困難であった。たった1回のいじめであっても、被害を受けた児童生徒に大きな負の影響を及ぼすとすれば、その1回を抑制できることには大きな意味があるかもしれないからである。そのように考えると、いじめの問題は統計的な分析との相性がよくないようにも思われる。

(3) 行政データの活用

課題の三つ目は、少人数学級政策に限らず教育政策全般に当てはまることでもあるが、ある介入の効果が実施後すぐに発現するとは限らないという点である。少人数学級を例に考えよう。少人数学級の効果検証では、人為的に、あるいは自然実験的に少人数学級と通常規模学級に分けられた生徒の介入前後の学力の伸びを比較することで、介入効果の有無や大小を検証するのが一般的である。こうした検証方法は、少人数学級の効果がすぐに表れることを暗黙の裡に前提としていることになるが、少人数学級については、介入の効果が長期間にわたって持続するケースも報告されている（たとえば図1－3）。こうしたケースにおいて、介入直後のデータのみを用いて効果検証を行うと、少人数学級の本来の効果を過小に評価してしまうことになる。つまり、過少に評価された効果をエビデンスとして採用してしまう危険性があるということである。

こうした問題を解決することは容易ではないが、一つの方法として、同一の児童・生徒を長期間にわたって追跡したデータを活用することが挙げられる。とはいえ、同一の児童・生徒を長期間にわたって追跡調査するためには、調査実施のための組織を整備しなければならないし、調査にかかる費用を継続的に獲得・捻出する必要があるため、そうした調査の実施は研究者個人や少人数の研究者グループにとってハードルが高いといわざるを得ない。その点で活用が望まれるのが、各自治体が保有する行政データである。実際にいくつかの自治体では、自身が保有する多面的なデータを蓄積・接続して作成したデータセットを研究者に公開したり、そうしたデータの分析から得られたエビデンスを教育政策の立案に活用したりしている[(4)]。自治体が保有する行政データの中には、研究者が実施する調査では収集が難しいような情報が含まれているケースも少なくなく、研究上貴重な情報として活用される余地が多分にあると考えられる。自治体が保有する行政データを活用した研究の進展は、教育政策におけるＥＢＰＭを深化させるうえで重要な役割を果たす可能性があることを指摘しておきたい。

(4) 因果効果のメカニズム

課題の四つ目は、これも少人数学級政策に限ったことではないが、信頼性が高いとされるエビデンスが示す因果効果には足りない部分もあるという点である。因果効果を検証する研究はあくまで介入がもたらす因果効果を識別することに重きをおくものが多く、仮に因果効果が確認されたとしても、なぜそのような因果効果が生じたのかというメカニズムにまで踏み込んだ議論が行われることは少ない傾向にある。因果効果が確認されなかった場合も同様である。

少人数学級の効果検証においても、学級規模が児童生徒に影響を及ぼすメカニズムを明らかにする研究は少ない。因果効果の有無や大きさを検証するエビデンスの蓄積と並行して、因果効果が発生するメカニズムを解明する研究を進めることも重要である。

⑸　エビデンスの活用方法

課題の五つ目は、エビデンスの活用方法に関するものである。小学校における35人学級導入の議論において提示されたエビデンスの中には、少人数学級の効果が一様ではなく、社会経済的に不利な環境に置かれている学校に通う生徒ほど少人数学級の恩恵が大きくなることを示すものが含まれていた（第1章4節）。すなわち、エビデンスに基づいて考えるのであれば、全学校一律に35人化を進めるのではなく、効果が大きいと見込まれる学校を優先して少人数化するという方法も検討の余地があったはずである。

もちろん、今般の35人学級政策は感染症対策という側面が最も重視されていたし、迅速な対応の必要性が高かったことを考慮すれば、全学校一律の導入という結論が導かれたことに異論はない。あくまで今後、パンデミックが収束した後の平時の議論における課題として指摘しておきたい。

3　教員確保の議論を

少人数学級政策におけるＥＢＰＭを考えるうえで忘れてはならないのが、第6章で指摘した教員確保の問題である。少人数学級の効果検証から得られたエビデンスは、人為的な実験や自然実験を活用して、実際に発生した小規模学級と大規模学級の間の差異を比較して得られたものであり、実際に発生して一定期間の運用がなされたという意味で、必要な教員が確保された状況における少人数学級の効果を検証していることになる。

しかしながら、山形県の「さんさんプラン」の実例から紹介した通り（第5章2節(3)項）、広範に少人数学級を導入する場合には大量の教員を新たに採用しなければならなくなる。少人数学級の効果検証はあくまで効果の検証に限って分析されたものがほとんどであり、教員確保の問題にまで踏み込んだものは皆無である。

少人数学級政策を広範囲に導入したときに懸念されるのは、たとえば以下のようなストーリーである。少人数学級の広範な導入時に新たに大量の教員を採用する際に、必要な教員の「量」の確保を優先するために新規採用教員の「質」が低下し、仮に少人数学級が児童生徒に好ましい（プラスの）影響をもたらしたとしても、教員の質の平均的な低下がもたらすマイナスの効果と相殺され、差し引きすると少人数学級の導入前後で効果がほとんど見られない、といった状況が想定されるというものである。

他にも、大量の新規採用教員に対する研修が追いつかず、経験の浅い教員が適正な研修を受けられないまま日々の業務に追われることでマイナスの効果が発生する、といった事態も考えられよう。

他方で、第4章で議論したように、少人数学級政策の導入に伴う教員配置数の増加は、教員の長時間労働や業務負荷を低減する可能性が高いと考えられる。日本の学校教員は世界一の長時間労働を強いられている。少人数学級の効果を議論する際には、児童生徒への影響だけでなく、教員への影響にも目を向けるべきである。少人数学級政策がもたらす教員の就業環境の改善が教員の業務の質を高め、児童生徒に好ましい影響を及ぼすことも考えられる。こうした教員を通じた間接的な効果を検証することは、前節で課題として指摘した因果効果の「メカニズム」の解明にも深く関連するものであるといえる。

第6章で議論したように、近年の日本では教員不足が深刻化しつつある。教員採用試験の競争倍率も低下を続け、全体の7割弱の道府県で3倍以下、約3割の県では2倍以下という低倍率となっている（図6－3）。こうした状況にもかかわらず現在進行形で進みつつあるのが小学校の35人学級政策である。感染症対策という児童の生命・安全にかかわる緊急事態であったがゆえに、教員確保の課題は影を潜めたように思えるが、平時であれば、少人数学級政策の導入前に十分な検討がなされるべき課題であったといえる。

今後、さらなる少人数学級政策を検討する際には、因果効果の有無や大きさだけでなく、今般の小学校における35人学級政策によって教員の量と質がどのように変化し、教員の就業環境がどのように改善したのかを検証すべきである。そして、能力や適性の高い潜在的な教員志望者が教員採用試験を受験し、実際に教員という職業を選択する確率を高めるためにも、学校教員の給与や勤務時間管理を含む「待遇の適正」についての議論を深める必要があると考えられる。

4　教育分野におけるＥＢＰＭの先頭として

本書では、少人数学級がもたらす効果について幅広く論じてきた。１９５０年代から70年代にかけての時期に「すし詰め学級」を経験した世代の人々はもとより、多くの人にとって少人数学級は基本的に好ましいものとして受け入れられているように思われる。そしてたしかに、本書で紹介したこれまでの研究成果を総合的に判断すれば、その効果の大小については議論があるものの、少人数学級には学力や非認知能力を高める効果があり、同時に教員の就業環境を改善する効果もあると考えられる。また、少人数学級政策はこれまで費用対効果が小さく「コスパ」が悪いと指摘されることも多かったが、第5章で議論したように、収益率の観点で見れば決してコスパが悪くないことも確認された。

少人数学級は国内外で古くから研究が進展し、さらに近年では洗練された統計分析に基づく信頼性の高いエビデンスが数多く蓄積されつつあるという意味で、教育政策の中でもＥＢＰＭの最先端を走る領域であるといって過言ではない。今般の小学校における35人学級の導入に際しても、その効果検証のための調査がすでに始まっている。

とはいえ、学校現場に存在する数多くの問題・課題に対して少人数学級の導入が必ずしも解決策になるとは限らない。限りある資源を可能な限り効率的に活用するためには、少人数学級以外の施策についても幅広く検討し、それぞれの課題に対して最も効果的かつ効率的な施策を模索する必要がある。本書の議論を含む少人数学級政策におけるＥＢＰＭの経験が、他の幅広い教育政策の立案・形成に生かされることを期待したい。

【終章　注】

（1）https://www.ejim.ncgg.go.jp/public/hint2/c03.html（最終アクセス：2022年10月29日）

（2）特に経済学分野で顕著なのが、学術論文として公刊されるまでにかかる膨大な時間である。通常、実証的な研究の場合、①研究課題の設定、②データの収集（調査実施を含む）、③データの整理・分析、④分析結果を学会等で報告（複数回）、⑤論文の執筆、⑥学術雑誌への投稿、⑦査読者からのコメントへの対応、分析の追加・修正（最終的に受理されるまで何度でも繰り返される）、⑧学術雑誌に受理され公刊、というプロセスを経る。経済学の分野である程度権威のある英文学術誌に投稿した場合、⑥以降だけで1年以上かかるケースは決して珍しいことではなく、①から数えると公刊まで数年単位の時間がかかるのが通例である。

（3）https://note.com/fohtake/n/nd58c29833e3a（最終アクセス：2022年10月31日）

（4）たとえば、大阪府箕面市では同市内に住む0～18歳の子どもを対象に、福祉・行政部局が保有するデータと教育委員会や学校が保有するデータを接続した「子ども成長見守りシステム」というデータベースを構築して、子どもの成長を多角的かつ長期的に把握することが可能となっている。

あとがき

本書の構想を開始したのは２０２０年11月である。当時は、２０１９年末から始まった新型コロナウィルス（Covid-19）の世界的な感染拡大の日本における第３波が観測され始めていた。西欧諸国を中心に感染者数が爆発的に拡大する中、米国ではトランプ大統領が大統領選挙の敗北を受け入れず、その動向を世界中が注目していた。国内では、日本学術会議の委員任命拒否問題が「学問の自由」を脅かす行為として批判を受け、菅義偉内閣の出鼻をくじいていた。都市部だけでなく地方においても感染拡大が懸念される中で、Ｇｏ Ｔｏキャンペーンの中断を求める声も多かったが、政府内からは「Ｇｏ Ｔｏキャンペーンを利用するかは個人の判断」という、にわかには信じがたい無責任発言が飛び出していた。首都圏を中心に大学ではオンライン授業が継続される中、関係者の尽力で開催された第52回全日本大学駅伝では、筆者の勤務先である駒澤大学が大逆転で６年ぶり13回目の優勝を達成し、閑散としたキャンパスに僅かな賑わいをもたらした（なお、翌年と翌々年も優勝して三連覇を成し遂げた）。

当時、文部科学省は、次年度の予算要求に向け新型コロナ対策の観点から小中学校の少人数学級の実現に向けた水面下の動きを強めていたが、これに財務省は慎重な立場を崩さず、議論は平行線をたどっていた。また、政府が児童手当の特例給付（所得制限を超える場合に子ども一人あたり月額５０００円を給付するもの）を縮小し、その分を待機児童解消対策の財源にすることを検討しているとの報道に対しては、インターネット上を中心に「子育て罰」あるいは「子育て罰の厳罰化」という新しい言葉が生まれ、子育て世帯を中心に強い反発を招いていたが、翌年度からの実施が決定された。

学術会議の問題も少人数学級や「子育て罰」の議論も、いずれも一研究者としてあるいは二児の父親として、私自身が声を上げるべき立場にある問題であることは感じていた。インターネットが普及した現代においては、ＳＮＳを活用すれば自らの意見や主張を世に問うことは簡単である。実名でアカウントを持ち、多数の有力な研究者・関係者とＳＮＳ上でつながっていればなおさらである。発言はつながりのある人々を伝わって大きく拡散し、議論に一石を投じるほどのインパクトを持つかもしれない。平時からＳＮＳ上で発信するのは、こうしたいわば緊急事態の際の影響力を維持するため、と考える向きもあろう。

少人数学級に関しては、ＳＮＳ上で少しだけ発言をしたが、それはインターネット上を中心に精力的に活動している方々をフォローするような情報提供にとどまるものであった。

実は、少人数学級の実現に向けた文部科学省と財務省の間の議論は２０１４年にもあった。当時は少人数学級の効果検証に耐え得るような国内のエビデンスが十分に蓄積されているとはいえない状況であったが、今回はちがっていた。教育経済学を中心として、因果推論の手法を活用した実証研究が蓄積され、少人数学級が子どもたちにもたらす効果を客観的に検証できる状況になっていた。

実際、筆者が共著者とともに執筆し、国際的な専門学術誌に掲載された英文論文は、有力なエビデンスの一つとして議論の当初から取り上げられていた。それゆえ、SNS上のいわば場外戦には積極的に参加しないこととしたのである。

その後、少人数学級をめぐる議論は急展開を見せた。萩生田光一文部科学大臣（当時）の強い意向を受け、翌年度から小学校全学年で段階的に35人学級が導入される運びとなったのである。その背景には、少人数学級によって学校におけるいわゆる「3密」状態を解消しなければならないという、感染対策としての側面が最優先されたことが挙げられよう。

しかしその渦中で、いざ自らの研究成果が政策立案に深く関係するエビデンスとして活用されるとなったときに、一研究者としてどう関わるべきなのか、深く考えさせられることとなった。日頃の授業でEBPMの重要性を学生たちに訴え、エビデンス蓄積のために来る日も来る日も論文執筆に明け暮れているにもかかわらず、である。

その原因ははっきりしていた。それは、論文で示した学術的な分析結果と自身の考え方の間にある「ズレ」であった。研究成果は研究成果として、自身の中では、自らの信念や願望からは切り離された存在となっているのだが、世の中はそう受けとってはくれない。少人数学級による学力向上効果はそれほど大きくはない、と論文に書いている筆者は、少人数学級導入に消極的な研究者として扱われた（なお、当時の論文に示した学力向上効果は、収益率という観点で見れば十分な大きさであることを第5章で示した）。研究者として政策形成にどう向き合うのか、答えを見出せないままであったが、本書の執筆を通じて自分なりの答えにたどり着いた感覚はある。

国内外で新型コロナウィルス感染者の拡大が続いていた2021年の年明け、かねて親交のあった隣接分野の研究者から連絡があり、画面越しに久方ぶりの再会を果たした。その際に、今後の少人数学級政策のために力を貸してほしい、との依頼を受けた。もとより自分にそのような力がないことは百も承知であったし、当時は研究者として政策形成にどう向き合うのかという問題に納得のいく答えを見出せてはいなかったが、旧知の知人の熱意に背中を押され、同年の秋以降、小学校35人学級導入の効果検証という大きな仕事に取り組むこととなった。本書は、その検証作業の立ち上げと同時並行で書き上げたものであるが、効果検証作業は道半ばであるので、その分析結果は収録していない。令和8年度に公表予定の効果検証報告書をお待ちいただきたい。

本書は、筆者がこの10年の間に発表した研究成果をベースに執筆したものである。これまでにお世話になった方は数多く、すべての方のお名前を挙げることができないことを先にお断りしておきたい。

大学院在学中から御指導いただいている高阪章先生には、最大限の感謝を申し上げたい。もともと、途上国の経済発展における人的資本の役割を研究したい、との思いで高阪研究室の門を叩き、快く引き受けてくださったことから私の研究者人生はスタートした。その後、私の研究の重心が次第に途上国の経済発展から国内の学校教育へと移ってからも、先生は温かく見守りながら、さまざまな機会を通じて叱咤激励してくださった。この10年は国内の研究に注力したが、先生の研究室の門を叩いたときの思いは今も抱き続けている。

同じく大学院在学中から御指導いただいている小原美紀先生にも感謝を申し上げたい。大学院を中途退学して助手として勤務していたときに、途上国だけでなく日本も研究対象にしてはどうか、とご提案いただき、国内の家計調査プロジェクトのメンバーにお誘いくださったのが小原先生であった。これが一つの転機となり、筆者の研究対象は大きく広がることとなった。また、先生にも参加していただいた計量経済学の勉強会では、応用ミクロ実証分析について深く勉強させていただくと同時に、実証研究者としての厳格な姿勢を学ばせていただいたと思っている。

2005年から12年余りにわたって奉職した新潟大学では、数多くの同世代の研究者に囲まれながら、身体的にも精神的にも安定した生活を送ることができた。本書のテーマである学級規模研究に腰を据えて着手することができたのも、穏やかで安定した研究環境の賜物であったと思っている。唯一つ、冬場の雪かきだけが辛かった。

客員研究員として在籍した国立教育政策研究所では、妹尾渉先生のお誘いを受け、文部科学省「全国学力・学習状況調査」の個票データを利用するという貴重な機会を頂いた。第1章で紹介した研究成果はこのときに生まれたものがベースとなっている。その後も同研究所内のさまざまな研究プロジェクトに参加する機会を頂戴し、文部科学行政について多くのことを学ばせていただいた。

現在の勤務先である駒澤大学では、教育活動と研究活動の両面にわたって手厚いサポートをしていただいている。何より、学生たちの全国的な活躍が刺激となっている。

第5章では、株式会社ガッコムから提供していただいた全国小中学校の学年別児童生徒数のデータを使用した。また、大阪大学21世紀COEプロジェクト「アンケートと実験によるマクロ動学」、グローバルCOEプロジェクト「人間行動と社会経済のダイナミクス」および科研費・基盤研究S「長期不況の行動経済学的分析」によって実施された「くらしの好みと満足度についてのアンケート」の結果を利用した。これらのデータがなければ、少人数学級政策の費用便益分析を実施することは不可能であった。データの提供に快く応じてくださった関係者の皆様に、心より感謝申し上げる。

本書の出版は、慶應義塾大学出版会の増山修氏の存在なしにはあり得なかった。2015年に新潟大学で開催された日本経済学会春季大会の際にお声がけを頂き、以後長きにわたり粘り強く背中を押していただいた。本書は結果として、当初二人が構想していた内容とは若干異なるものとなったが、こうして単著というかたちで自身の研究成果をまとめることができたのは、同氏のご尽力の賜物である。心から御礼を申し上げたい。

最後に、家族に深く感謝したい。妻と二人の子どもは、私にとってかけがえのない存在である。そして、これまで優しく見守ってくれた両親に感謝の思いを述べて、本書を閉じることとする。

2023年1月

北條　雅一

参考文献

【邦文文献】

朝比奈なを（2020）『教員という仕事：なぜ「ブラック化」したのか』朝日新聞出版。

安藤至大（2015）『これだけは知っておきたい働き方の教科書』ちくま新書。

伊藤大幸・浜田恵・村山恭朗・髙柳伸哉・野村和代・明翫光宜・辻井正次（2017）「クラスサイズと学業成績および情緒的・行動的問題の因果関係」『教育心理学研究』第65巻第４号、４５１－４６５ページ。

市川昭午（1995）『臨教審以後の教育政策』教育開発研究所。

内田良（2017）『ブラック部活動』東洋館出版社。

小川正人・山下絢（2008）「義務教育国庫負担金総額裁量制の運用実態」『東京大学大学院教育学研究科紀要』第47巻、４７１－４８９ページ。

小塩真司（2010）『はじめて学ぶパーソナリティ心理学』ミネルヴァ書房。

———（2021）『非認知能力：概念・測定と教育の可能性』北大路書房。

川口俊明（2017）「児童生徒質問紙・自治体のデータを利用したSES代替指標の作成」、国立大学法人福岡教育大学『児童生徒や学校の社会経済的背景を分析するための調査の在り方に関する調査研究（成果報告書）』第７章。

———（2020）『全国学力テストはなぜ失敗したのか：学力調査を科学する』岩波書店。

河村茂雄・武蔵由佳（2008）「一学級の児童生徒数と児童生徒の学力・学級生活満足度との関係」『教育カウンセリング研究』第２巻第1号、８－15ページ。

神林寿幸（2021）「公立小中学校教員の生活満足度を規定する要因」『日本労働研究雑誌』第63巻第5号、81－93ページ。

教員給与研究会編（1971）『教育職員の給与特別措置法解説』。

国立教育政策研究所（2017）『非認知的（社会情緒的）能力の発達と科学的検討手法についての研究に関する報告書』。

国立教育政策研究所編（2019a）『生きるための知識と技能——ＯＥＣＤ生徒の学習到達度調査（ＰＩＳＡ）２０１８年調査国際

結果報告書』明石書店。

――（2019b）『教員環境の国際比較：OECD国際教員指導環境調査（TALIS）2018報告書―学び続ける教員と校長―』ぎょうせい。

――（2021）『TIMSS 2019算数・数学教育／理科教育の国際比較――国際数学・理科教育動向調査の2019年調査報告書』明石書店。

国立大学法人東京大学（2007）『教員勤務実態調査（小・中学校）報告書』。

小針誠（2018）『アクティブラーニング――学校教育の理想と現実』講談社現代新書。

酒井正（2020）『日本のセーフティーネット格差――労働市場の変容と社会保険』慶應義塾大学出版会。

迫田哲郎（1958）「学級規模が学習指導の効果に対して与える影響に関する調査」『九州大学教育学部紀要教育学部門』第5巻、93－122ページ。

佐藤明彦（2022）『「使い捨てられる教師たち」の知られざる実態：非正規教員の研究』時事通信社。

沢柳政太郎（1890）『公私学校比較論』哲学書院。

重松鷹泰（1961）「大小学級に於ける教授過程の比較」『名古屋大学教育学部紀要』第7巻、85－93ページ。

信濃毎日新聞（2022）「長野県内30校で全国学力テスト事前対策　県教委『趣旨から逸脱』指摘も」2022年10月19日付。

志水宏吉（2009）『全国学力テスト――その功罪を問う』岩波書店。

白井俊（2020）『OECD Education2030プロジェクトが描く教育の未来――エージェンシー、資質・能力とカリキュラム』ミネルヴァ書房。

杉江修治（1996）「学級規模と教育効果」『中京大学教養論叢』第37巻第1号、147－190ページ。

須藤康介（2014）「いじめと学力―TIMSS2011 中学生データの計量分析から―」『江戸川大学紀要』第24巻、121－129ページ。

妹尾渉・北條雅一（2016）「学級規模の縮小は中学生の学力を向上させるのか―全国学力・学習状況調査（きめ細かい調査）の結果を活用した実証分析―」『国立教育政策研究所紀要』第145集、119－128ページ。

――・篠崎武久・北條雅一（2013）「単学級サンプルを利用した学級規模効果の推定」『国立教育政策研究所紀要』第142集、161－173ページ。

髙橋哲（2022）『聖職と教職のあいだ――「教員の働き方改革」への法理論』岩波書店。

玉置千歳・髙原龍二（2012）「『教員の働きがいに関する意識調査』報告」『国際経済労働研究』第67巻第1号、34－39ページ。

中室牧子（2017）「少人数学級はいじめ・暴力・不登校を減らすのか」*RIETI Discussion Paper Series* 17-J-014.

――・津川友介（2017）『「原因と結果」の経済学――データから真実を見抜く思考法』ダイヤモンド社。

二木美苗（2013）「学級規模が学力と学習参加に与える影響」『経済分析』第１８６号、30－49ページ。

日本経済新聞（2019）「小学校教員の不人気深刻、負担増で敬遠、受験倍率最低に、漫画や実技免除でＰＲ」２０１９年８月27日付。

――（2022）「都内50小学校で教員欠員　異例の年度初め、補充急ぐ」２０２２年4月22日付。

野口克海・小林毅夫・長南博昭（2004）『地方発の教育改革：大阪府新潟県山形県の元義務教育課長が語る』三晃書房。

濱口桂一郎（2013）『若者と労働――「入社」の仕組みから解きほぐす』中公新書ラクレ。

松岡亮二（2019）『教育格差――階層・地域・学歴』ちくま新書。

――（2021）「日本社会が直視してこなかった『教育格差』」松岡亮二（編著）『教育論の新常識――格差・学力・政策・未来』第1章、中公新書ラクレ。

溝端翔太・大坪治彦（2011）「Ｐ６－43 学級規模や学級形態がいじめ傍観者意識に与える影響（学校心理学、ポスター発表）」『日本教育心理学会総会発表論文集』第53巻、４９２ページ。

森田洋司・滝充・秦政春・星野周弘・若井彌一（1999）『日本のいじめ：予防・対応に生かすデータ集』金子書房。

安井健悟・佐野晋平（2009）「教育が賃金にもたらす因果的な効果について――手法のサーヴェイと新たな推定」『日本労働研究雑誌』第51巻第7号、16－33ページ。

――・久米功一・鶴光太郎（2020）「認知能力及び非認知能力が賃金に与える影響について」*RIETI Discussion Paper Series* 20-J-024.

山﨑博敏編著（2014）『学級規模と指導方法の社会学』東信堂。

山森光陽・萩原康仁（2016）「学級規模の大小と学年学級数の多少による児童の過去と後続の学力との関係の違い」『教育心理学研究』第64巻第4号、５５５－５６８ページ。

吉田多美子（2006）「義務教育における少人数学級編制――山形県「さんさんプラン」の紹介（現地調査報告）」『レファレンス』

第56巻第6号、131－142ページ。

読売新聞（2019）「『多忙な教職』学生敬遠　公立小採用　倍率低迷」2019年5月14日付。

リベルタス・コンサルティング（2018）「公立小学校・中学校等教員勤務実態調査研究」調査研究報告書。

若林明雄（2009）『パーソナリティとは何か：その概念と理論』培風館。

【欧文文献】

Akabayashi, H. and Nakamura, R.（2014）"Can Small Class Policy Close the Gap? An Empirical Analysis of Class Size Effects in Japan," *Japanese Economic Review*, 65（3）, pp. 253-281.

Angrist, J. D. and Lavy, V.（1999）"Using Maimonides' rule to estimate the effect of class size on scholastic achievement," *Quarterly Journal of Economics*, 114（2）, pp. 533-575.

———, Battistin, E., and Vuri, D.（2017）"In a small moment: Class size and moral hazard in the Italian Mezzogiorno," *American Economic Journal: Applied Economics*, 9（4）, pp. 216-249.

———, Lavy, V., Leder-Luis, J., and Shany, A.（2019）"Maimonides' rule redux," *American Economic Review: Insights*, 1（3）, pp. 309-324.

Arora, C. M. J. and Thompson, D. A.（1987）"Defining Bullying for a Secondary School," *Educational and Child Psychology*, 4（3&4）, pp. 110-120.

Baird, M. D. and Pane, J. F.（2019）"Translating Standardized Effects of Education Programs Into More Interpretable Metrics," *Educational Researcher*, 48（4）, pp. 217–228.

Barnett, W. S.（1992）"Benefits of Compensatory Preschool Education," *Journal of Human Resources* 27（2）, pp. 279–312.

Becker, G. S.（1964）*Human Capital*, Columbia University Press, New York.

Bonesrønning, H.（2003）"Class size effects on student achievement in Norway: Patterns and explanations, "*Southern Economic Journal*, 69（4）, pp. 952-965.

Coleman, J. S., Campbell, E. Q., Hobson, C. J., McPartland, J., Mood, A. M., Weinfeld, F. D., and York, R. L.（1966）*Equality of educational opportunity*, Washington, D.C.: U. S. Government Printing Office.

——— (1975) "Methods and results in the IEA studies of effects of school on learning," *Review of Educational Research*, 45 (3), pp. 355-386.

Currie, J. and Thomas, D. (1999) "Early test scores, socioeconomic status and future outcomes," *NBER Working Paper Series* No. 6943.

Dee, T. S. and West, M. R. (2011) "The non-cognitive returns to class size," *Educational Evaluation and Policy Analysis*, 33 (1), pp. 23-46.

Dobbelsteen, S., Levin, J., and Oosterbeek, H. (2002) "The causal effect of class size on scholastic achievement: distinguishing the pure class size effect from the effect of changes in class composition," *Oxford Bulletin of Economics and Statistics*, 64 (1), pp. 17-38.

Easterlin, R. A. (1974) "Does economic growth improve the human lot? Some empirical evidence," in *Nations and households in economic growth*, (pp. 89-125): Academic Press.

Finn J. D. and Achilles C. M. (1999) "Tennessee's Class Size Study: Findings, Implications, Misconceptions," *Educational Evaluation and Policy Analysis*. 21 (2), pp. 97-109.

———, Pannozzo, G. M., and Achilles, C. M. (2003) "The 'why's' of class size: Student behavior in small classes," *Review of educational research*, 73 (3), pp. 321-368.

Fredricks, J. A., Blumenfeld, P. C., and Paris, A. H. (2004) "School engagement: Potential of the concept, state of the evidence," *Review of educational research*, 74 (1), pp. 59-109.

Glass, G., Cahen, L., Smith, M. L., and Filby, N. (1982) *School Class Size*, Beverly Hills: Sage.

Gutman, L. M., and Schoon, I. (2013) "The impact of non-cognitive skills on outcomes for young people. A literature review," Education Endowment Foundation: London, UK.

Hanushek, E. A. (1997) "Assessing the Effects of School Resources on Student Performance: An Update," *Educational Evaluation and Policy Analysis*, 19 (2), pp. 141-164.

Heckman, J. J. (2013) *Giving kids a fair chance*, MIT Press. (邦訳：古草秀子訳［2015］『幼児教育の経済学』東洋経済新報社)

——— and Krueger, A. B. (2005) *Inequality in America: What role for human capital policies?* MIT Press Books.

——, Pinto, R., and Savelyev, P. (2013) "Understanding the mechanisms through which an influential early childhood program boosted adult outcomes," *American Economic Review*, 103 (6), pp 2052-2086.

——, and Rubinstein, Y. (2001) "The importance of noncognitive skills: Lessons from the GED testing program," *American Economic Review*, 91 (2), pp. 145-149.

Hojo, M. (2013) "Class-size effects in Japanese schools: A spline regression approach," *Economics Letters*, 120 (3), pp. 583-587.

—— (2021) "Association between student-teacher ratio and teachers' working hours and workload stress: evidence from a nationwide survey in Japan," *BMC public health*, 21 (1), pp. 1-8.

——, and Senoh, W. (2019) "Do the disadvantaged benefit more from small classes? Evidence from a large-scale survey in Japan," *Japan and the World Economy*, 52, 100965.

Ito, H., Nakamuro, M., and Yamaguchi, S. (2020) "Effects of class-size reduction on cognitive and non-cognitive skills," *Japan and the World Economy*, 53, 100977.

Kedagni, D., Krishna, K., Megalokonomou, R., and Zhao, Y. (2021) "Does class size matter? How, and at what cost?" *European Economic Review*, 133, 103664.

Kessler, R. C., Andrews, G., Colpe, L. J., Hiripi, E., Mroczek, D. K., Normand, S. L., ... and Zaslavsky, A. M. (2002) "Short screening scales to monitor population prevalences and trends in non-specific psychological distress," *Psychological medicine*, 32 (6), pp. 959-976.

Krueger, A. B. (1999) "Experimental Estimates of Education Production Functions," *Quarterly Journal of Economics*, 114 (2), pp. 497–532.

—— (2003) "Economic considerations and class size," *Economic Journal*, 113 (485), F34-F63.

—— and Hanushek, E. A. (2000) "The Class Size Policy Debate," *Economic Policy Institute Working Paper* No. 121.

——, and Whitmore, D. M. (2001) "The effect of attending a small class in the early grades on college-test taking and middle school test results: Evidence from Project STAR," *Economic Journal*, 111 (468), pp. 1-28.

Lee, S. Y. and Ohtake, F. (2018) "Is being agreeable a key to success or failure in the labor market?" *Journal of the Japanese and International Economies*, 49, pp. 8-27.

Leuven, E., Oosterbeek, H., and Rønning, M. (2008) “Quasi-experimental estimates of the effect of class size on achievement in Norway,” *Scandinavian Journal of Economics*, 110（4）, pp. 663-693.

Levin, J.（2001）“For whom the reductions count: A quantile regression analysis of class size and peer effects on scholastic achievement,” *Empirical Economics*, 26（1）, pp. 221–246.

Martin, M. O., Mullis, I. V. S., and Foy, P.（with Olson, J. F., Erberber, E., Preuschoff, C., and Galia, J.）（2008）*TIMSS 2007 International Science Report*, Chestnut Hill, MA: TIMSS & PIRLS International Study Center, Boston College.

McGiverin, J., Gilman, D., and Tillitski, C.（1989）“A meta-analysis of the relation between class size and achievement,” *Elementary School Journal*, 90（1）, pp. 47-56.

Mullis, I. V. S., Martin, M. O., and Foy, P.（with Olson, J. F., Preuschoff, C., Erberber, E., Arora, A., and Galia, J.）（2008）*TIMSS 2007 International Mathematics Report*, Chestnut Hill, MA: TIMSS & PIRLS International Study Center, Boston College.

Murnane, R. J., Willett, J. B., and Levy, F.（1995）“The growing importance of cognitive skills in wage determination,” *Review of Economics and Statistics*, 77（2）, pp. 251-266.

OECD（2005）The Definition and Selection of Key Competencies: Executive Summary.（http://www.oecd.org/pisa/35070367.pdf）

———（2015）*Skills for Social Progress: The Power of Social and Emotional Skills*, OECD Skills Studies, OECD Publishing, Paris.（邦訳：経済協力開発機構（OECD）編著（2018）『社会情動的スキル――学びに向かう力』明石書店）

———（2019）*OECD Learning Compass 2030 Concept Note*.（https://www.oecd.org/education/2030-project/teaching-and-learning/learning/learning-compass-2030/OECD_Learning_Compass_2030_concept_note.pdf）

Olweus, D.（1993）*Bullying at School: What We Know and What We Can Do*. Blackwell Publishing.

———（1994）“Annotation: Bullying at School: Basic Facts and Effects of a School Based Intervention Program,” *Journal of Child Psychology and Psychiatry*, 35（7）, pp. 1171–1190.

Schanzenbach, D. W. (2006) “What have researchers learned from Project STAR?” *Brookings papers on education policy*, 9, pp. 205-228.

Schweinhart, L. J.（2005）*Lifetime effects: the High/Scope Perry Preschool study through age 40*, No. 14: High/Scope

Foundation.

Slavin, R. E. (1989) "Achivement Effects of Substantial Reductions in Class Size," in Slavin, R. E. (Ed.) *School and classroom organization*: Routledge.

Spence, M. (1974) *Market signaling: Informational transfer in hiring and related screening processes* (No. 143), Cambridge: Harvard University Press.

Stephenson, P. and Smith, D. (1989) "Bullying in the junior school," in Tattum, D. and D. Lane eds. *Bullying in schools*, pp. 45–57: Stoke-on-Trent.

Urquiola, M. (2006) "Identifying class size effects in developing countries: Evidence from rural Bolivia," *Review of Economics and Statistics*, 88 (1), pp. 171-177.

Word, E., Johnson, J., Bain, H. P., Fulton, D. B., Zaharias, J. B., Lintz, M. N., Achilles, C. M., Folger, J., and Breda, C. (1990) *Student/Teacher Achievement Ratio (STAR): Tennessee's K-3 class-size study*, Nashville: Tennessee State Department of Education.

Zhou, K. (2016) "Non-cognitive skills: definitions, measurement and malleability," Background paper prepared for the 2016 Global Education Monitoring Report to UNESCO.

【著者略歴】

北條雅一（ほうじょう・まさかず）

1977年、兵庫県生まれ。1999年、神戸大学経済学部卒業。2003年、大阪大学大学院国際公共政策研究科博士後期課程中途退学。05年、博士（国際公共政策）取得。大阪大学助手、新潟大学准教授、国立教育政策研究所客員研究員などを経て、現在、駒澤大学経済学部教授。専門は教育経済学、労働経済学。

主な研究業績

Hojo, M. (2003) "An indirect effect of education on growth," *Economics Letters* 80 (1), 31-34.

Hojo, M. (2013) "Class-size effects in Japanese schools: A spline regression approach," *Economics Letters* 120 (3), 583-587.

Hojo, M. (2021) "Association between student-teacher ratio and teachers' working hours and workload stress: evidence from a nationwide survey in Japan," *BMC public health* 21 (1), 1-8.

少人数学級の経済学

――エビデンスに基づく教育政策へのビジョン

2023年4月20日　初版第1刷発行

著　者 ―――― 北條雅一
発行者 ―――― 大野友寛
発行所 ―――― 慶應義塾大学出版会株式会社
〒108-8346　東京都港区三田2-19-30
TEL〔編集部〕03-3451-0931
〔営業部〕03-3451-3584〈ご注文〉
〔　〃　〕03-3451-6926
FAX〔営業部〕03-3451-3122
振替　00190-8-155497
https://www.keio-up.co.jp/
装　丁 ―――― 坂田政則
カバー画 ――― 岩橋香月（デザインフォリオ）
組　版 ―――― 株式会社シーエーシー
印刷・製本 ―― 中央精版印刷株式会社
カバー印刷 ―― 株式会社太平印刷社

Printed in Japan　ISBN978-4-7664-2888-9